泰山金融论丛

INFORMATION AND COMMUNICATION TECHNOLOGIES,
INCLUSIVE FINANCE AND FARMERS' INCOME
UNDER THE STRATEGY OF RURAL REVITALIZATION IN CHINA

乡村振兴下信息通信技术
与普惠金融的增收效应研究

徐光顺 ◎ 著

中国财经出版传媒集团
经济科学出版社
Economic Science Press

图书在版编目（CIP）数据

乡村振兴下信息通信技术与普惠金融的增收效应研究/
徐光顺著. —北京：经济科学出版社，2020.7
　　（泰山金融论丛）
ISBN 978 - 7 - 5218 - 1675 - 4

Ⅰ. ①乡…　Ⅱ. ①徐…　Ⅲ. ①信息技术 - 通信技术 -
作用 - 农村金融 - 研究 - 中国　Ⅳ. ①F832.35

中国版本图书馆 CIP 数据核字（2020）第 114447 号

责任编辑：刘　悦　杜　鹏
责任校对：郑淑艳
责任印制：邱　天

乡村振兴下信息通信技术与普惠金融的增收效应研究

徐光顺　著
经济科学出版社出版、发行　新华书店经销
社址：北京市海淀区阜成路甲 28 号　邮编：100142
总编部电话：010 - 88191217　发行部电话：010 - 88191522
网址：www. esp. com. cn
电子邮箱：esp@ esp. com. cn
天猫网店：经济科学出版社旗舰店
网址：http://jjkxcbs. tmall. com
固安华明印业有限公司印装
710 × 1000　16 开　15. 75 印张　270000 字
2020 年 9 月第 1 版　2020 年 9 月第 1 次印刷
ISBN 978 - 7 - 5218 - 1675 - 4　定价：68. 00 元
（图书出现印装问题，本社负责调换。电话：010 - 88191510）
（版权所有　侵权必究　打击盗版　举报热线：010 - 88191661
QQ：2242791300　营销中心电话：010 - 88191537
电子邮箱：dbts@ esp. com. cn）

序

　　乡村振兴面临着"信息鸿沟"和"资金难题"。乡村振兴战略是党的十九大报告提出的七大战略之一，是着眼于解决新时代中国发展不平衡和不充分，特别是解决城乡发展不平衡和农村发展不充分矛盾的重大举措。作为发展中国家，我国城乡二元结构特征显著，城乡市场分割现象明显。尤为明显的是，与城市相比，农村信息闭塞、金融市场不发达，信息流与资金流很难传递到落后的农村地区。与此同时，无论是农村产业的发展，还是农民生活水平的提高，均离不开信息和金融要素的支持。要想实现乡村的振兴，需要突破信息和资金的双重障碍。在上述背景下，徐光顺博士开始了他的学术研究之路，并最终在其博士论文的基础上，形成了这本探讨新一代信息通信技术（以下简称"ICT"）和普惠金融发展如何支持农民增收，尤其是探究新一代信息通信技术与普惠金融交互形成的数字普惠金融，如何促进农民增收的学术专著。

　　本书在对ICT、普惠金融及两者交互作用促进农民增收的作用机理进行分析、对新中国成立以来，特别是改革开放以来，农村地区信息通信技术的变革以及农村金融改革状况梳理之后，作者进一步从收入水平和收入结构视角入手，对ICT、普惠金融及两者交互作用的增收效果展开了实证检验。具体而言，作者实地调查了西南四省（市）（具体包括四川省、重庆市、云南省、贵州省）的农户，并取得了实证数据。通过TOPSIS评价法对西南地区农户的ICT利用水平、普惠金融发展水平进行了测度；利用最小二乘法、分位数回归模型、工具变量法、内生性处理效应等计量方法，分析和探讨了ICT、普惠金融、ICT与普惠金融交互作用对农民收入水平的影响；运用To-bit、IV – Tobit、SUR模型分析了ICT、普惠金融及两者交互作用对农户收入结构的影响。最终得到了一系列较为重要的结论：（1）ICT可以通过降低交易成本和缓解信息不对称程度，促进农村普惠金融的发展；（2）新型农业经营主体的 ICT 利用水平远高于传统农户，其利用 ICT 获得金融服务的能力也高于传统农户；（3）ICT、普惠金融及两者的交互作用（数字普惠金融），均对农户人均纯收入水平有显著的促进作用，且 ICT 与普惠金融交互作用的促进效果最好；（4）ICT 与普惠金融交互作用对低收入农户收入的促进作用大于高收入组农户，具有较强的益贫性；（5）ICT、普惠金融及两者交互作用对农户的三类收入（经营性收入、工资性收入、财产性收入）均有促进作用；（6）就收入结构而言，ICT 主要提升了农民的工资性收入占比和财产性收入占比。普惠金融主要提高了财产性收入占比。ICT 与普惠金融交互作用主要提高了经营性收入占比和财产性收入占比。

在本专著出版之际，作为从事农村金融教研工作多年的学者，我想有必要从以下三个方面向广大读者做一推荐。

一是与之前的研究不同，作者除了单独考究 ICT 与普惠金融的增收效应外，还进一步详细地探讨了 ICT 与普惠金融交互作用对农民收入的促进作用，这对于当前借助新一代信息通信技术开展普惠金融服务，以实现农民增收，是具有一定理论意义和实践指导意义的。

二是从收入异质性视角入手，理论分析和实证检验了 ICT 与普惠金融的益贫效果，并发现 ICT 和普惠金融的发展，特别是借助 ICT 开展的数字金融服务，对低收入农户的增收促进作用高于高收入水平农户，这对于我国如何打赢脱贫攻坚战具有一定的启示性作用。

三是对 ICT 与普惠金融的增收效果进行了结构性分析，详细考究了 ICT、普惠金融及两者交互作用对农民收入结构的影响，这一点在现有研究中是极为少见的，为后续从收入结构视角，研究 ICT 与普惠金融的增收效应奠定了重要基础。

习近平总书记不止一次强调过，在中华民族伟大复兴的道路上，知识分子既要有"铁肩担道义"的担当精神，又要有"妙手著文章"的实干精神，在中国发展的历史长河里，广大知识分子从来都不是过客、看客。作为经济学者更是如此，需要有一颗经世济民的心，通过对现实的考察发现问题，运用所学知识解决问题。秉承这一思想，徐光顺博士在本专著的写作过程中，多次穿梭于条件较为艰苦的西南农村地区，深入农户进行实地调查，获取到了大量翔实的数据，在调查中发现问题、积极思考，并虚心向同行学者求教，孜孜以求、探寻真理，磨炼出了学者应有的素质，为其学术生涯提供了良好的开端。当然，由于该书选题及研究视角有限，书中也有尚待深入研究的领域和不足之处，期待各位同仁多加批评指正。

在本专著付梓之际，应邀写下上述文字，是为序。

2020 年 8 月

前　言

　　解决好"三农"问题是实现全面建成小康社会目标的重点和难点,农民收入问题是"三农"问题的核心。党中央和国务院一直重视农民收入问题,特别是改革开放以来出台了一系列政策措施,实现了农民收入的持续增加。以不变价格计算,1978~2015年,农民人均纯收入年均增速为4.63%。尽管如此,我国农村依然面临着严峻的贫困问题。截至2016年底,仍有4335万贫困人口未脱贫。距全部脱贫目标的实现还有一段距离。随着精准扶贫工作的推进,未脱贫农户增收的难度越来越大,其中金融支持不足已成为阻碍农村贫困人口增收的重要瓶颈。西南地区(包括云、贵、川、渝的三省一市地区)农村贫困人口规模较大,贫困深度较深。据统计,2015年该地区农村贫困人口规模达1466万人,占总贫困人口规模的26.30%,俨然已成为扶贫重点区域,亟须金融支持。但西南地区地形以丘陵、山地和高原为主,人口密度较低,交通运输、信息通信和金融服务等基础设施比较薄弱,以传统方式提供金融服务的成本较高。近年来随着ICT特别是移动通信技术的快速发展,为解决农村金融基础设施不足和服务效率不高的问题带来机遇,基于ICT的数字普惠金融创新不断涌现,由移动通信技术带来了金融服务商业模式的创新——数字普惠金融。这些创新的出现一方面提升了农村金融普惠程度,打破农民增收面临的金融约束;但另一方面由于金融资本的逐利性,农民获得普惠金融服务后,会将贷款等金融资源进行投机性投资,导致金融资源未真正服务农村实体经济,不利于农民增收。因此,普惠金融发展是否能促进农民增收,亟须从理论层面和实证研究上予以分析和回答。

　　本书从农户收入水平与收入结构两个维度,运用信息不对称、交易成本和农村金融发展等理论分析工具和框架,系统地分析了ICT、普惠金融与两者交互作用对农户收入影响的作用机理。在理论分析基础上,本书以西南地区农户为研究对象,采用分层与概率比例规模抽样方法抽取了 840 户样本农户,对其进行了入户调查,最终获得 803 份有效问卷,并结合国家和各省统计局以及银保监会等官方网站公布的数据,从以下四个方面展开了实证研究。第一,在对 ICT 发展内涵分析的基础上,运用单指标法和 TOPSIS 评价法,对农户 ICT 利用水平进行了单指标评价和综合评价,并对不同省份、不同类型农户的 ICT 利用水平进行了比较;第二,在普惠金融内涵分析的基础上,运用单指标法、TOPSIS 评价法和 Sarma 指数法,对农户普惠金融发展水平进行了评估,并比较分析了不同省份和不同类型农户之间普惠金融发展水平的差异;第三,基于前文相关分析和数据,运用多元线性回归、分位数回归、处理效应等计量方法,剖析了 ICT、普惠金融以及两者交互作用对不同收入水平农户和不同类型农户收入水平的影响;第四,运用 Tobit 回归、IV-Tobit 回归和似不相关回归等计量分析方法,分析了 ICT、普惠金融以及两者交互作用对农户收入结构的影响。

本书得到的主要研究结论如下。

(1) 通过理论分析发现,信息通信技术通过降低交易成本和缓解信息不对称促进农村普惠金融的发展。数字普惠金融通过降低交易成本,提高了农村金融服务效率,保证了农村普惠金融发展的可持续性;通过缓解信息不对称程度,较大程度上避免了逆向选择问题和道德风险问题,减少了农村信贷配给,从而提高了农村的金融普惠程度。

(2) 西南地区农户 ICT 利用水平落后于全国平均水平,且不同省份、不同农户类型之间存在显著差异。除智能手机户均拥有量高于全国平均水平外,多数反映 ICT 利用水平的指标低于全国平均水平。重庆、四川和贵州之间 ICT 利用水平差异不明显,均比云南农户 ICT 利用水平高。新型农业经营主体(家庭农场和专业大户)的 ICT 利用水平要高于传统农户。

(3) 西南地区农户普惠金融发展综合水平处于中等水平,且不同省份与不同农户之间差异显著。西南地区农户普惠金融发展综合水平的 Sarma 指数值为 0.463,介于 0.3 ~ 0.5 的中等水平。重庆与四川发展水平相当,属于高发展水平组,而贵州和云南则属于低水平组。新型农业经营主体的普惠金融发展水平要高于传统农户。

(4) ICT、普惠金融及两者交互作用(数字普惠金融)均对农户人均纯收入水平提高有显著正向影响,且 ICT 与普惠金融交互作用的增收效果最好。

此外，在不同收入水平农户以及不同类型农户之间，增收效果也存在差异。ICT 对低收入组农户人均纯收入的促进作用大于高收入组，对新型农业经营主体收入水平的促进作用大于传统农户；普惠金融发展水平对新型农业经营主体的增收作用大于传统农户；数字普惠金融对低收入组农户的增收支持作用大于高收入组，对新型经营主体的增收作用大于传统农户。

（5）ICT、普惠金融以及两者交互作用对农户的经营性、工资性和财产性三类收入均有促进作用，但是显著性及作用大小存在差异。ICT 对农户经营收入和工资性收入影响显著，且对工资性收入的提升作用最大；普惠金融仅对财产性收入的提升效果最为显著且作用最大；ICT 与普惠金融的交互作用对经营收入和财产性收入的提升效果较为明显，且对财产性收入的提升作用最大。

（6）ICT、普惠金融以及两者交互作用对农户三类收入占比的影响存在差异且在不同类型农户中存在不同。总体来看，差异性体现在：ICT 显著提升了工资性收入占比和财产性收入占比，普惠金融显著提升了财产性收入占比，交互作用显著提升了农户经营性收入占比和财产性收入占比；分农户类型来看，最大的差异体现在经营性收入占比和工资性收入占比方面，其中，ICT、普惠金融以及两者交互作用均降低了传统农户的经营收入占比，同时提高了新型经营主体的经营收入占比。ICT 和普惠金融在提升传统农户工资收入占比的同时，却对新型经营主体的工资性收入占比产生负向影响。

本书的价值和创新之处主要体现在以下三个方面。

（1）运用交易成本理论和信息不对称理论等理论分析工具，从理论上分析了数字普惠金融对低收入水平农户和高收入水平农户增收效果的差异，提出了数字普惠金融具有益贫性增收效果的研究假说，随后运用分位数回归方法，并结合实地调查的微观数据进行了实证检验，验证了此假说的正确性。弥补了现有研究中对数字普惠金融益贫效果认识不足的缺憾。

（2）运用多元线性回归和工具变量回归方法，对信息通信技术、普惠金融以及两者交互作用的增收效果进行了比较，发现信息通信技术与普惠金融交互形成的数字普惠金融，在促进农民增收中的效果优于信息通信技术和普惠金融单独的增收效果。克服了已有研究中只从信息通信技术或普惠金融单方面分析农民增收效果的不足。

　　（3）在实证分析普惠金融对农户收入结构的影响时，本书从农户异质性视角分析了传统农户和新型经营主体之间存在的差异，得出普惠金融对新型经营主体农业经营性收入占比的提升作用大于传统农户的结论，与已有研究中仅从新型经营主体角度研究普惠金融的支持作用相比，结论更具有说服力，通过研究视角的创新从而拓展和丰富了既有研究。

徐光顺

2020 年 4 月

目 录

第1章 绪　　论

1.1　研究背景

1.1.1　生活富裕是乡村振兴的根本，农民增收难题依然突出

"三农"问题是全面建成小康社会的难点①，农民收入问题是解决"三农"问题的关键，农民生活富裕是实现乡村振兴的根本。党的十八大提出了2020年全面建成小康社会的奋斗目标，"小康不小康，关键看老乡"，"三农"问题的解决是实现全面建成小康社会目标的重点和难点。党的十九大报告提出要实施"乡村振兴战略"，确保农业农村优先发展，实现"产业兴旺、生态宜居、乡风文明、治理有效、生活富裕"的乡村振兴目标。中共中央和国务院在随后制定的《乡村振兴战略规划（2018—2022年)》中，进一步明确强调"乡村振兴、生活富裕是根本"，并提出要在今后一段时期内，通过不断拓展农民增收的渠道，实现共同富裕。

我国农民收入自改革开放以来有了持续性的增长，但是由于城乡二元结构的长期存在，农村经济发展依然相对滞后，与城镇居民相比，农民收入增长空间依然较大，实现共同富裕的目标仍任重而道远。从历史角度来看，受国家赶超战略的影响，我国城乡二元结构现象明显，从20世纪50年代后期开始，为支援国家经济建设，农村地区资源要素源源不断地流向城市。当前我国已进入工业反哺农业的阶段，但因"三农"问题的长期积累，导致农业

---

①　农业农村部部长韩长赋于2012年11月12日在《人民日报》撰文指出"三农"问题是全面建成小康社会的难点。

现代化在"四化"同步中发展滞后，制约了我国经济和社会的协调发展。解决"三农"问题的关键是提高农民收入（林毅夫，2003）。自改革开放以来，随着一系列强农、惠农政策的实施，农民收入水平不断提升。2015年农民人均纯收入为11422元，首次突破万元大关，较1978年增长了85.5倍，扣除物价因素后，增长了5.7倍。但随着我国进入经济新常态，农民收入增速放缓，特别是从2011年开始，这一趋势更为明显，同比增速由2011年的5.8%降低到2014年的1.8%[①]。与此同时，从城乡差距来看，城乡居民之间人均收入差距仍较大，如图1.1所示。

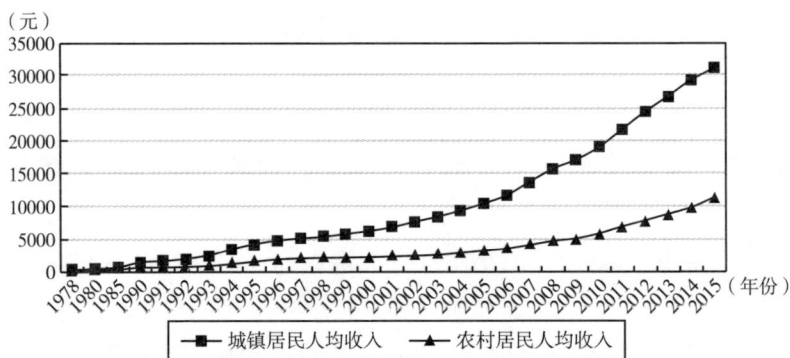

图 1.1　1978～2015 年城乡居民人均收入变化趋势

注：2015年农民人均收入为可支配收入，其余年份为纯收入。城镇居民收入为人均可支配收入。

资料来源：《中国统计年鉴》（1978～2015）。

与此同时，农村脱贫攻坚任务艰巨。当前，我国已进入脱贫攻坚时期，重点解决的是深度贫困地区的贫困问题，而这些深度贫困地区绝大多数是在农村。2013年习近平总书记提出了"精准扶贫"的理念，为农村脱贫攻坚指明了方向。按照新贫困标准计算[②]，我国农村贫困人口从2010年的16566万减少为2016年的4335万，贫困发生率从17.27%降为4.5%。要实现2020年全部脱贫的目标，平均每年仍要减少1000多万贫困人口，任务依然艰巨。且随着精准扶贫工作的推进，未脱贫农户增收的难度越来越大。其中，西南地区（包括云、贵、川、渝的三省一市地区）农村贫困人口规模较大，贫困深

---

① 资料来源：《中国统计年鉴》（1978～2015）。

② 2010年国家扶贫的新标准为农村人口人均收入2300元/年。

度较深。据统计，2015 年该地区农村贫困人口规模达 1466 万人，占总贫困人口规模的 26.30%，俨然已成为扶贫重点区域。

1.1.2　乡村振兴离不开金融支持，但农村金融普惠程度较低

要想实现农民的持续增收和乡村的全面振兴，首先要解决"钱从哪里来"的问题，由于发展中国家农民往往面临初始资本积累匮乏的问题，在此背景下，从正规金融机构获取金融资源，成为农民初始资本积累以外的重要资金获取方式。从理论上讲，农村金融的发展，可以通过"储蓄—投资"转化、优化资源配置等作用渠道，为农民从事生产经营提供资金支持，并能借助市场手段，调动农民生产经营的积极性，进而为其走出"贫困陷阱"提供重要支撑。由此可见，农村金融在支持农民增收、实现乡村振兴的过程中扮演着至关重要的角色。中国也非常重视农村金融的发展。党的十八届三中全会以来，党中央和国务院已经确定了开展农村金融普惠的发展战略，发展普惠金融已成为今后很长时期内农村金融改革的重点。对于"普惠金融"（inclusive finance）这一概念，最早是于 2005 年，在世界银行召开的国际小额信贷年会上被提出的。其主要理念是将原先被排斥在正规金融服务之外的群体，包容进正规金融体系中，为其提供价格合理的、有尊严的和可持续的金融服务（Helms et al.，2006）。因农村地区是弱势人群、弱势地区和弱势产业的集中区域，从而被党中央和国务院确定为金融普惠的重点对象。国务院在 2018 年印发的《乡村振兴战略规划（2018 – 2022 年）》中明确提出："通过完善金融支农组织体系、强化金融服务产品和方式创新、完善金融支农激励政策，把更多金融资源配置到农村经济社会发展的重点领域和薄弱环节，强化乡村振兴投入的普惠金融保障，满足乡村振兴巨额资金需求与多样化金融需求。"

自新中国成立，特别是改革开放以来，针对农村金融领域，我国政府进行了一系列改革，取得了一定成效。尽管如此，与乡村振兴的巨大金融需求相比，我国农村地区金融普惠程度仍较低，这严重制约了农村金融增收功能的发挥。据人民银行统计，2018 年主要涉农金融机构网点数为 84454 个，较 2009 年增加 8535 个；截至 2018 年底，全口径涉农贷款余额达到 32.7 万亿元，较 2007 年增长 434.4%，年均增长率为 16.5%。尽管如此，农村经营主体的金融需求仍未充分满足。首先，农村家庭信贷可得性较低。据中国家庭

金融调查①（China Household Finance Survey，CHFS）小组在2013年的调查，全国家庭正规信贷可得性为40.5%，而农村家庭仅为27.6%，两者相差12.9个百分点。其次，农村金融服务设施欠缺，农村金融服务"最后一公里"问题依然存在。截至2014年底，全国仍存在1570个金融机构空白乡镇②。另根据CHFS的调查，2013年农村地区平均每个村银行网点数量仅有0.7个，而城市中每个居委会（小区）则拥有2.63个网点，是农村地区的3.75倍，61.8%的村附近无银行网点，如图1.2所示。最后，农户基本金融服务无法满足。农户金融服务需求存在"二八"分化现象，仅有20%的人有信贷需求，而剩余80%的人对基本金融服务（存款、取款、转账、支付等）存在需求③。由于银行网点在农村的撤离，这些服务无法得到满足。以支付为例，农户使用现金作为主要支付工具的农户占97.5%，而希望改善这一支付方式的农户占40%（马九杰等，2013）。

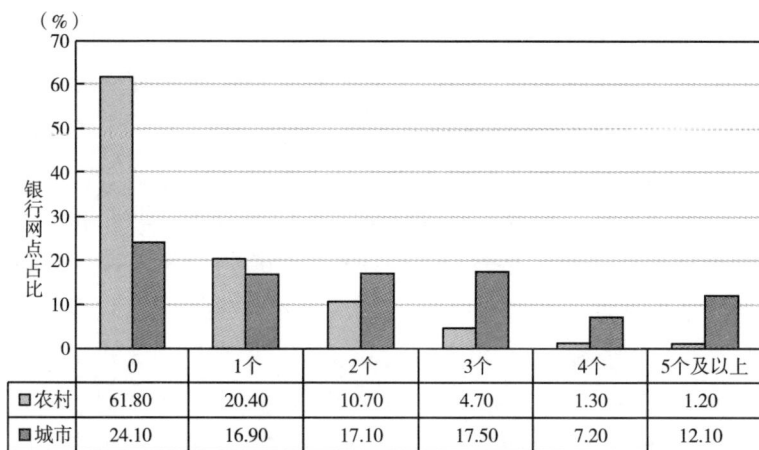

	0	1个	2个	3个	4个	5个及以上
农村	61.80	20.40	10.70	4.70	1.30	1.20
城市	24.10	16.90	17.10	17.50	7.20	12.10

图1.2　村（小区）附近银行网点分布

资料来源：《中国家庭金融调查报告》（2014）。

---

① 中国家庭金融调查是西南财经大学"中国家庭金融调查与研究中心"于2009年开始的调查项目，其中，2013年进行的调查覆盖29个省、262个区县、1048个社区、28141户。

② 数据来源于《中国农村金融服务报告》（2014）。

③ 农业银行山西省分行行长曹少雄2011年通过对山西省农村地区基础金融服务需求调查后得到此结论。报道见农村金融时报网站：http://epaper.zhgnj.com/Html/2011-09-19/3482.html。

1.1.3　信息通信技术发展迅速，为提高农村金融普惠程度带来机遇

在众多影响农村金融支农效率的因素中，过高的交易成本与严重的信息不对称是最主要的两个原因（Yaron et al.，1997）。一方面，农村地区尤其是贫困偏远地区，农民居住较为分散，人口密度极低，加之地形崎岖、交通不便，农村金融机构向其提供服务时，往往面临较高的营业成本，导致规模不经济的出现。出于盈利的考虑，商业性金融机构往往不会选择去偏远农村地区设立网点，从供给侧减少了金融服务的供给，城乡之间银行网点数量的差距便是很好的佐证（见图1.2）。正因如此，银行网点的稀缺导致农民在获取金融服务时，不得不花费较多的交易成本，例如时间成本和交通成本等，从而使得他们不会选择正规金融服务，产生所谓的金融排斥中的"自我排斥"问题。另一方面，作为显性信息匮乏的农民而言，无法将信用信息有效地传递给金融机构，产生所谓的"信息鸿沟"，金融机构在向其提供信贷等金融服务时，会存在逆向选择和道德风险问题，即审批贷款时会将贷款错放给表面信用状况良好而实际信用状况较差的贷款申请人，发放贷款后因过高的监督成本无法对农民进行有效监督，致使信贷资金的用途会产生偏离，最终导致不良贷款的产生。为了尽可能避免逆向选择和道德风险的发生，金融机构会通过信贷配给手段，减少农村信贷资金的投放，这显然不利于农村金融增收功能的发挥。

信息通信技术（information and communication technologies，ICT）的迅速发展，为提高农村金融普惠程度带来机遇。以互联网和移动无线通信等为代表的新一代信息通信技术，因其操作简便、信息传输效率高、使用成本低等优势，在农村地区普及较快，这为农民获取有效的生产经营和市场信息提供了便利。据中国互联网络信息中心（以下简称"CNNIC"）的统计，截至2014年底，中国农村网民数量达到1.78亿，比2005年增加1.59亿，互联网普及率达28.8%，较2007年增加21.4个百分点，人均周上网时长为24.1小时，比2006年增加10.9小时。在使用终端方面，借助手机上网人数最多，占比为81.9%，台式计算机次之，占比为66.6%。普惠金融不同于救助式金融服务，在发展过程中讲求可持续性（吴晓灵，2013）。由于农村金融市场存在严重的信息不对称，加之偏远地区农村人口密度低且居住分散，导致金

融交易成本较高（张杰，2004），阻碍了农村普惠金融的发展。新一代信息通信技术在农村金融服务中的运用，因其信息传输效率高、信息处理能力强、边际成本低等特点，可以通过降低信息搜寻成本、信息处理成本以及经营成本，实现普惠金融的可持续发展。

我国政府出台了相应的政策，鼓励农村地区开展以信息通信技术为载体的数字普惠金融服务，农村金融机构也进行了初步的实践探索。2011 年银监会发布的《进一步推进空白乡镇基础金融服务工作的通知》中，提出积极发展电话银行、手机银行等，消除金融服务空白乡镇，随后，在其 2014 年发布的《推进基础金融服务"村村通"的指导意见》中，鼓励银行在通信条件好的村利用互联网技术延伸村级基础金融服务，打通"最后一公里"。2015 年 7 月国务院出台的《国务院关于积极推进"互联网＋"行动的指导意见》中，将"互联网＋"普惠金融作为重点行动之一；与此同时，相关金融机构纷纷采取了相应措施，例如农业银行四川分行研发出借助手机 App 的"惠农银讯通"服务，可使农民足不出村办理相应业务；中国邮政储蓄银行自 2012 年开始试点"汇易达"农村手机支付业务，该业务将贴膜卡与 SIM 卡贴合，使得非智能手机也能进行手机支付。

1.1.4 数字金融发展的农民增收效应尚未形成定论，有待进一步检验

首先，当前学术界，关于金融发展对农民增收带来积极作用还是消极影响，尚未形成一致结论。有的学者认为农村金融可以通过动员储蓄、优化资源配置、提高风险管理能力、支持创新和带动农业技术进步等功能，促进农民收入的增加（Beck & Demirgüç-Kunt et al.，2007；Levine，2005；Yaron et al.，1997；丁志国等，2012；董晓林和蔡则祥，2007）；有的学者则提出相反的观点，他们认为发展中国家的农村金融外生于农村经济，在城乡二元结构背景下，因金融资本存在"嫌贫爱富"的特征，使得农村金融服务效率低下，金融发展带来的是农村资金的流失，从而对农民增收带来不利影响（Besley & Burgess，2002；King & Levine，1993；余新平等，2010）。普惠金融的发展同样会对农民收入带来不确定性影响。一方面，普惠金融让原先排斥在正规金融服务体系之外的农民获取到相应的金融服务，并利用获得的金融资源从事生产经营活动，充分发挥出金融的增收功能；

但另一方面，当金融普惠程度提高后，由于金融资本的逐利性，农民很有可能将所获得的金融资源用于投机性投资，例如将信贷资金用于投资股票和债券等，导致"金融脱实就虚"，一旦投资失败便会给农民带来不可估量的损失，农民生产经营所需资金更加匮乏，从而对农民增收带来不利的影响。

其次，对于借助信息通信技术进行的系列金融创新（主要为数字金融产品或服务），能否真正提高农村金融服务效率，学者们同样未给出一致答案。有的学者认为，此类数字金融服务模式，通过较低的获客成本和风险评估成本，提高了正规金融机构服务"三农"的意愿，同时，农民借助信息通信技术方便快捷地享受到所需金融服务，增加了被正规金融包容的程度。因此，数字金融的出现对农村金融供需双方均有利，可以实现帕累托改进（傅秋子和黄益平，2018；Bharadwaj et al.，2019；Björkegren & Grissen，2018；郭峰等，2016；何婧和李庆海，2019）；但另有学者通过研究发现，借助信息通信技术进行的系列金融创新，大大降低了金融机构的运营成本，使其边际成本几乎为零，但是对于金融服务的需求者而言，存在一定的"精英俘获"现象，即数字金融服务更多地被具有丰富金融知识、较高金融素养、熟悉 ICT 终端操作技巧的群体获得，而农民往往在上述方面比较欠缺，最终导致借助信息通信技术开展的数字金融服务远离农民，产生新的金融排斥（Costa et al.，2015；Karlan & Zinman，2009；董晓林和石晓磊，2018；黄益平和黄卓，2018；Björkegren & Grissen，2018）。

由此可见，目前对于借助信息通信技术开展的金融创新（主要为数字金融业务），能否真正帮助农民实现增收，进而支持乡村振兴的问题，在学术界尚存在一定的争议。本书将以此问题为导向，通过科学合理的研究设计，尝试对其进行回答。

1.2 研 究 意 义

1.2.1 理论意义

首先，在已有理论的基础上，搭建出信息通信技术、普惠金融与农民收入之间关系的理论分析框架。本书在分析 ICT、普惠金融对农民收入的影响时，将农村金融发展理论与信息经济学相关理论进行交叉，打破了原先仅从单一理论角度探讨农村金融和信息通信技术对农民收入影响的局限，构造出农村金融发展理论与信息经济学相关理论有机结合的理论分析框架，从而丰富了现有理论。

其次，既有的农村金融发展理论和已有文献，主要探究农村金融对农民收入的影响，而较少从农户差异化视角进行分析。本书在借鉴农村金融发展理论的基础上，通过分析普惠金融对传统农户与新型经营主体收入影响的差异，以完善农村金融发展理论。

最后，在"互联网＋"发展背景下，借助新一代信息通信技术开展的普惠金融服务创新，已成为农村金融发展的趋势。本书分析了 ICT 与普惠金融交互作用对农民收入影响的作用机理，并分析了数字普惠金融的益贫效果，为实现金融扶贫提供理论依据。

1.2.2 现实意义

首先，通过对西南地区农户 ICT 利用水平和普惠金融发展水平的测度，可了解经济欠发达农村地区的 ICT 与普惠金融发展现状，为政府出台相应的政策提供支撑。

其次，分不同农户类型，分析了 ICT、普惠金融以及两者交互作用（数字普惠金融）对农民收入水平与收入结构的影响，从中发现传统农户与新型经营主体之间的差异，对于分类制定信息扶贫和金融扶贫政策，以实现全面建成小康社会的目标，具有一定的参考价值。

最后，通过分析数字普惠金融对农民收入的影响，能够充分了解当前数字普惠金融在支持农民增收中的作用及面临的问题，为政府制定农村地区数字普惠金融发展政策提供参考，以实现数字普惠金融在扶贫中的作用。

1.3 文献综述

1.3.1 信息通信技术对农民收入的影响研究

已有关于信息通信技术对农民收入影响的研究中，主要从间接和直接视角进行了相关分析。从间接角度来看，已有研究主要围绕信息通信技术对农业生产和农产品销售的影响展开；从直接角度来看，现有研究则注重探讨了信息通信技术在扶贫中的作用。以下将从上述三个方面对已有研究进行梳理。

1.3.1.1　信息通信技术对农业生产的影响研究

信息通信技术的发展会带来全要素生产率的提高（Litan & Rivlin, 2001），这对于农业生产而言同样适合，其具体传导途径可细分为两条：一条是通过优化农业资源配置，让农民在生产过程中作出最优生产决策，提高农业生产效率和效益水平（耿红军，2008；韩海彬和张莉，2015）。珀雷拉（Pereira, 2009）认为 ICT 在整合农产品供应链的实时信息中有重要作用，从而可以降低不确定性，增强供应链系统的绩效。阿里和库马尔（Ali & Kumar, 2011）通过对印度一家烟草公司搭建的电子集市平台的研究，发现在做生产计划与耕种决策方面，使用电子集市平台的农民要比没有使用的农民更能作出高生产效率和高生产效益的决策，从而带动收入的增加。另一条是通过推动农业技术进步，实现传统农业的改造和升级，进而提高农业生产效率（郭永田，2007；李国英，2015；张莉等，2011）。尅扎和佩德森（Kiiza & Pederson, 2012）认为基于 ICT 发布的市场信息是农民采用优良农作物品种的关键，对提高农作物产量以及农民收入至关重要，并建议发展农业的过程中，要重视 ICT 推广与优良品种推广的协同。奥古图等（Ogutu et al., 2014）基于肯尼亚农户的相关数据，分析了以提供市场信息为目的的 ICT 服务项目，对农户农业投入与产出的影响。通过研究发现，该项 ICT 服务项目会让农民更愿意使用肥料和优质种子等现代农业生产技术。

以上研究是基于研究对象的同质性假设提出的结论，并没有考虑经济个体存在差异状况下 ICT 对农业生产的影响。为此，在考虑异质性的基础上，有学者开展了进一步的研究。利奥和刘（Lio & Liu, 2006）在国家存在贫富差异的背景下，探讨了两者之间的关系。结果发现，ICT 的使用会对农业生产率产生正向影响，但在富裕国家农业领域 ICT 的采用率要高于贫穷国家，且前者 ICT 产出弹性是后者的两倍。韩海彬和张莉（2015）则从人力资本视角研究了人力资本区域差异对 ICT 农业生产率增长效应的影响。结果发现，农业信息化对农业全要素生产率的增长存在以人力资本为门槛变量的双重门槛效应。

1.3.1.2　信息通信技术对农产品销售的影响研究

从斯蒂格勒（Stigler，1961）探讨信息在经济中的作用开始，信息在完善市场功能中的重要性就得到了学术界的足够重视，这在农村市场中更为关键。农村地区多位于远离市场信息发达的城镇，农民获取市场信息将面临较高的交易成本，这成为他们融入市场的重要障碍，由此带来的农产品"卖难"和"增产不增收"问题突出。而 ICT 的出现，让农民方便获取市场信息，克服了农村地区因远离市场所带来的消极影响（Forestier et al.，2002；Grimes，2000；Rao，2007；Rao，2008）。

具体而言，信息通信技术的运用可以通过两种渠道影响农民销售。一方面，降低了农民销售前的信息搜集成本，让他们更容易掌握市场价格信息，为农产品卖出高价提供了机会。詹森（Jensen，2007）通过对印度渔民销售行为的研究发现，手机可以帮助他们找到价格较高的市场，实现收入的增加。许竹青等（2013）研究了海南省农民"农信通"手机短信使用对农产品销售价格的影响，结果发现通过手机短信形式向农民发布的有效市场信息，降低了农民销售前的搜寻成本。另一方面，ICT 可以增加农民销售过程中的话语权，提高了销售环节的谈判能力（万宝瑞，2015）。在实证研究方面，詹森（Jensen，2010）分析了手机的使用对农产品供应链中各参与主体福利水平的影响，结果发现手机使用降低了信息不对称程度，从而使农民的市场力量增强。许竹青等（2013）通过对海南省"农信通"的调查，认为这一信息发布平台的建立，为农民提供了有效信息，使他们在交易中占据了主动，让农民享受到"信息红利"。此外，在上述研究的基础上，还有学者进一步研究了 ICT 对不同种类农产品销售的影响。例如穆托和亚马诺（Muto & Yamano，2009）利用乌干达的相关数据，比较了移动手机使用对不同质农产品销售的影响，结果发现手机的使用会显著提高生产易腐农产品（如香蕉）农民的市场参与度，而对生产易储农产品（如玉米）农民的市场参与度影响较小。

1.3.1.3　信息通信技术在扶贫中的作用研究

现有研究显示，信息通信技术之所以可以缓解贫困，是因为它为贫困人口提供了平等发展的机会。唐纳（Donner，2007）和阿米奴扎曼等（Aminuzzaman et al.，2011）研究发现，以手机为代表的 ICT 可以充分发挥市场的作用，让贫困人口获得发展机会，提升自身的福利水平。同时，信息通信技术可以通过提高穷人获得有效信息、教育、医疗、政府服务、金融服务以及社会资本的机会减少贫困（Marker et al.，2002；Urquhart et al.，2008；张莉等，2011；周冬，2016）。但是该功能的发挥，除了需要低成本的信息基础设施的投入外，还需要政府出台相应的政策鼓励组织或个人为低收入者提供信息通信技术服务（Cecchini & Scott，2003）。而在具体发展模式上，李忠斌等（2011）通过对湖北省利川市民族地区"计算机农业"的扶贫效果的定量评价，发现重点示范式比普遍撒网式的推广更有效。

与此同时，也有学者认为 ICT 的发展不利于贫困群体收入的增加。布里茨和布里格娜（Britz & Blignaut，2001）以及戈尔斯基和克拉克（Gorski & Clark，2002）从调查中发现，信息技术在富裕人群中使用频率远高于低收入群体，这会使得富裕者信息优势更加明显，由"数字鸿沟"带来的收入差距会越来越大。福雷斯蒂尔等（Forestier et al.，2002）则进一步指出互联网技术的使用会扩大收入差距，其原因主要有两个：一方面互联网技术的载体比电话等设备花费的成本要高；另一方面，互联网技术需要具备一定的知识才能使用，而有些穷人或农民往往缺少这些知识，从而导致 ICT 在不同收入人群之间存在差异。

1.3.2　普惠金融内涵特征及水平测度研究

1.3.2.1　普惠金融内涵及特征研究

普惠金融（inclusive finance）或金融包容（financial inclusion）是联合国在"2005 年国际小额信贷年"提出的概念（焦瑾璞，2010），在此之前，已有学者从其对立面——金融排斥进行了研究，并对其内涵进行了详细阐述。莱申和思里夫特（Leyshon & Thrift，1995）将金融排斥定义为阻止特定的社会群体或个人进入金融体系的现象。凯普森和怀利（Kempson & Whyley，1999）则将金融排斥划分为地理排斥、进入排斥、条件排斥、价格排斥、营销排斥和自我排斥。辛克莱（Sinclair，2001）将金融排斥看作金融服务需求者，不能以合适方式获得金融服务的情况。卡尔博等（Carbo et al.，2007）将金融排斥定义为一组社会群体不能进入金融体系的状态。

随着"普惠金融"概念的提出，在对已有金融排斥内涵研究的基础上，学者们又从普惠金融服务对象、服务产品和服务原则三个方面做了深入分析。在服务对象方面，赫尔姆斯等（Helms et al.，2006）和吴国华（2013）等学者认为，普惠金融应当向被排斥在正规金融服务体系之外的群体提供金融服务；在服务产品方面，学者们认为普惠金融不仅包括为小额贷款，而且还包括储蓄、支付结算、转账以及保险等服务（Cull et al.，2012），同时，这些产品应当由正规金融服务机构提供（Demirgüçkunt & Klapper，2013）；在服务原则方面，学者们认为普惠金融发展应当遵循动态性、可持续性以及公平性原则。动态性指的是普惠金融的发展是一个动态过程，不能一蹴而就，要循序渐进（Conroy，2005；Sarma & Pais，2011；郭建伟和徐宝林，2013）。可持续性是指普惠金融不同于福利性金融，要做到既能使金融机构在提供服务时自负盈亏，实现财务可持续，又能保证金融服务需求者承受得起获取服务时需要支付的价格（吴晓灵，2013；周小川，2013）。

在普惠金融的特征研究方面，学者们主要通过比较分析总结出了普惠金融的特点。拉普科尼（Lapukeni，2015）对普惠金融与金融排斥进行了区分，他认为普惠金融要重视金融服务的使用，而非仅停留在金融服务的可得性方面。而何德旭和苗文龙（2015）则认为金融普惠的目的是消除金融排斥。与此同时，由于普惠金融是由小额信贷发展而来，许多学者从产生原因、组织结构、业务种类和覆盖面等方面对两者进行了比较分析。在产生的原因方面，小额信贷是由小额贷款发展而来，最初是以一种非营利性的方式为穷人提供信贷服务（Khandker et al.，1998）。而普惠金融的产生是金融体系不断完善的结果，是为所有客户提供服务的金融发展形式，不仅为穷人服务，而且这些业务的开展需要建立在可持续发展基础上（李明贤和叶慧敏，2012）；在组织结构方面，小额信贷机构可分成三类，即受国际机构或慈善机构援助的小额信贷机构、政府主导的以扶贫为目的的小额信贷机构和开展小额信用贷款及联保贷款业务的正规金融机构（杜晓山，2004）。这些机构相对零散、独立。而普惠金融是一种广层次、多元化的金融体系，在这个体系中包含多种金融服务的提供者，并且相互之间互为补充，满足不同金融服务需求者的需求（Helms et al.，2006）；在业务种类方面，小额贷款提供的业务种类相对单一，主要是为穷人提供贷款服务（Navajas et al.，2000），普惠金融则包括储蓄、贷款、汇款、保险等综合性金融服务（Klein，2011）；在覆盖面方面，普惠金融比小额信贷的覆盖面要广。小额信贷主要覆盖贫困者（杜晓山，2006），而普惠金融覆盖的是所有存在金融服务需求的客户（李明贤和叶慧敏，2012）。

1.3.2.2　普惠金融发展水平测度研究

已有研究显示，国内外相关机构和研究学者主要利用单指标法和综合指标评价方法，对普惠金融发展水平进行了测度。

在单指标评价方面，已有研究涉及的指标可归为四大类，即金融服务可及性、金融服务可得性、金融服务的使用情况以及金融产品（服务）质量。在具体研究中，一方面相关的国际性组织或机构，通过构建指标并搜集和整理相关数据，对普惠金融的发展水平进行了评价。例如，金融包容全球合作伙伴组织（Global Partnership for Financial Inclusion，GPFI）从金融服务可得性、金融服务的使用情况、金融产品或服务的质量三个角度设定了详细指标，其中，金融服务可得性指标包括分支机构、ATM、POS 机和代理网点覆盖情况、手机银行和网上银行使用率、借记卡拥有率、拥有 POS 机的中小企业数量占比、联网 ATM 和 POS 机覆盖率；使用情况指标包括 15 岁以上成年人与企业两个层次，针对成人主要考察了拥有账户成年人比例、账户数量、进行借贷的成年人比例、成年人投保比例、非现金交易比例、高频率使用账号的比例、过去一年进行储蓄的成年人比例，针对企业主要包含拥有银行账户的中小企业占比、获得贷款的中小企业占比、中小企业中使用电子支付的比例等；服务质量指标主要包括成年人金融知识和金融行为、信息披露与消费者保护、信贷面临的障碍三个方面。世界银行（World Bank）构建了金融包容指数数据库，并于 2011 年和 2014 年对 140 多个国家进行了调查，其指标主要包含银行账户使用情况、支付或汇款使用情况、储蓄和借贷使用情况四个方面（Demirgüç-Kunt et al.，2015）。金融包容联盟（The Alliance for Financial Inclusion，AFI）从可及性与使用状况两个方面构建了核心指标。由芬马克信托（Finmark Trust）成立的 Finscope 调查小组，从需求者角度设计了指标体系，其特点是将非正规金融的使用也列入评价体系中，而评价的内容主要是从使用角度进行测度，具体包括正规金融产品或服务的使用情况与非正规金融产品或服务使用情况。印度央行从银行机构覆盖率、存款账户覆盖率、信用卡覆盖率、ATM 机覆盖情况、信息通信技术账户数量、金融扫盲状况等方面构建了评价印度普惠金融发展水平的指标体系。另一方面，在学者研究方面，有的学者仅从一个指标对金融服务的可得性进行了研究。例如霍诺翰（Honohan，2008）通过运用计量方法估算出每 100 个成年人银行账户的数量，得到 160 个国家的金融普惠程度。有的学者基于两个维度设计指标体系，例如贝克和昆特等（Beck & Demirguc-Kunt et al.，2007）从银行服务使用和可及性两个维度出发，设计出了银行物理网点的地理渗透性与人口渗透性、ATM 机的地理渗透性与人口渗透性、每一千人的贷款账户拥有量、贷款与收入的比例、每一千人存款账户的拥有量以及存款与收入的比例八个指标，对 2003 年 99 个国家的金融普惠水平进行了考察。李涛等（2016）从金融服务地理覆盖状况与使用状况两个层面评价了普惠金融发展水平，其中，使用情况从 15 岁以上成年人与企业两个角度考察。有的学者从三个方面对普惠金融发展水平进行了考察，例如福格茨瓦和韦尔（Fungáčová & Weill，2015）利用世界银行 2011 年公布的全球金融包容数据库的数据，从银行账户、储蓄、信贷方面研究了中国普惠金融发展情况。曾省晖等（2014）从金融服务可得性、使用情况和服务质量三个层面构建了 32 个详细的指标。此外，罗玲森和麦凯（Rowlingson & McKay，2015）从银行账户情况、处理意外花费能力、储蓄状况、借款状况、家庭财产保险使用等方面，运用单指标法对英国普惠金融发展水平进行测评。

在综合指标评价方面，已有研究用到的综合评价法又可进一步分为欧氏距离法、指数方法、熵值法、变异系数法和综合指数法五种方法。在欧氏距离法测度上，印度信用评级信息服务有限公司（Credit Rating Information Services of India Limited，CRISIL）于 2013 年运用欧式距离法对印度的普惠金融发展水平进行了测度，其指标体系主要包括网点渗透率、贷款渗透率（贷款账户、小额贷款账户、农业贷款账户）和存款渗透率三个方面，通过测度发现，印度普惠金融发展水平较低、存款渗透率较高，但贷款渗透率低。焦瑾璞等（2015）则从可得性、使用情况与服务质量三个方面设计出了 19 个具体指标，并在 2013 年采集了中国各省的相关数据，运用欧氏距离法测算出各省的普惠金融发展指数，发现各省普惠金融发展水平差异明显，且与当地经济发展水平存在正相关关系。在运用指数法测度方面，萨尔马（Sarma，2008）首次尝试用指数方法测度普惠金融发展水平。在此基础上，查克拉瓦蒂和帕尔（Chakravarty & Pal，2013）提出了公理化测量方法，其改进之处是考虑了各子指标对金融普惠的贡献程度。田杰和陶建平（2012）通过搜集中国 1765 个县（市）级相关数据，从地理渗透性、使用效用性和产品接触性三个层面构建出普惠金融发展水平指数，通过测度发现，我国东、中、西部金融普惠水平依次降低。蔡洋萍（2015）从地理渗透性、产品接触性和使用效用性三个维度构建指数，对湖北、湖南和河南三个中部省份进行了测度。在熵值法测度上，陈银娥等（2015）从金融服务渗透度、可获得性、使用效用性和承受度四个方面，运用熵值综合测评方法，计算出了 2004～2013 年中国其中 30 个省（自治区、直辖市）的普惠金融发展水平，通过研究发现，中国普惠金融发展水平处于中低水平，且东中西部依次递减，存在"俱乐部收敛"现象。在变异系数法测度方面，王修华和陈茜茜（2016）在对 19 省份 790 个农户调查的基础上，运用变异系数赋权法测算出农户的金融普惠性发展指数，最终得出我国农户普惠金融发展水平较低的结论。在综合指数法测度方面，刘波等（2014）以湖南省 2008～2012 年 87 个县（市）的数据为基础，从渗透性、使用效用性和可负担性角度设计了 14 个具体指标，采用综合指数方法，对县域普惠金融发展水平进行了测度（见表 1.1）。

表 1.1　　　部分机构和学者对普惠金融发展水平的测度研究汇总

学者或机构	年份	研究对象	指标分类	估算方法
GPFI	2016	—	金融服务可得性、金融服务的使用情况、金融产品或服务的质量	单指标法
World Bank	2014	143 个国家的 15 万名成年人	银行账户使用情况、支付或汇款使用情况以及储蓄和借贷使用情况	单指标法
AFI	2011	—	网点的可及性、存或贷款账户的拥有情况	单指标法
Finscope			正规金融产品或服务的使用情况、非正规金融产品或服务使用情况	单指标法
印度央行	2013	印度	银行机构覆盖率、存款账户覆盖率、信用卡覆盖率、ATM 机覆盖情况、信息通信技术账户数量、金融扫盲状况	单指标法
Beck et al.	2007	99 个国家	银行服务使用和可及性	单指标法
曾省晖等	2014	中国	金融服务可得性、使用情况和服务质量	单指标法
Rowlingson & McKay	2015	英国	银行账户情况、处理意外花费能力、储蓄状况、借款状况、家庭财产保险使用	单指标法
Fungáčová & Weill	2015	中国	银行账户、储蓄、信贷	单指标法

续表

学者或机构	年份	研究对象	指标分类	估算方法
李涛、徐翔、孙硕	2005~2013	130 多个国家	覆盖情况与使用情况	单指标法
CRISIL	2013	印度	网点渗透率、贷款渗透率（贷款账户、小额贷款账户、农业贷款账户）和存款渗透率	欧氏距离法
焦瑾璞等	2013	中国	可得性、使用情况和服务质量	欧氏距离法
Sarma	2008	印度	可及性、可得性和使用状况	指数方法
田杰和陶建平	2009	中国 1765 个县	人口维度与地理维度的渗透、人均储蓄存款与人均贷款、享受贷款服务的人数	指数方法
蔡洋萍	2005~2013	湖南、湖北与河南	地理渗透性、产品接触性、使用效用性	指数方法
陈银娥等	2004~2013	30 个省	金融服务渗透度、可获得性、使用效用性和承受度	熵值法
王修华和陈茜茜	2014	19 省 790 农户	渗透性、使用效用性和可负担性	变异系数法
刘波等	2008~2012	湖南省 87 个县	渗透性、使用效用性和可负担性	综合指数法

1.3.3 普惠金融发展的影响因素研究

1.3.3.1 信息通信技术对普惠金融发展的影响研究

国内外学者针对 ICT 发展给普惠金融带来的影响进行了大量研究。这些研究主要集中在两个方面：一是从理论方面探讨 ICT 如何对普惠金融发展产生影响；二是从实证角度分析 ICT 对金融服务需求者金融行为和金融服务供给者供给模式的影响。在理论方面，学者们的主要观点主要体现在三个方面：一是 ICT 的发展增加了金融服务需求者更多接触金融产品和服务的渠道（Aterido et al.，2013；王修华和陈茜茜，2016）；二是 ICT 在金融服务方面的运用降低了交易成本，扩大了金融服务交易的边界（Dermish et al.，2011；刘海二，2013）；三是基于 ICT 的金融创新，降低了金融交易供需双方的信息不对称程度，并借助软件简化了金融业的专业化程度，使得普通民众都可以完成风险定价、期限匹配等复杂交易，提高了金融普惠程度（谢平和邹传伟，2012）。

在实证研究方面，有些学者对上述理论进行了验证，克莱森斯（Claessens，2006）通过调查发现，ICT 的发展增加了银行为偏远地区的低收入群体提供金融服务的机会。吉奇（Geach，2007）认为手机在农村或城市贫民区的使用，为当地居民提供了获取正规金融服务的便利，有助于实现金融普惠目标。肯德尔等（Kendall et al.，2010）研究发现人均手机拥有量越多的国家存款渗透率、贷款渗透率会越高。贾军和邢乐成（2016）以 2004～2012 年中国的 522 家中小企业融资为例，进行了相关研究，结果发现 ICT 可以通过降低金融交易成本和增加金融机构间的竞争程度，进而有利于缓解中小企业融资约束。周立和潘素梅（2015）通过对山东、河北和陕西 566 个农户的调查，发现基础金融服务"村村通"工程的实施，拉近了银行与小农户之间的距离，利于银行掌握农户的软信息，减少了信息不对称程度，提高了农户的信贷可得性，进而有助于提高农村金融普惠水平。有的学者探讨了基于 ICT 的金融创新对需求者金融行为的影响，穆耶艾格儿和松本（Munyegera & Matsumoto，2015）分析了乌干达农村家庭的"移动货币"对其金融行为的影响，结果发现由于交易成本的降低，"移动货币"的使用显著增加了农村家庭储蓄、信贷和转账汇款的可能性。有的学者将实证分析的重点放在了 ICT 对金融服务模式的影响方面，重点关注了 ICT 如何促进金融发展，如何利用 ICT 进行金融创新（Vu，2013）。例如马斯（Mas，2009）总结出两种模式：一种是在亚洲和非洲多数地区发展的手机银行项目；另一种是在拉丁美洲地区开展的代理银行模式。赵岳和谭之博（2012）分析了借助电子商务平台为中小企业贷款的新模式，发现电商平台的引入可以采集到较为详细的企业信息，这为企业展示自己的信用类型提供了帮助，使得那些在传统模式下受到信贷约束的企业获得贷款。王修华和郭美娟（2014）对农村手机银行发展模式进行了探讨，并认为以银行为主导和以移动运营商为主导的手机银行模式均可根据适应条件在我国农村地区进行发展。与此同时，也有学者指出了借助 ICT 开展金融服务存在的不足，例如迪尼兹（Diniz et al.，2011）通过对巴西基于 ICT 金融服务创新的考察，发现尽管这一创新促进了金融普惠程度的提升，然而由于服务对象内部金融知识水平和 ICT 掌握程度存在差异，导致出现新的金融排斥现象。

1.3.3.2 普惠金融发展的其他影响因素研究

在普惠金融发展的其他影响因素研究方面，学者们主要围绕着供给、需求与外部环境因素展开。供给因素主要包括机构数量、机构规模、信贷模式的创新等。机构数量的扩张能够为当地居民获取金融服务带来便利，这一作用在低教育水平与低收入水平家庭中更强（Allen et al.，2014；Brown et al.，2015）。与大银行机构相比，小银行拥有经营效率高和获取信息便利的优势，能够满足低收入群体小额贷款的需求（Berger & Udell，2002；粟勤和肖晶，2015）。有的学者研究后发现，有新型信贷模式的乡镇，其农户的金融普惠水平要远高于其他乡镇（王修华和陈茜茜，2016）。

需求因素主要包括个人特征与家庭资源禀赋等。在个人特征方面，性别、受教育程度、年龄和民族等均会对普惠金融发展产生影响。多数研究发现，由于农村地区的女性主要参与家庭劳动，其对家庭以外的经济活动参与较少，从而成为金融排斥的主要对象（Kempson，2000；田霖，2011）。杜巴斯和罗宾逊（Dupas & Robinson，2013）通过在肯尼亚进行的田野实验发现，在取消储蓄手续费的情况下，女性进行储蓄的积极性明显高于男性。但现实中，往往女性更容易受到价格等方面的歧视，而不能获得信贷等金融服务（Mura-vyev et al.，2009）。文化水平的提高可以使得弱势群体掌握现代化的金融知识，为其获得丰富多彩的金融服务做铺垫（Allen et al.，2012；田霖，2011；王修华和陈茜茜，2016）。在年龄和民族方面，王修华和陈茜茜（2016）研究表明年龄较大的农民越容易受到排斥，田霖（2011）发现少数民族地区金融排斥程度较为严重。昆特等（Demirgüç-Kunt et al.，2014）探讨了伊斯兰国家青年群体中金融服务的使用，并发现由于宗教原因，借贷的利息不能过高，在一定程度上影响了信贷资源的供给。在家庭特质方面，家庭人口数量、农户耕地面积和家庭人均纯收入会影响农户的普惠金融发展水平（高沛星和王修华，2011；田霖，2011）。此外，主事者的受教育程度及金融行为偏好也会影响整个家庭的金融服务的获得（隋艳颖和马晓河，2011；王修华和谭开通，2012）。

在外部环境方面，学者们主要从经济环境方面探讨了县域经济发展水平、地区人均收入、农业产值占比及非农就业对农村普惠金融发展的影响。其中较高的县域经济发展水平与较高的地区人均收入会提供良好的金融发展环境，有利于地区普惠金融发展水平的提高（Kendall et al.，2010；蔡洋萍，2015；

谭燕芝等，2014）。在农业产值占比的影响上，高沛星和王修华（2011）研究发现，农业产值占比越高的地区，不利于金融机构的发展，从而降低了金融普惠水平。值得一提的是，在非农就业对金融普惠水平影响方面，学者们尚未形成一致结论。高沛星和王修华（2011）认为尽管农村非农就业使得农民有了稳定的收入，但是因为非农就业模式主要是以外出务工为主，从而导致农村人才外流，最终出现非农就业水平较高的地区，金融排斥的程度更大，但田霖（2011）的研究则发现，农民非农就业占比与金融排斥成反比。此外，还有学者研究了政策环境对普惠金融发展的影响，其争论的焦点集中于管制的放松是否提高了农村或贫穷地区的普惠金融发展水平上（Lapukeni，2015；Leyshon & Thrift，1995；蔡洋萍，2015；董晓林和徐虹，2012）。

1.3.4　农村金融发展与农民收入关系的相关研究

农村金融和农民收入之间的因果关系历来是学者们关注的焦点，至今已形成了三种观点：一是农村金融的发展会对农民收入产生影响；二是农民收入影响农村金融的发展；三是农村金融与农民收入之间存在一种互动关系。

1.3.4.1　农村金融发展对农民收入影响的相关研究

（1）农村金融对农民收入的间接影响。在分析农村金融对农民收入的影响方面，国内外学者探讨了农村金融作用于农民收入的间接渠道与直接渠道。从间接作用来看，农村金融主要通过对农村经济、城乡收入差距、农村就业结构和农业科技进步等方面的影响，间接对农民收入产生影响。

在农村金融对农村经济影响的研究方面，熊彼特和巴克豪斯（Schumpeter & Backhaus，1911）最早进行了金融发展对农村经济的影响分析，随后，帕特里克（Patrick，1966）、戈德史密斯（Goldsmith，1969）、肖（Shaw，1973）和麦金农（Mckinnon，1973）做了进一步补充，在此基础上，国内外学者进行了大量实证研究。有学者研究证明，农村金融发展给农村经济增长带来正向影响。这是因为完善的农村金融市场有助于储蓄的增加以及储蓄投资转化率的提升，从而促进农村经济的增长。从内容来看，在经济发达地区，金融效率与金融规模对农村经济产生显著正向影响，农村金融风险则会抑制农村经济增长，而在经济欠发达地区，金融风险则会促进农村经济增长（Burgess & Pande，2005；邓莉和冉光和，2005；丁志国等，

2012；丁志国等，2014；董晓林和蔡则祥，2007；冉光和和张金鑫，2008）；有的学者则指出农村金融的发展会阻碍农村经济增长。这是因为发展中国家农村金融并非完全内生于农村经济，在农村金融发展中会受到政府的干预，其结构和功能不能适应农村经济的发展，导致金融约束效应的产生（Besley & Burgess，2002；King & Levine，1993；冉光和等，2008；温涛等，2005；谢琼等，2009；姚耀军，2004）。随着研究的深入，学者们提出了农村金融发展在影响农村经济增长时，存在"门槛效应"，即在农村金融发展水平较低时，农村经济增长会受到抑制，当发展到一定阶段后，农村金融会显著促进农村经济增长（Hoff & Stiglitz，1990；刘金全等，2016；张兵等，2013）。

在农村金融对城乡收入差距影响的研究方面，在格林伍德和约万诺维奇（Greenwood & Jovanovic，1990）提出两者之间存在"库兹涅茨效应"的基础上，学者们进行了深入研究，并发现了金融作用于城乡收入差距的两种渠道：一是金融发展的减贫效应会缩小城乡收入差距。但这一效应的发挥需要建立在金融的广度发展上，即将金融服务扩大到低收入群体，而不仅仅服务于富人，这会增加低收入者发展机会，从而利于收入差距的缩小（Banerjee & Newman，1993；Beck & Levine et al.，2007；Becker & Tomes，1979；Kim，2016；李志军和张名誉，2015；刘波等，2014；刘长庚等，2013；王修华和邱兆祥，2011）；二是受制国家经济发展战略以及银行的逐利行为，使得农村金融资源外流，减少了农村低收入者的投资机会，从而扩大城乡收入差距（Claessens & Perotti，2007；Yang，1999；叶志强等，2011；张宏彦等，2013）。

在农村金融对农村就业结构影响的研究方面，国内外学者通过分析发现，农村金融主要通过支持农民非农就业，让农村剩余劳动力转移到高回报的部门，实现整体收入水平的提升。而支持非农就业的渠道主要有两种：一种是农村金融通过支持农村中小企业和乡镇企业发展，增加对农村劳动力的吸纳，使农民的工资性收入增加（Binswanger & Khandker，1995；Reardon，1997；陈啸，2017；许崇正和高希武，2005；余新平等，2010）；另一种则是通过支持农民进行创业活动从事非农的生产与经营，实现收入的增加（Ahlin & Jiang，2008；Banerjee & Newman，1993；Paulson et al.，2006；程郁和罗丹，2009；郝朝艳等，2012；杨军等，2013）。

在农村金融对农业科技进步影响的研究方面，国内外学者通过研究发现，农村金融可以通过作用于农业科技自主创新能力、农业科技成果转化与推广应用水平、农民科技素质和科技应用能力，对农业的科技进步贡献率产生影响（Abate et al., 2016；Schumpeter & Backhaus, 1911；Zhao & Barry, 2015；李硕和姚凤阁，2015；肖干和徐鲲，2012）。

（2）农村金融对农民收入的直接影响。关于农村金融对农民收入的直接影响，学者们的研究也颇为丰富。这些研究是在将农村金融看作农民从事生产经营活动的投入要素的基础上展开的。当前关于农村金融对农民增收产生正向还是负向影响的问题，学术界尚未形成一致结论。有的学者研究证明农村金融发展对农民收入增长产生了负影响。例如温涛等（2005）指出农村居民储蓄比率对收入的促进作用存在滞后，信贷比率则会使农民收入在短期内恶化。刘旦（2007）以 1978～2004 年中国农村相关数据证明，由于农村存款转换为贷款以及农村贷款转化为农村投资的水平较低，导致农村金融发展效率会对收入产生消极影响；有的学者则得出了相反的观点，认为农村金融发展会给农民增收带来积极影响。例如伯吉斯和潘德（Burgess & Pande, 2005）、卡巴（Chibba, 2009）通过研究发现，当贫困人群获得金融服务后，会利用金融资源进行投资和风险管理，有助于提高其预期收入。余新平等（2010）研究表明，农村存款与农业保险赔付会对农民收入产生正向影响。贾立和王红明（2010）通过实证分析，认为农村金融规模与结构会提高农民收入；有学者认为不同金融发展内容会差异化影响农民收入。例如李明贤和叶慧敏（2014）运用 1990～2009 年中国农村数据证实，农村金融存贷比和机构从业人员数量会促进农民收入增加，而存款规模、乡镇企业贷款占比等对农民增收影响不显著。有的学者从收入结构视角探讨了农村金融的影响。例如胡帮勇和张兵（2012）发现，农村金融发展负向影响农业收入，而正向影响非农收入；还有的学者探讨了非正规金融带来的收入影响。例如唐礼智（2009）指出，非正规金融在支持农民增收方面更有效率。胡宗义等（2012）发现非正规金融的规模与效率会显著提高农民收入。杜金向和董乃全（2013）通过实证分析发现，由于民间借贷数额较小，且主要用于非生产性领域，从而对农民收入的影响不大。

1.3.4.2 农民收入对农村金融发展影响的相关研究

持农民收入是农村金融发展影响因素这一观点的学者，多数是围绕着经济决定金融的前提假设展开的。1952 年罗宾逊最早提出这一假说，他认为金

融中介和金融市场是伴随着产业经济的发展逐渐形成的（陈雨露和马勇，
2013）。随后，莱文（Levine，1992）提出了类似的观点，他在研究金融发
展规律时，将经济发展水平放入理论模型中，得到了金融发展与经济增长
之间存在"门槛效应（threshold effect）"的结论，即认为当经济发展到一
定水平后，金融市场才会出现，揭示了不同经济发展水平的国家，其金融
发展水平存在差异的原因。艾伦等（Allen et al.，2016）在考察了实体经
济结构与金融体系结构之间的关系后发现，金融体系结构会伴随着实体经
济结构的改变而发生变化，以满足不同经济结构对金融服务的需求。林毅
夫等（2009）也得到了类似的结论。此外，石盛林（2011）的研究发现，
除了经济结构会给金融发展带来影响外，经济规模和城镇化水平等因素也
会影响金融发展水平。

收入水平是经济发展水平的一种具体体现，在经济决定金融这一研究
背景下，学者们开始探讨收入变化对金融发展水平的影响，其中便包含了
农民收入对农村金融发展影响的研究内容。格林伍德和约万诺维奇
（Greenwood & Jovanovic，1990）认为收入水平的提高能够通过引致出更多
的金融需求，从而推动金融发展水平的提升。凯普森和怀利（Kempson &
Whyley，1999）将金融排斥看作收入水平的减函数，即收入水平越低的群
体，越容易受到金融排斥。温涛等（2005）通过格兰杰因果检验后发现，
农民收入增长仅是农村储蓄率提升的格兰杰原因，而不是信贷比率提升的
格兰杰原因。金晓春（2008）通过实证研究发现，农民的收入水平能够制
约农村金融机构的数量，同时，农民收入结构的变动也会改变农村金融需
求结构。董晓林和徐虹（2012）以及谭燕芝和李维扬（2016）认为商业性
金融机构出于利润最大化的考虑，往往在人均可支配收入高的地区布设较
多的物理网点。刘玉春和修长柏（2013）证实虽然农民收入增长是农村金
融发展水平的格兰杰原因，但是农民收入对农村金融发展的影响有限，并
非主要原因。

1.3.4.3 农村金融与农民收入之间的互动关系研究

农村金融与农民收入互动关系的研究是在金融与经济互动关系研究的基
础上展开的。帕特里克（Patrick，1966）最先从"需求追随"与"供给领
先"两种模式阐释了金融与经济之间的互动关系，他认为在经济发展的不同
阶段这两者扮演了不同的角色，在经济发展初期，"供给领先"占据主导地

位，当经济发展到一定水平后，伴随着经济主体对金融服务需求的日益多元化，"需求追随"型的金融发展将居于主导地位。随后学者们利用经济发达国家和经济欠发达国家的相关数据进行了实证研究，多数研究发现，在经济发达国家，经济的增长带动了金融的发展，而在经济欠发达国家，金融能够促进经济增长（Demirgüç-Kunt & Levine，2001；King & Levine，1993；Levine，1997；Levine & Zervos，1998；Shan et al. ，1999）。还有的学者从时间维度证实了两者之间的关系，并得到了不同的研究结论，有的学者认为经济与金融之间存在双向因果关系（Arestis et al. ，2001；陈军和王亚杰，2002；康继军等，2005），有的学者认为短期内金融发展有利于经济增长，长期内两者存在双向因果关系（Rachdi，2011；李泽广等，2007）。

在农村金融与农村经济的互动关系，以及农村金融与农民收入的互动关系研究方面，吴永兴和唐青生（2013）通过对西部农村地区的分析得知，在短期内农村存款和贷款与农村经济发展之间并不存在双向因果关系，长期内却存在互为因果的关系。但丁志国等（2012）却认为无论在短期还是长期，两者之间均存在双向因果关系。赵洪丹（2011）通过运用改革开放以来的数据分析后，发现农村金融规模和农村金融效率分别与农村经济发展之间存在双向因果关系。张建波和杨国颂（2010）通过运用 VAR 模型进行分析后，发现当前我国农村处于"供给领先"型阶段，农村金融在促进农村经济发展中有重要作用。季凯文和武鹏（2008）认为当前我国农村金融发展缺乏效率，因而并没有带来农村经济的增长，与此同时，农村经济发展落后，也没有引致出过多的金融需求，从而农村经济对农村金融发展也为产生实质性影响。金晓春（2008）分析了江苏农村金融发展与农民收入增长的互利影响，即随着农民收入的增长，他们对金融服务的需求更加多元化，这势必会推动农村金融市场或产品的发展，与此同时，伴随着新型农村金融机构的进入，农村金融体系逐渐完善，农民的资金需求更容易得到满足，进而有助于农民收入的提升。熊德平（2009）详细分析了农村金融与农民增收之间的良性互动机理，一方面农民增收会带来财富的积累和储蓄的增长，从而有助于提高农民金融活动的参与能力，特别是财产抵押能力的提升，诱导出农村金融的扩张；另一方面，农村金融的发展提高了储蓄—投资转化率和投资效率，进而利于农民增收。霍焰（2013）认为农村储蓄与农民收入之间存在显著的双向因果关系，但由于农村储蓄—投资转化效率较低，导致农村信贷比率与农民收入之间并不存在互动关系。

1.3.5　普惠金融减贫效应及贫困瞄准机制研究

国内外学者对普惠金融减贫效应的研究，主要是基于权利贫困理论展开的。阿马蒂亚·森（Amartya Sen，1982）将获取金融服务看作人类发展的基本权利，尤努斯和乔琳（Yunus & Jolis，1999）也将信贷权看作人权的一种。然而由于"财富门槛效应"的存在（Greenwood & Jovanovic，1990），富人凭借自身的财富优势获取了多数的金融资源，贫困群体则受到金融市场的冷落，遭受到金融排斥，从而无法获得这一基本发展权利，使其深陷贫困陷阱当中。普惠金融的提出改变了金融只为富人服务的传统观念，倡导赋予贫困群体享用金融服务的基本发展权利，给予其通过金融权利打破贫困陷阱的机会（李扬，2014；刘姣华和李长健，2014）。基于上述理论，国内外学者围绕普惠金融的减贫效应进行了深入分析，并从动员储蓄、信贷支持和风险管理三个方面展开了普惠金融减贫机理的讨论。伯吉斯和潘德（Burgess & Pande，2005）利用印度 1977～1990 年的相关数据，对储蓄与缓解贫困之间的关系进行了研究，发现当储蓄率增加 1%，贫困人口将减少 2.22%；有的学者认为严重的金融排斥会导致穷人很难获得贷款，从而降低了投资水平，无法改善现有的穷苦生活（Beck et al.，2004；Galor & Zeira，1993；Honohan，2008；Levine，2005）；巴尼特和马努尔（Barnett & Mahul，2007）、巴里等（Barry et al.，2013）、谭正航（2016）等学者认为贫困人群获得保险服务后，可以缓解生产或生活风险带来的冲击，防止因灾致贫和返贫的发生，并能通过节余出的风险管理资金用于其他方面的投资，进而实现脱贫的目的。

在普惠金融的贫困瞄准机制研究方面，学者们主要从普惠金融政策瞄准机制、信贷金融组织瞄准机制以及瞄准机制的差异性三方面展开了研究。对于普惠金融政策瞄准机制而言，现有研究主要从政府制定的瞄准贫困的货币政策视角，对定向降准、扶贫贷款和差别化监管对贫困瞄准的影响进行了分析（蒋远胜，2017）。例如，宋全云等（2016）认为定向降准释放出了商业银行向中小企业发放贷款的活力；齐娅（Zia，2008）、萨哈和唐比（Saha & Thampy，2006）认为扶贫贴息贷款的补贴方式、缔约方式和还款期限及方式会对贫困户的瞄准产生重要影响。吴本健等（2014）则分析了扶贫贴息贷款利率管理方式及不同贴息方式对贫困瞄准的影响。李凌（2014）认为差别化监管政策的实施，提高了商业银行在农村进行金融创新的积极性，有利于开发出适合贫困农户的金融产品和服务模式。

对于信贷金融组织瞄准机制而言，多数研究围绕贫困村资金互助社的贫困瞄准机制展开分析，并总结出分期还款、提高利率、提高贫困户的有效信贷需求等途径实现贫困户的瞄准。其中，科普斯泰克等（Copestake et al.，2005）、李金亚和李秉龙（2013）认为分期还款和提高利率机能够增加对贫困户的瞄准精度。汪三贵等（2011）通过研究发现，除了分期还款机制外，通过增加贫困户在资金互助社理事会中的成员数量，也能提高对贫困户的瞄准程度。林万龙和杨丛丛（2012）通过案例研究发现，可以通过提高贫困户的有效信贷需求，实现互助金对贫困户的瞄准。

此外，还有学者对瞄准机制的差异性进行了分析，如朱一鸣和王伟（2017）通过研究发现，由于经济发展水平存在差异，普惠金融对贫困县与非贫困县的贫困瞄准机制有所不同，对贫困县瞄准主要是通过经济增长的"中介效应"实现，而对非贫困县的瞄准则是通过"直接效应"实现。

1.3.6　文献评述

通过已有文献的梳理，可以得知，国内外学者对 ICT、普惠金融与农民增收进行了详细而又深入的探讨。在 ICT 对农民收入的影响方面，现有文献揭示了 ICT 在促进农业经营收入以及在扶贫中的作用，并从实证角度进行了验证，总结出 ICT 可以促进农民增收的结论；在普惠金融内涵特征及普惠金融发展水平测度方面，学者们从普惠金融的定义出发，结合现实情况，从普惠金融服务对象、服务产品和服务原则三个方面对普惠金融的内涵进行了分析，为后续研究奠定了理论基础。基于此，学者们对不同国家或地区的普惠金融发展水平进行了测度，方便研究者或政策制定者了解当前普惠金融发展状况；在普惠金融发展的影响因素研究中，学者们分析了 ICT、金融服务供给因素、金融服务需求因素和外部经济与政策环境对普惠金融发展带来的影响；在金融发展对农民收入的影响研究方面，已有文献主要以金融发展理论为基础，从不同角度探讨了金融发展对农民收入总量、农民收入结构的影响。已有研究成果为本书提供了坚实的基础，对本书有极为重要的参考价值，但现有文献并非面面俱到，仍有一些待完善甚至忽略的地方。

第一，当前关于 ICT 如何影响农民收入的研究，主要集中在 ICT 对农业生产性收入或总收入的影响方面，对收入结构的影响研究明显不足。ICT 除了对经营性收入有重要影响外,是否对其他类型收入有所影响,有待进一步探究。

第二,以往研究中关于农村金融对农民收入的影响,主要从金融发展深度的层面进行了分析,对金融发展广度——普惠金融层面展开的研究较少,仅有的少量相关研究只分析了普惠金融对经济增长的影响,而对农民收入水平以及收入结构的影响分析明显不足,有待进一步丰富此类研究。

第三,已有研究对普惠金融发展水平进行测度时,指标体系更多地从供给角度或较为宏观的视角进行构建,鲜有研究从需求角度进行构建,由于指标反映的数值较为宏观,更多地从地区、省份或国家层面进行了测度,不能体现出不同需求者(如农户)的普惠金融发展水平。

第四,现有研究相对独立地探讨了 ICT、普惠金融对农民收入的影响,而很少有研究分析 ICT 与普惠金融的交互作用对农民收入的影响。不仅在理论层面缺少对两者交互作用机理的分析,而且也在实证方面缺少对作用机理进行的验证。尽管有学者探讨了信息通信技术、金融包容对农村经济的影响,但一方面农村经济并不完全等同于农民收入;另一方面现有研究中仅简单考虑了 ICT 如何通过促进金融包容而实现经济增长,而没有考虑到金融包容在一定程度上也促进了 ICT 的发展,进而对农民增收产生作用。

鉴于此,本书在前人丰富研究成果的基础上,构建 ICT、普惠金融与农民收入三者之间关系的理论分析框架,重点分析 ICT 与普惠金融交互作用对农民收入的影响机制。然后基于农户视角构建 ICT 利用水平评价体系和普惠金融发展水平评价体系,运用西南地区的调查数据,对农户 ICT 利用水平和普惠金融发展水平进行测度;在此基础上,探究 ICT、普惠金融及两者交互作用对农民家庭收入水平与收入结构的影响。根据研究结论,总结出相关政策性启示,以期为西南地区乃至全国如何通过 ICT 与普惠金融实现农民脱贫致富作出有益探索。

1.4　研究内容与研究方法

1.4.1　研究内容

本书以"农村金融普惠程度的提高是否带来了农民收入的增加?"为导

向，重点研究和分析了信息通信技术、普惠金融对农民增收影响的作用机理和效果，具体来讲，主要从以下七个方面进行了研究。

（1）构建 ICT、普惠金融与农民收入之间关系的理论分析框架。在借鉴已有理论的基础上，从理论层面，剖析 ICT、普惠金融及两者交互作用对农民收入影响的作用机理。

（2）从宏观层面对我国农民收入、农村地区 ICT 与普惠金融的发展历程进行追溯，了解研究内容的来龙去脉，为后续研究奠定基础。与此同时，对当前农民收入、ICT 与普惠金融的发展现状从宏观视角进行深入分析。

（3）在宏观数据基础上，从时间和空间两个维度全面剖析 ICT 和普惠金融对农民收入的影响，以实现与后面微观研究的相互印证。

（4）测度西南地区农户 ICT 利用水平与普惠金融发展水平，为微观水平的实证分析做铺垫。根据西南地区的调查数据，运用单指标评价方法和综合评价方法，科学合理地评价西南地区农户的 ICT 利用水平与普惠金融发展水平。

（5）进行 ICT、普惠金融及两者交互作用对农民收入水平的影响分析。根据微观调查数据，运用计量方法，分析 ICT、普惠金融及两者交互作用对农民收入水平的影响。

（6）进行 ICT、普惠金融及两者交互作用对农民收入结构的影响分析。借助微观调查数据与合理的计量方法，深入剖析 ICT、普惠金融及两者交互作用对农民工资性收入、经营性收入以及财产性收入的影响。

（7）提出基于 ICT 和普惠金融的农民增收政策建议。在理论分析和实证检验的基础上，从 ICT、普惠金融及两者交互作用角度，提出如何提高农民收入的政策建议。

1.4.2　研究方法和研究思路

1.4.2.1　研究方法

（1）文献综述法与历史分析法。利用文献数据库对当前已有的相关成果进行归纳；在梳理已有文献的基础上，对 ICT、普惠金融与农民收入相关的概念、内涵和理论基础进行阐释，为后续分析做好铺垫；通过历史分析法，查阅历史资料，对农村地区 ICT、普惠金融的发展历程和现状进行详细阐述，了解研究内容的来龙去脉；通过国家统计局、西南各省（市）统计局、中国银行保险监督管理委员会（银保监会）等官方网站公布的数据、工作论文等资料，搜集本书所用到的二手数据，为进行宏观分析和实证研究提供支撑。

（2）实地调查法。首先，本书确定西南地区为区域，按照联合国经济社会事务部统计司制定的发展中国家农村家庭样本规模确定方法，计算出所需样本规模为 840 户；其次，根据分层抽样与概率比例规模抽样相结合的方法，对西南地区农户进行抽样。最终抽取的县（区、市）数量为：四川省 11 个、云南省 4 个、贵州省 4 个、重庆市 3 个；最后，利用提前设计好的问卷，对样本农户进行入户实地调查获取一手数据，为后续实证研究奠定基础。

（3）计量分析法。对实地调查得来的数据进行统计分析；运用基于组合赋权的 TOPSIS 评价法，对农户 ICT 利用水平与普惠金融发展水平进行测度；利用 T 检验、方差分析法初步探讨 ICT、普惠金融及两者交互作用与农民收入之间的关系；利用 OLS 方法并搭配工具变量法和内生性处理效应方法分析 ICT、普惠金融及交互作用对农民收入水平的影响；利用 Tobit 模型、IV-Tobit 模型、似不相关回归模型分析 ICT、普惠金融及两者交互作用对农民收入结构的影响。

1.4.2.2　研究思路与技术路线

本书以分析 ICT、普惠金融对农民收入的影响为主线，借鉴信息不对称理论、交易成本理论、普惠金融理论等理论分析工具，分析了信息通信技术、普惠金融对农民收入影响的作用机理和效果；运用历史分析法对我国农村地区 ICT、普惠金融和农民收入的历史演变趋势、发展现状及相互关系进行归纳总结；在此基础上，通过分层抽样选出西南地区代表性的农户，对其进行系统的问卷调查，获取反映真实状况的一手数据。随后，对西南地区农户的 ICT 利用水平与普惠金融发展水平进行测评，运用测量值和相应的多元线性回归模型、Tobit 模型和似不相关模型分析 ICT、普惠金融及两者交互作用对农民收入水平和收入结构的影响。最终提出相应的政策性启示，完成对 ICT、普惠金融与农民收入问题的探索。

为实现研究目标，根据上述思路绘制出技术路线图，如图 1.3 所示。

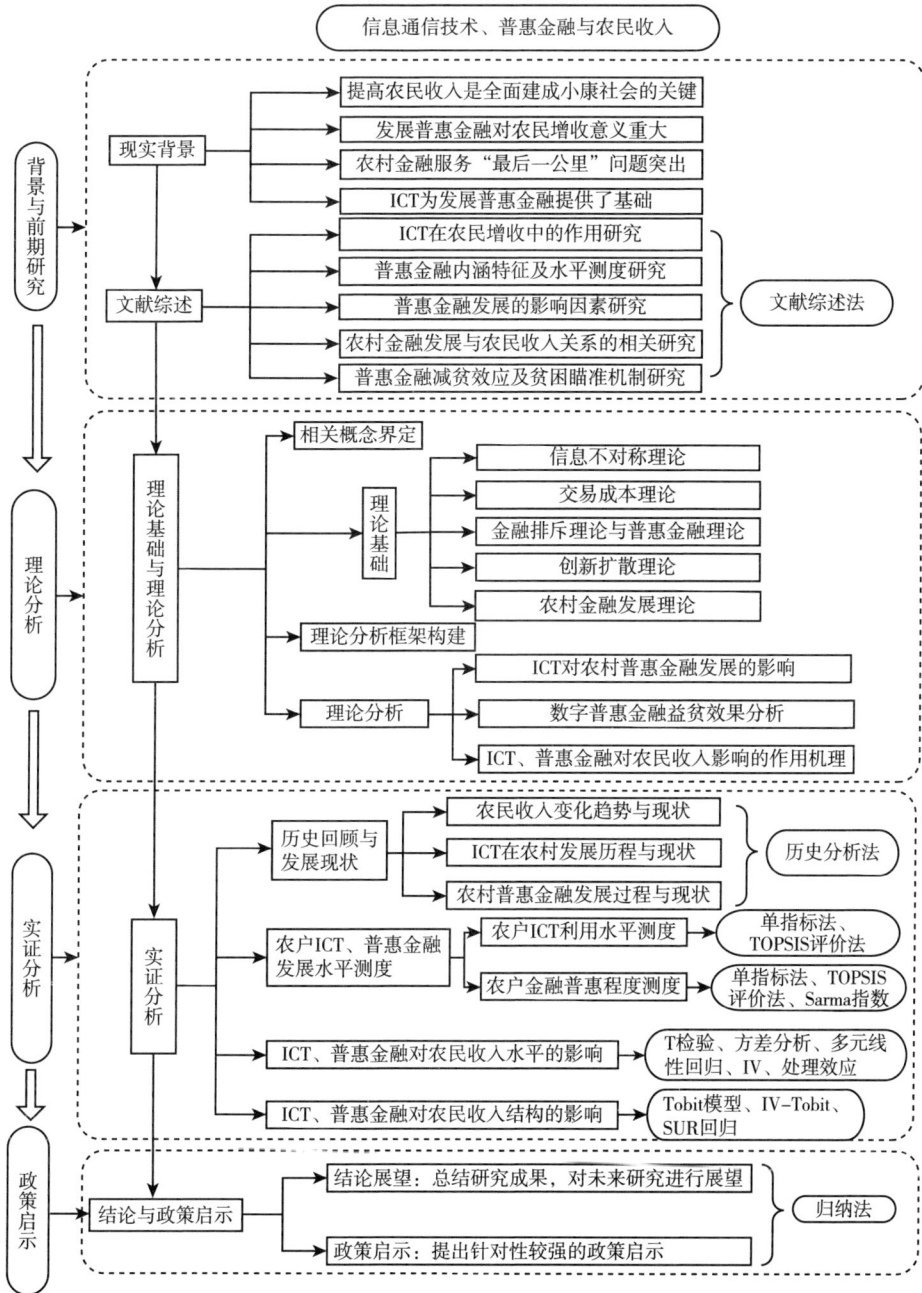

图 1.3 技术路线

1.5　研究创新与不足

1.5.1　研究创新

本书的价值和创新之处主要体现在以下三个方面。

（1）运用交易成本理论和信息不对称理论等理论分析工具，从理论上分析了数字普惠金融对低收入水平农户和高收入水平农户增收效果的差异，提出了数字普惠金融具有益贫性增收效果的研究假说，随后运用分位数回归方法，并结合实地调查的微观数据进行了实证检验，验证了此假说。弥补了现有研究中对数字普惠金融益贫效果认识不足的缺憾。

（2）运用多元线性回归和工具变量回归方法，对信息通信技术、普惠金融及两者交互作用的增收效果进行了比较，发现信息通信技术与普惠金融交互形成的数字普惠金融，在促进农民增收中的效果优于信息通信技术和普惠金融单独的增收效果。克服了已有研究中只从信息通信技术或普惠金融单方面分析农民增收效果的不足。

（3）在分析普惠金融对农户收入结构的影响时，从农户异质性视角，分析了传统农户和新型经营主体之间存在的差异，得出普惠金融对新型经营主体农业经营性收入占比的提升作用大于传统农户的结论，与已有研究仅从新型经营主体角度研究普惠金融的支持作用相比，结论更具有说服力，通过研究视角创新拓展和丰富了已有研究。

1.5.2　研究不足

本书从 ICT、普惠金融及两者交互作用三个因素入手，分析了其对西南地区为代表的经济欠发达地区农户收入的影响，能够在较大程度上反映 ICT、普惠金融及两者交互作用，在促进农民增收中的作用。本书期望在数字普惠金融扶贫效果的探讨上作出些许补充，与已有的相关金融扶贫的研究成果相得益彰，以期为我国打赢扶贫攻坚战出谋划策。但反躬自省，本书对 ICT、普惠金融及两者交互作用与农民收入关系的探讨尚属尝试，且考虑到我国农村扶贫是一套系统性的工程，涉及的因素纷繁复杂，加之作者精力和能力有限，所做研究难免会存在一些不足。例如，普惠金融与信息通信技术对农民收入的影响会存在一定的滞后性，但短时间内无法收集到面板数据，因此，关于普惠金融与信息通信技术对农民收入影响的滞后效应便无法考察；农民收入水平和收入结构的影响因素是错综复杂的，且处于不断变化之中，从而无法对这些因素进行完全考虑；农户 ICT 与普惠金融发展水平的测度评价体系有待进一步完善；若对其他农村地区进行研究，能否得到一致结论等。

第 2 章　概念界定、理论基础与作用机理分析

本章主要从理论层面阐释 ICT、普惠金融及两者交互作用如何对农民收入产生影响。首先对相关概念进行科学合理的界定；其次对研究中涉及的主要基础理论进行概述，并结合研究内容进行相应分析，在理论基础上搭建出本书的理论分析框架；最后理论分析了 ICT、普惠金融及两者交互作用对农民收入影响的作用机理，为后面进行实证分析奠定理论基础。

2.1　相关概念界定

2.1.1　信息通信技术

信息通信技术是一系列关乎信息的生产、传输和处理的技术的总称。其具体可分为信息技术（information technologies）和通信技术（communication technologies）。信息技术偏重信息的处理（如破解和编译信息），其产生至今已经历了五代的更新，即语言的出现和使用、文字的创造、印刷术的发明、电磁波的运用（具体表现为电报、电话、电视、广播的使用）、计算机的使用。其中，计算机信息处理技术又可进一步分为近代计算机信息处理技术（主要包括电子技术和规模集成电路技术）和现代计算机处理技术（包括人工智能、互联网技术、云计算、大数据和区块链技术等）（何明华，2015；谭祥金和党跃武，2002；陶建华等，2016）；通信技术重点关注信息的传输。其大致分为两类：有线通信技术和无线通信技术。其中，有线通信技术主要依靠电线、光缆或光纤等介质传播信息，其优点是信息传播免受外界干扰，而缺点则是成本较高。无线通信技术主要依靠电磁波等无形介质传播信息，

其优点是覆盖范围较广，且成本较低，但也存在容易受外界干扰、易泄密和产生人体辐射等弊端（于锐等，2016）。而数字技术（digital technology）的出现，通过将信息转换为 0 和 1 的逻辑数字信号，可有效提高信息传输过程中的信息精度与保密程度，被广泛应用到有线和无线通信之中。

　　本书的信息通信技术指的是依靠电磁波、计算机、新一代信息技术，以及有线和无线通信技术，进行信息的储存、传输、接收和处理的一系列技术的总称。其中，对于新一代信息技术而言，借鉴国务院在《关于加快培育和发展战略新兴产业的决定》中的划分方法，将新一代信息技术细分为三网融合、物联网、云计算与数字虚拟技术。新一代信息技术凭借网络互联的移动化、信息处理的大数据化、信息服务的智能化等特点（李国杰，2015），以乘数效应不断向其他行业渗透，根本性地改变了人们的生产与生活方式（梁智昊和许守任，2016）。

2.1.2　普惠金融

　　2005 年世界银行举办的国际小额信贷年年会上，首次提出了普惠金融的概念。当时将普惠金融看作一种能够为所有有金融服务需求的群体，特别是为农民、妇女、穷人、低收入群体，学生和小微企业等金融弱势群体，提供便捷、安全、价格合理、有尊严的金融服务的体系，并从微观、中观和宏观层面提出了构建这一体系的方法。普惠金融是从小额信贷（microcredit）和微型金融（microfinance）逐渐演变过来的（李明贤和叶慧敏，2012）。其中，小额信贷只是从贷款这种单一金融服务内容上，对贫困或弱势群体提供金融支持，有的小额信贷讲求公益性，有的偏重商业可持续性；微型金融则是从更宽泛的金融服务内容上对弱势群体提供支持，并更加注重可持续性；普惠金融则是对微型金融的进一步深化和发展，除了金融服务种类宽泛外，还强调可持续性与包容性兼顾。三者之间的关系可用图 2.1 表示。

　　本书中的普惠金融主要是农村地区的普惠金融，具体指的是金融机构向新型经营主体和传统农户提供的一系列金融服务的总称，包括金融服务可及性（accessibility）与金融服务可得性（availability）两个方面。农村金融服务可及性增加了农民接触正规金融服务的机会，而金融服务可得性则降低了农民获取金融服务的门槛。其中，金融服务的提供方式包括物理网点的人工服务、依靠传统信息技术①和有线通信技术开展的电子化金融服务。涉及的金融服务种类包括储蓄、信贷、保险服务、支付、转账汇款、投资理财等。

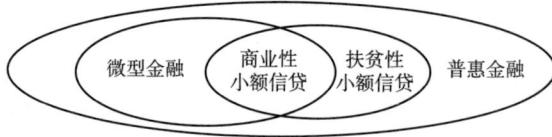

图 2.1　小额信贷、微型金融与普惠金融的关系

2.1.3　农民收入

据国家统计局的界定，农民收入的统计口径有四种，分别是总收入、现金收入、纯收入和可支配收入。农民总收入指的是一定时期内农户家庭成员从各种渠道获得的收入总和；现金收入只包括以现金形式获取的收入；纯收入则指农户总收入扣除产生这些收入所发生的费用后的收入；可支配收入主要包括最终消费支出和储蓄两个部分。其中，以上各种收入又可根据来源进一步细分为经营性收入、工资性收入、财产性收入和转移性收入。

本书将从农民收入水平和结构两个维度阐释农民收入状况。由于转移性收入主要和政府政策有关，ICT、普惠金融对其无显著影响，因此，在对农民收入分析时没有将转移性收入考虑其中，换言之，在进行理论和实证分析时，仅对经营性收入、工资性收入和财产性收入这三类收入进行分析。在收入水平方面，由于纯收入水平能更好地反映农民的生存和生活状况（Gustafsson & Shi，2002；李实和罗楚亮，2011），同时考虑人口因素，本书选取了农户人均纯收入水平作为农户收入水平的反映。在农民收入结构方面，一方面利用农户人均经营性收入、人均工资性收入和人均财产性收入这三类收入的绝对值，反映农户收入绝对结构；另一方面利用农户经营性收入占比、工资性收入占比和财产性收入占比，反映农户收入的相对结构。

---

① 即新一代信息技术出现之前的信息技术。

2.2　理论基础和分析框架构建

2.2.1　理论基础与分析

2.2.1.1　信息不对称理论

信息不对称理论是信息经济学的一个重要分支。在古典经济学中，亚当·斯密（Adam Smith）提出"看不见的手"可以调节市场实现均衡，而这一结论成立的前提条件为信息是充分和对称的，这相当于从信息不对称的对立面构建了古典经济学理论的基础条件。伴随着古典经济学的日臻完善，越来越多的学者开始打破原有假设条件的限制，更多地基于信息不对称这一更接近现实的条件对经济现象和规律展开深入研究。威廉·鲍莫尔（William Baumol）最先将信息分为完全信息和不完全信息，并分别分析这两种信息对社会福利产生的影响；随后，赫伯特·西蒙（Herbert Simon）在研究中发现市场参与者的有限理性是导致信息不完全的原因。在前人努力的基础上，乔治·阿克洛夫（George Akerlof）于 1970 年发表了论文 *The Market for Lemons*，首次形象地分析了信息不对称问题，为信息不对称理论的形成奠定了基础。在他研究的基础上，阿罗（Arrow）、斯彭斯（Spence）和斯蒂格利茨（Stiglitz）等学者对信息不对称问题展开了深入研究，并将相应的研究拓展到金融市场①。

信息不对称理论分解了不对称信息的内容。从发生时间维度，分为事前和事后不对称信息。事前信息不对称会造成"逆向选择"，而事后信息不对称会出现"道德风险"（张维迎，2012）。以信贷市场为例，由于农户市场参与度低，在向其提供贷款时，银行无法充分获取其经济信息，从而对农户的信用程度无法作出评判，为了保证信贷资金有效收回，会通过抵押物或利率进行控制，而农民缺少相应的抵押物，在这种情况下，银行会提高利率对农民进行约束，以降低不良贷款率。但与此同时，农业作为弱质产业，农户从事农业经营活动效益低下，在高利率面前，风险规避型农民由于担心无法偿

---

① 该部分内容主要依据黄琪（2014）的总结进行整理。

还本金利息而放弃申请贷款。相反，对于风险偏好型农民而言，他们会冒险将信贷资金用于高风险项目，从而会申请贷款。这样就产生了事前的逆向选择问题，在高利率面前，信贷申请者中风险偏好型农民的比例高于风险规避型农民的占比。在审批贷款之后，因为银行无法对农户投资的项目进行有效监督，且农民的生产性资金与消费性资金往往不会做区分，导致信贷资金用于非生产领域，或者高风险的项目（如赌博）中去，使其不能按期归还本息，即发生所谓的"道德风险"。

根据信息的内容进行划分，不对称信息主要包括行动信息和知识信息，其中，前者主要指一方参与人行为对另一方具有不可预知性，后者则主要是指一方参与人的知识条件（或信息）对另一参与方来说不可知（张维迎，2012）。农户在获得信贷服务后，隐瞒银行将资金用于非生产项目，导致在生产性投资项目上的努力程度不够，这不仅使本金无法收回，而且会降低金融服务的增收功能，不利于农户收入的增加，由此产生的道德风险问题对农户和银行均不利。同理，如果农户为了获得贷款而隐瞒不利银行的信息，导致银行将信贷资金错配给不合适的农户，进而降低了农村金融服务效率，不利于金融功能的发挥。此外，农户将资金用于生产性投资，当出现或将要出现风险时，会隐瞒风险的等级，以获得银行的持续贷款，而这无疑会落入恶性循环的陷阱。

在信息经济学上，根据信息的特征差异，一般会将信息分为硬信息和软信息（乌家培，1997），其中导致信息不对称的主要是软信息。硬信息指的是那些容易被记录的信息；而软信息则是那些只能在熟人之间才知道的信息，形象一点的表示是具备"日久见人心"特征的信息。当前我国农村经济主要是小农经济，农村社会主要是人缘、血缘和地缘相融合的"三缘"社会，小农经济的特点使得农民市场参与程度低下，缺少相关的交易记录，直接导致农民的硬信息缺乏；与此同时，在村庄内部农民之间交往密切，彼此之间知根知底，尽管这些软信息没有被记录下来，但却是农民的真实写照。

ICT可以缓解农村金融市场面临的信息不对称问题。农民硬信息缺乏和软信息难以传播出去导致的信息不对称问题，制约了农村金融功能的发挥。ICT在农村的普及，可有效解决上述问题。这是因为，ICT一方面有利于农民硬信息的形成，例如农村电子商务的发展，提高了农民的市场参与程度，增加了农民与外界的商品交易频率，这些交易记录是农民硬信息的直接体现，银行等金融机构可以据此对农民信用状况进行了解；另一方面ICT有利于软信息向硬信息进行转换。以往一个村中只有内部居民才能知晓村中的人和事，现如今借助互联网等信息通信技术可以将村中发生的事情快速传递到外界，金融机构可以运用诸如爬虫等技术将这些软信息捕捉到，从而实现软信息向硬信息的转换，这有助于降低信息不对称程度。

2.2.1.2 交易成本理论

交易成本思想首次出现于科斯（Coase，1937）发表的《企业的性质》一文中，随后阿罗于 1969 年第一次使用"交易成本"术语，再到后来的威廉姆森（Williamson）对交易成本进行了较为系统的研究，最终形成了交易成本理论（卢现祥和朱巧玲，2012）。从整个交易成本理论的发展过程来看，交易成本经历了从"引而不用"到"可以证伪"的过程（聂辉华，2004）。科斯在《企业的性质》中以举例说明的方式列举出了"市场交易成本"所包含的一般项目，紧接着科斯（Coase，1960）在《社会成本问题》一文中，进一步明确了"市场交易成本"概念（卢现祥和朱巧玲，2012）。尽管如此，在此后的很长一段时期内，学者们主要是定性分析交易成本，将其看作"大而化之"的概念，在对交易成本量化分析上没有形成突破。直到威廉姆森（Williamson，1985）提出用资产专用性、不确定性程度和交易频率三个维度刻画交易成本后，才使得交易成本成为一个可以证伪的概念。在此基础上，威廉姆森从契约角度展开对制度的分析，并根据不同治理结构面临的交易成本，对不同的制度进行了比较分析（聂辉华，2004）。

威廉姆森（1985）从交易特征入手，将资产专用性、不确定性和交易频率看作交易成本产生的三个重要因素。其中，资产专用性指的是因某一类资产由于专门为某一项特定交易而设计，导致其一旦形成就不能用于其他用途的特性。它主要包括物质资本专用性、资产地理区位专用性以及人力资本专用性三大类；交易不确定性指的是因交易双方对交易面临的环境以及参与人行为无法控制或作出预判，导致整个交易过程会充满诸多不确定性的状况；交易频率指的是单位时间内完成交易的次数，从时间连续性角度进行体现。

农村金融交易中面临过高的交易成本在资产专用性、交易不确定和交易频率方面均有所体现。在资产专用性方面，一是金融机构面临较高的物质资本专用性成本。农村金融机构网点的铺设需要花费高昂的物质资本，这些物质资本包括网点房屋的租赁费、处理相关业务所需设备的购置费以及各种流动资产的费用等，且银行作为一类特殊的企业，交易的对象是金钱，因此，相对于一般的企业而言，为确保资金的安全，往往对各种物质资本的质量要求更高，从而使得物质资本产生的交易成本高于一般企业。二是农民在获取金融服务时，会因为资产地理区位的专用性花费较高的交易成本。农村金融机构网点一旦设立后，较难进行移动，考虑到成本效益，这些网点一般会设在村镇地区。而农村居民多居住在远离村镇中心的偏远地区，农民完成金融交易需要花费较高的时间成本和交通成本，并且在资金存取的过程中，还要承担管理资金遗失风险的成本。三是在向农民提供金融服务的过程中，金融机构面临因人力资本专用性带来的交易成本。农村金融机构从业人员在处理相应业务之前需要进行综合培训，且由于农民金融知识缺乏，在实际工作中，农村金融机构的工作人员还需掌握相应的服务技巧，以完成与农民之间的金融交易活动，这些技巧或经验是在长期工作中积累的，且特定于农村金融机构，形成了较高的沉没成本。

在交易不定性和交易频率方面，农村金融发展依然面临高昂的交易成本。首先，在不确定性方面，农村金融交易除了面临不确定性的经济、金融环境外，还由于农业的弱质性，农业生产会面临较高的自然风险，即"天有不测风云"，导致农民投资的项目出现不可挽回的损失。与此同时，农民与银行之间信息的不对称程度较重，一方面，银行无法获取农民信息，完成交易后，无法进行有效的监督，倘若发生风险，无法进行控制；另一方面，金融机构相关产品或服务的合同条款会受政策的影响发生变动，农民信息闭塞，不能及时掌握，同样会给农民带来相应的损失，这一损失产生的成本也属于不确定性引发的交易成本；在交易频率方面，我国当前仍以小农经济为主，受制于此，农民资金需求表现出"短、小、频、急"的特点，农村金融机构提供服务时，不能产生规模效应，会导致交易花费的成本高于收益，与此同时，交易频繁较高的特点无论对金融机构还是农民而言，都会增加相应的交易成本。这在贫困山区更是如此，这些农村地区交通极为不便，且人口居住分散，完成一次交易需要付出较高的交通与时间等交易成本，甚至导致农村金融交易无法完成，农民金融需求无法满足的后果。

2.2.1.3 金融排斥理论与普惠金融理论

金融排斥与普惠金融是同一枚硬币的两面（焦瑾璞等，2015）。在理论研究过程中，学者们研究的重点逐渐从金融排斥的研究过渡到普惠金融的研究。金融排斥（financial exclusion）的概念最早由莱申和思里夫特（Leyshon & Thrift，1993）提出，他们从金融地理学的角度，将金融排斥看作贫困阶层或社会弱势群体，因远离金融机构或分支机构而被排斥在金融服务体系之外的现象。随后，凯普森和怀利（Kempson & Whyley，1999）对金融排斥的内涵进行了拓展，将其细分为六个具体维度，据此，学者们根据这一划分构建了详细的指标，展开对某一国家或地区金融排斥程度的测度，将金融排斥理论的研究推向高潮，在这一阶段，田霖（2007a，2007b）将金融排斥的概念引入了中国，为国内学者展开相关研究奠定了基础。金融排斥理论主要从反面研究制约弱势群体获取金融服务的因素，而伴随着联合国千年发展目标（millennium development goals）实现期限①的临近，世界银行等国际性组织开始探讨如何从金融方面支持千年目标的实现。在此背景下，2004 年扶贫协商小组（the consultative group to assist the poor，CGAP）发表的《建设普惠金融体系：微型金融良好实践的捐助者指南》中，第一次提出了"普惠金融体系"的概念。引发了国内外学者对普惠金融的研究。而亚洲开发银行对包容性增长（Inclusive growth）理念的提出②，进一步助推了普惠金融理论的相关研究。

当前普惠金融理论的内容主要包括普惠金融的内涵、普惠金融发展的影响因素和普惠金融发展带来的绩效三个方面。普惠金融的内涵主要包括金融服务的可及性和可得性。其中可及性主要从金融服务的可接触性角度得以体现；可得性则指的是有金融服务需求的群体能否获得金融服务（吴晓灵，2013）。由此可见，可及性增加了接触正规金融服务的机会，而可得性则降低了获取金融服务的门槛。

在影响因素方面，普惠金融理论更多地借鉴了金融排斥理论的内容，把影响因素划分为地理排斥（geographical exclusion）、进入排斥（access exclusion）、条件排斥（condition exclusion）、价格排斥（price exclusion）、营销排斥（marketing exclusion）和自我排斥（self-exclusion）六个维度（Kempson，2000；Kempson & Whylcy，1999；Leyshon & Thrift，1995）。其中，地理排斥是因金融机构地理位置远离客户，当他们需要服务时，无法及时获得服务

---

① 2000 年 9 月联合国首脑会议上 189 个国家签署了《联合国千年宣言》，确定联合国千年发展目标是到 2015 年全球贫困水平降低一半。

② 亚洲开发银行于 2007 年提出了包容性增长理念，其中重要的内涵之一是让所有人机会平等地获取发展的机会，共享经济增长的成果。

的状态；进入排斥指的是通过风险评估程序限制弱势群体获取金融产品或服务；条件排斥主要指金融机构在向弱势群体提供金融服务时，与其他群体相比，会额外增设一些条款（如担保、抵押要求过高等）；价格排斥从字面意思可以理解为因金融机构制定了过高价格的产品或服务，使得被排斥人群无力承担这一价格而放弃金融服务的情况；营销排斥是指金融机构在拓展业务市场时，往往因贫困地区风险过高、效益低下等原因，对其进行主观忽视，缺少向该地区或人群提供服务的动力；自我排斥则是由于金融服务需求者自身原因而导致无法获得金融服务的状况，这部分原因可以归为两类：一类是因自身缺乏金融知识，对金融产品或服务不了解，不知道金融产品或服务有哪些，无法参与到金融市场中；另一类是尽管对金融产品或服务相当了解，但是考虑到业务办理程序复杂，主动放弃了相应的金融产品或服务。

普惠金融理论认为，通过提供平等的金融发展权利，有助于促进经济绩效和社会绩效的提升。在经济绩效方面，普惠金融理论更多的是从金融发展的广度上解释金融对经济增长的影响（李涛等，2016）。其作用渠道是：通过金融体系覆盖率的提升，让所有有金融需求的人，特别是贫困人口等获得多元的金融产品或服务，让他们有机会借助金融资源进行高回报项目的投资，提高资源配置效率（Beck et al.，2004），进而打破纳克斯（1966）提出的"低收入→低储蓄→低资本形成→低生产流程→低产出→低收入"贫困恶性循环，实现经济的增长。在社会绩效方面，普惠金融理论普惠金融的发展有助于实现社会的可持续和包容性增长（贝多广，2015）。首先，普惠金融可以使财富分配到宽广的社会阶层中去，富人的财富可以借助金融杠杆去服务贫穷人群，而不仅仅将金融看作富人的金融，从而缩小财富差距、维护社会稳定（罗伯特·希勒，2012）；其次，穷人获得金融服务后，可以通过投资教育、购买医疗养老保险、购买生活消费品等，提高自身的福利水平，实现整体社会的帕累托改进（Galor & Zeira，1993；贝多广，2015）。

农户金融是普惠金融发展的重点领域。相对于城市家庭而言，农村家庭金融服务现状不容乐观。金融机构多数位于城镇等经济发达地区，由此农户受到严重的地理排斥。农户与银行之间遥远的距离，导致信息不对称问题突出，银行在授信时，出于风险可控的考虑，往往将农户评为高风险客户，产生"惜贷"现象，从而形成进入排斥；农户具有收入低下、抵押物缺乏和农业生产的周期性等特点，而银行的金融产品往往附加严格的条件，例如理财产品的起购额较高、贷款产品需要价值较高的抵押物等，从而形成条件排斥；银行对农户授信面临较高的经营成本和风险成本，在确定贷款利率时往往较高，农民担心到期后无法偿还利息，转而放弃贷款申请，从而产生价格排斥；商业银行以追求利润最大化为目的，在选取服务对象时，更愿意将高净值客户作为首选，相应的金融产品或服务围绕他们进行设计，而不愿意为农户提供相应服务，即农户会面临一定的营销排斥；与此同时，农民金融素养不高，对金融产品或服务了解不够深入，会自愿放弃享受正规金融服务的权利，存在相当严重的自我排斥现象。基于上述分析，可以发现，农户是金融排斥的"重灾区"，是普惠金融发展的重点对象。

2.2.1.4　创新扩散理论

创新扩散理论最早由罗杰斯（Rogers，1995）在 20 世纪 60 年代提出，同期，福特和伍德洛克（Fourt & Woodlock，1960）、弗洛伊德（Floyd，1962）、曼斯菲尔德（Mansfield，1963）、哈格斯坦德（Hagerstrand，1967）、巴斯（Bass，1969）也作出了开创性贡献，为后续研究奠定了基础。20 世纪 80 年代经过里昂诺姆（Reinganum，1981）、斯通曼（Stoneman，1981）、纳尔逊和温特（Nelson & Winter，2009）、梅特卡夫（Metcalfe，1981）等学者的研究，创新扩散理论得到拓展，研究对象不再拘束于单一技术，而是转向多技术之间相互影响的扩散研究，研究的领域也开始从单一地域的单一企业或单一产业向跨区域多企业或多行业研究转变，在研究的方法论上，除传统的计量方法外，博弈论和演化理论等新的方法不断引入扩散理论中。国内对于创新扩散的研究起步较晚，傅家骥和朱李鸣等在 20 世纪 80 年代中后期将前沿的扩散理论介绍到中国，进入 21 世纪后国内学者对扩散理论的相关研究不断增多，达到前所未有的高潮（黄海洋，2013）。

创新扩散理论的内容包括创新概念的界定以及创新扩散过程的要素两个部分。在创新内涵方面，罗杰斯将创新看作一种相对概念，即只要某项技术或事物对于某个个体或团体来说是新颖的就是创新，而不一定必须是原创的。对于创新扩散的要素而言，主要包括创新、传播渠道、时间和空间、社会系统四个部分（赵正龙，2008）。首先，一项创新的特点会从源头影响创新扩散的速度。罗杰斯（Rogers，1995）将创新的特征概括为相对优势、协调性、复杂性、可试用性和可观察性。其次，创新扩散的渠道包括大众媒体与人际网络两种。其中，前者有利于创新的广泛了解，而后者可以使人们形成和改变对创新的态度，进而实际影响对创新的采用决策。再其次，创新扩散在时间和空间上存在一定的特点。从时间上来讲，创新扩散可以用扩散速度和创新采用的先后顺序表示。在扩散速度上，巴斯（Bass，1969）将外部大众媒体传播与内部采纳者之间的交流看作影响扩散速度的因素，并提出了著名的"S"形扩散速度模型（见图2.2），其中，前者主要影响扩散的早期阶段，后者则对扩散中期和后期影响较大。在采用顺序上，罗杰斯将创新采纳者划分为五大类：创新者（innovators）、早期采纳者（early adopters）、早期大多数者（early majority）、后期大多数（late majority）和落后者（laggards）。从空间上来讲，创新的扩散会表现出"近邻效应"和"等级效应"。"近邻效应"强调创新扩散过程中，创新扩散会以创新源为中心进行由近及远的扩散。"等级效应"则指出创新会先在创新源区域传播，然后会转向其他中心区域传播，紧接着会在次级中心区域传播，以此类推，而不是非均质空间里的扩散。最后，社会系统要素强调的是创新扩散的范围。某个社会子系统成员中意见领导者的推荐起到了关键作用。

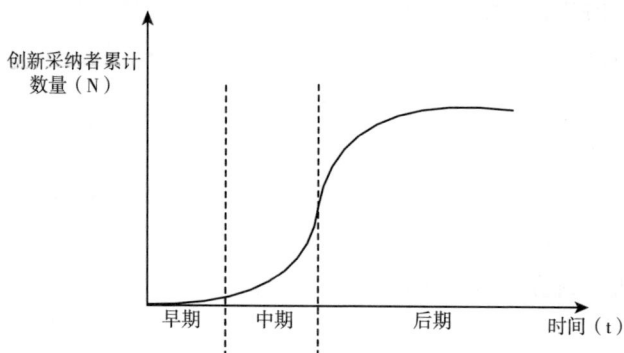

图2.2 创新扩散速度的"S"形曲线

数字普惠金融服务在农村地区还有很大的推广潜力。首先，作为创新的数字普惠金融服务，相对于传统网点人工服务而言，具有不受时空限制办理业务的优势，农户利用手机银行等终端，实现"任何时间、任何地点"办理相关业务，且相关操作简单易学不复杂，与此同时，这种便捷的效果显而易见，有利于这一类创新的推广；其次，在传播渠道方面，当前数字普惠金融服务更多的是银行机构或大众媒体进行的外部宣传，而农民内部之间的传播较少，作为熟人社会的农村，如果通过内部进行相应数字普惠金融服务的宣传，其扩散速度会进一步加快；最后，在时间和空间传播方面，当前数字普惠金融服务在农村的推广还处于早期阶段，这一服务的使用者多为外出务工或外出上学的人员，在空间上，多为那些离城镇中心较近地区或商贸活动频繁的农村所采用，其他地区有待进一步开发；在创新扩散的社会系统要素方面，作为熟人社会的农村地区，依靠村中威望较高的人进行数字普惠金融服务推广是有效的传播方式，由于金融服务牵涉的对象是金钱，这对农民来说非常敏感，凭借熟人或有威望的人进行推广，比依靠外来人员进行推广更为有效。

2.2.1.5　农村金融发展理论

农村金融发展理论自 20 世纪六七十年代开始出现，并经历了从金融外生到金融内生理论的演变。在金融外生理论方面，主要基于政府在农村金融发展中的作用，将其划分为三种流派。在 80 年代以前，农村金融发展理论主要被管制论所掌控，该流派产生的背景是第二次世界大战结束之后，发展中国家百废待兴，尤其是农村地区异常贫困，没有储蓄能力，经济发展面临资金短缺，需要政府从外部注入政策性资金；80 年代到 90 年代早期，伴随新古典经济学的发展，主张放松管制和倡导自由市场主义的思潮逐渐兴起，农村金融理论中出现了市场论的流派；从 90 年代以来，由于发展中国家和新兴国家金融动荡的出现，让人们意识到过度强调自由主义带来的不利影响，并重新考虑政府适当干预在农村金融发展中的作用，于是形成了农村金融市场不完全竞争论这一流派；在金融内生发展理论方面，同样是在 90 年代之后，学者们开始重视农村金融与农村经济增长之间的相互作用（王曙光，2015；谢志忠，2011）。

农村金融发展理论的三种流派，主要是基于政府在农村金融发展中的作用进行划分的。农村金融管制论非常看重政府的支持作用，认为农民没有储蓄能力，农村经济发展面临资金短缺的困境，同时，由于弱质性（收入波动大、投资周期长、收益较低）的存在，商业性金融机构不愿意服务农村。建议采取的相应政策措施为：人为压低农业贷款利率、向农民提供定向信贷服务和指导性贷款、取缔民间金融组织。尽管这些政策主张有助于实现农村经济的暂时性恢复增长，但也存在负面效果，例如低息贷款并未真正进入贫困农户，而是被富裕的农户所使用，产生了"溢出效应"，此外，这种"输血式"的金融支持行为不可持续。

农村金融市场论是在金融深化论基础上发展而来的[①]。该流派的观点与管制论相反，认为农民也有储蓄能力，没有必要从农村外部注入资金；压低利率会抑制金融功能的发挥；非正规金融存在是必要的。该流派的政策主张是：农村金融利率完全由市场决定；金融机构须具备可持续发展能力；给予非正规金融合法地位。虽然市场论激发了农村金融市场的活力，但是市场也会存在失灵的时候，过度依靠市场势必会带来农村金融市场的动荡，例如出现金融危机等。

不完全竞争市场论是一种介于上述两者之间的理论。该理论认为发展中国家的农村金融发展应当采取市场为主、政府补充的发展思路。发展中国家金融市场是不完全竞争市场，若完全由市场机制决定，则会出现农村金融市场失灵的现象，诸如金融服务效率低、金融风险频繁发生等。需要政府适当介入，为完善相应信息采取措施，例如提高农民组织化程度等。但值得一提的是，政府只是补充，而不能替代市场。该流派的政策主张包括：在低通货膨胀率的前提下，发展农村金融市场；当出现贷款利率过高导致的信贷配给或利率过低出现信用需求过度时，政府应当提供外部资金支持；组织农民进行联保贷款；政府适当介入非正规金融市场，以规范其运作。

农村金融内生发展理论主要从内生性角度讨论农村金融发展问题。该理论强调金融中介和金融市场的形成，是为了解决现实经济中的不确定性、信息不对称和过高的监督成本等问题（Bencivenga & Smith，1991；Boot & Thakor，1997；Boyd & Smith，1992；Greenwood & Smith，1997；Schreft & Smith，1998）；农村金融发展与农村经济增长之间是相互影响的关系，而非单向关系（熊德平，2009）。金融中介体和金融市场的发展会受到农村经济的影响（Levine，1992）；同时，金融的发展可以通过增加资本积累与支持科技创新来推动农村经济的增长（King & Levine，1993；Pagano，1993；冉光和和张金鑫，2008）。该理论的政策启示在于：针对不同的经济发展水平，制定差别化的金融发展政策，如表2.1所示。

[①] 金融深化论是由美国经济学家 Mckinnon（1973）和 Shaw（1973）在《经济发展中的货币与资本》和《经济发展中的金融深化》两本书中，分别从金融抑制和金融深化两个方面提出了金融深化理论。该理论认为，政府取消对金融市场的过度干预后，会形成金融与经济发展的良性循环。

表 2.1 农村金融发展理论及观点摘要

理论流派	管制论	市场论	不完全竞争市场论	内生发展理论
政府角色	政府在农村金融发展中占主导地位	完全由市场机制决定，政府无须干预	市场机制为主，政府起补充作用	因经济发展水平而异
观点	贫困阶层的农民无储蓄能力；商业银行无动力参与农村市场；需要政府干预农村金融发展	农民有储蓄能力；人为压低利率会降低储蓄积极性；非正规金融可弥补农村资金的机会与风险成本	在发展中国家农村金融市场完全由政府主导或完全由市场主导都是不合理的，而应当采取市场为主、政府补充的发展思路	农村金融与农村经济之间相互影响
政策启示	人为压低贷款利率、向农民提供定向信贷服务和指导性贷款、取缔民间金融组织	农村金融机构发挥动员储蓄功能；利率完全由市场机制决定；金融机构有可持续发展能力；赋予非正规金融一定合法性	在低通货膨胀率前提下，发展农村金融市场；政府在不损害市场效率前提下，提供外部资金支持；组织农民进行联保贷款；政府引导非正规金融组织发展	在高经济发展水平区，农村金融发展属于"需求追随"型；在低经济水平区，属"供给主导"型

不完全竞争市场理论与金融内生发展理论更适合当前中国的农村地区。上述各种理论流派是基于不同的经济背景下提出的，在当时的背景下，各个理论流派观点均具有合理性。我国农村金融发展长期以来受管制论的影响，看重政府补贴的重要性（谢志忠，2011），这在工业反哺农业的初期阶段是合适的，因为在农业支持工业发展时期，农村资金大量流失，农村系统性负投资导致农村"金融空洞化"现象较为严重[①]（王曙光，2015），刚进入工业反哺农业阶段的农村地区资金严重缺乏，需要政府利用政策手段以补贴形式向农村注入资金；尽管低利率和信贷补贴在实施早期起到了促进农村经济增长的作用，但是这一做法不具有可持续性，导致金融机构不良资产增多，政府财政负担加重，与此同时，为了降低不良资产，在实施过程中，金融机构更愿意将资金借给较富裕的农民，形成了对贫困户的

[①] 农村金融机构负投资从 1994 年的 1234.7 亿元增加到 2005 年的 11378.5 亿元，增长近 10 倍（王曙光和李冰冰，2013）。

"挤出效应",扶贫资金互助社资金没有瞄准贫困户便是很好的说明(李金亚和李秉龙,2013);与此同时,农村金融发展的市场论需要发达的市场经济作为基础,而当前中国农村仍不具备,农村经济基础仍然相对薄弱,以盈利为目的的商业性金融机构不愿意涉足农村金融领域;伴随着农村金融改革的深化,新的农村金融组织形式、金融产品与服务方式层出不穷,但是高交易成本和高监督成本问题悬而未决。需要政府从中进行适当干预,从政策上对市场失灵进行弥补;此外,农村金融的内生性发展逐渐显现,新型金融组织形式(如互联网金融等)不断涌现,需要金融内生发展理论对其进行分析。因此,不完全竞争理论和金融内生发展理论更适合当前中国农村金融的发展现状。

此外,需要强调的是,通过对已有文献的梳理,可以发现关于农村金融与农民收入之间的因果关系,学术界并未达成一致结论。作为发展中国家,我国城乡二元结构较为明显,农村的经济发展水平滞后于城市;与此同时,我国地域辽阔,地区之间经济发展水平存在显著差异,农村地区也是如此,由于西部地区深处内陆,加之特殊的人文自然环境,农村经济发展水平落后于东部。本书以西南农村地区为研究区域,由于其经济发展水平较低,正处于"供给领先"的金融发展阶段,鉴于此,本书将根据这一判断,后续章节将重点研究农村金融对农民收入的影响。

2.2.2 理论分析框架构建

本小节将基于收入结构,搭建包括信息通信技术和普惠金融在内的理论分析框架。农民收入主要包括经营性收入、工资性收入、财产性收入和转移性收入。由于转移性收入的增加主要靠政府政策支持,受信息通信技术与普惠金融的影响较小,在对农户收入结构分析时,并未考虑转移性收入。根据这一界定,农民的收入(Y)主要包括经营性收入(Y_1)、工资性收入(Y_2)和财产性收入(Y_3),即:

$$Y = Y_1 + Y_2 + Y_3 \tag{2.1}$$

对于经营性收入而言,农业经营性收入是农户主要的经营性收入,其值为农产品销售收入与减去生产成本。在假定农产品全部卖出的情况下,农产品销售收入为农产品销售价格(P_1)与农产品产量(Q_1)的乘积。农产品的生产成本则为投入品价格（P_2）与投入品数量（Q_2）的乘积。就销售价格而言，在以往研究中，许竹青等（2013）分析了信息通信技术对农户农产品销售价格的影响，因此，P_1 是 ICT 及其他影响农产品销售价格因素 X_{1other} 的函数（见式 2.2）；在农产品产量影响因素方面，信贷资金的获得可以让农民购买到农业生产所需的生产资料和技术服务等生产要素，为提高农产品产出水平提供资金支持（Feder，1983；Pagano，1993；温涛等，2005；余新平等，2010）。保险服务的获得则可以通过降低农业生产经营预期收益的波动，诱导农民采用新的生产技术从事农业生产，进而促进农业产量的提高（陈俊聪和王怀明，2015）。由此可见，普惠金融产品或服务是影响农产品产量的重要因素。此外，在 C-D 函数中，资本投入（K）与家庭劳动力数量（L）也是影响农产品产量的关键因素。由此可见，农产品产量 Q_1 是普惠金融（IF）、资本投入（K）、家庭劳动力数量（L）及其他影响农产品产量因素（X_{2other}）的函数（见式 2.3）；对于农业生产投入品价格（P_2）来讲，农民可以凭借信息通信技术搭建的农业生产资料电子商务平台，以较低的价格购买到农业生产投入品，从而降低生产成本。因此，P_2 会受到 ICT 和其他因素的影响（见式 2.4）；就农业生产投入品数量而言，在因初始收入水平较低而无法购买化肥、农药等生产投入品时，农民可以通过贷款等普惠金融服务或产品，获得所需资金，购买到农业生产必需的投入品，因此，农业生产投入品数量 Q_2 是普惠金融（IF）的函数（见式 2.5）。综上所述，可以得到如式 2.6 所示的农户经营性收入函数，即：

$$P_1 = P_1(\text{ICT}, X_{1other}) \qquad (2.2)$$

$$Q_1 = Q_1(\text{IF}, K, L, T, X_{2other}) \qquad (2.3)$$

$$P_2 = P_2(\text{ICT}, X'_{1other}) \qquad (2.4)$$

$$Q_2 = Q_2(\text{IF}, X'_{2other}) \qquad (2.5)$$

$$Y_1 = P_1 \cdot Q_1 - P_2 \cdot Q_2 = f(\text{ICT}, \text{IF}, K, L, T, X'_{other}) \qquad (2.6)$$

对于农民工资性收入而言，工资率 w 和工作时间 t 是决定农民工资性收入水平的重要因素。在工资率影响因素方面，明瑟（Mincer）于 1974 年提出的明瑟方程中，将教育水平、工作经验看作影响工资率的两个重要因素，对于农民工也是如此。除此之外，农民工的工资率还会受到信息通信技术的影响。信息通信技术降低了农民找到高工资率工作的交易成本。信息通信技术的发展，为劳动力供需双方搭建了信息交流的平台，农民工可以借助此类平台，以较低的交易成本找到高工资率的工作。在现有研究中，已有学者将信息要素放进农民工工资水平决定函数中（陆文聪和谢昌财，2017；章元和陆铭，2009）。就农民外出务工的工作时间而言，信息通信技术会通过减少农民工的失业时间，进而增加农民工的工作时间。农民工的工作稳定性较差，经常面临失业的窘境。信息通信技术为劳动力供需双方搭建了信息交流平台，当农民工失业后，他们可以借助此平台在短时间内找到工作，减少失业时间，从而增加工作时间。

通过上述分析，可以得知农民工工资率 w 是信息通信技术（ICT）、受教育水平（Sch）、工作经验（Exper）及其他影响因素（X_{4other}）的函数（见式2.7）。农民工工作时间 t 是信息通信技术（ICT）和其他影响因素（X_{5other}）的函数（见式2.8）。综上，得到决定农户工资性收入水平的函数，即：

$$\omega = \omega(ICT, Sch, Exper, X_{4other}) \tag{2.7}$$

$$t = t(ICT, X_{5other}) \tag{2.8}$$

$$Y_2 = \omega \cdot t = g(ICT, Sch, Exper, X''_{other}) \tag{2.9}$$

在财产性收入方面，农户主要凭借不动产（房屋、土地等）和动产（银行存款、银行理财等金融资产）获得财产性收入。前者收入水平的大小取决于不动产转出价格和转出的不动产面积，后者则取决于收益率和投资的金融资产数量。对于不动产而言，凭借信息通信技术搭建的不动产供需信息平台，吸引了更多的不动产需求者参与流转市场，这有助于提升土地或房屋的流转价格，进而增加农户通过不动产获得的财产性收入。对于通过动产获得的财产性收入而言，普惠金融为农民提供了多元化的投资渠道，提高了金融资产的投资比例，尤其是提高了风险性金融资产的投资比例，使金融资产的投资组合更加合理，从而实现财产性收入的增加。由此可见，农民的财产性收入要受到信息通信技术（ICT）和普惠金融（IF）的影响。此外，农户的资源禀赋（如拥有的土地面积）（Land）也是影响农户财产性收入水平的重要因素。基于上述分析，构建出如式2.10所示的农户财产性收入水平决定函数，即：

$$Y_3 = h(ICT, IF, Land, X'''_{other}) \tag{2.10}$$

根据前面的分析，最终构造出如图2.3所示的理论分析框架。

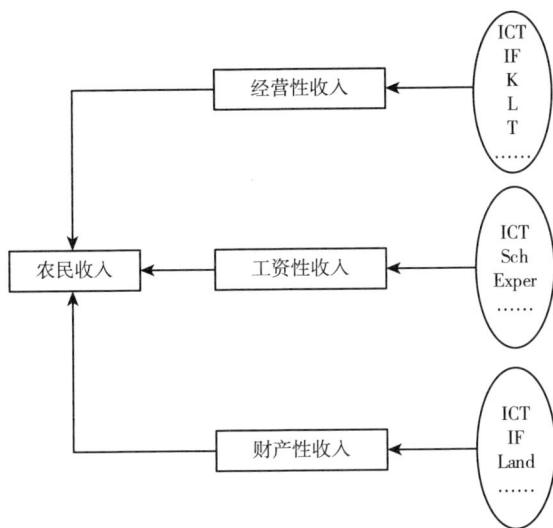

图 2.3　ICT、普惠金融与农民收入的理论分析框架

2.3　信息通信技术与农村普惠金融发展

2.3.1　信息通信技术对农村普惠金融发展的促进作用分析

农村普惠金融既讲求为农民提供普惠式的金融服务，又追求金融服务过程中的商业可持续。然而农村地区地广人稀，交通极为不便，凭借铺设金融机构物理网点的传统金融服务方式，很难实现农村普惠金融的发展目标。信息通信技术特别是新一代信息通信技术的出现，为解决农村金融普惠性和商业可持续性之间的矛盾带来希望。

具体来讲，信息通信技术主要通过两种作用渠道提升农村金融的普惠程度。一是 ICT 通过降低金融交易成本和提高金融交易效率，提升了农民金融服务的可及性和可得性；二是 ICT 缓解了金融交易过程中的信息不对称程度，减少了金融交易过程中的逆向选择和道德风险（贾军和邢乐成，2016；刘海二，2014）。

2.3.1.1　ICT 在降低农村金融交易成本中的作用分析

在降低交易成本方面，对于资产专用性而言，基于 ICT 的金融创新与传统的依靠人工服务方式相比，资产本身的专用性、资产地理区位的专用性以及人力资本专用性均有所降低。例如，农民借助手机安装的手机银行，除了进行金融活动外，还可以进行通信与娱乐等功能；随着 ICT 在农村地区发展水平的提高，为 ATM 机、转账电话和 POS 机在农村地区的安置提供了基础，打破了之前只有银行网点才有这些机具的局面，使得资产地理区位的专用性降低；同时，依靠 ICT 开展农村金融服务，解放了金融机构人力资本的投入，农民可通过各种终端享受到金融服务，减少了柜面压力，让员工可以专心从事其他业务活动，从而降低了人力资本专用性。

对于交易的不确定性而言，农村金融交易面临市场的不确定性与行为的不确定性。市场的不确定性主要指的是金融产品价格或预期收益会随市场状况变化而变化，例如利率的变化或理财产品预期收益的变化。基于 ICT 的金融服务创新拉近了农民与金融机构之间的距离，农民可以借助金融机构开发的微信银行与手机银行等信息发布平台，及时获得金融机构发布的关于金融产品与金融市场的信息，根据这些信息，他们可以及时调整投资理财决策，尽可能降低不确定性带来的不利影响。

对于交易频率而言，农民的金融交易频率较高，基于 ICT 的金融服务创新的出现，可以降低由此引起的高交易成本。农民资金需求具有"短、小、频、急"的特点。在传统金融服务模式下，由于农村地区，特别是贫困地区，距离金融机构较远，若凭借网点式的金融服务模式，对农民和金融机构而言，都会因交易频率的增加产生高昂的交易成本。借助 ICT 开展农村金融服务，可以将服务的边际成本降低，农民可以借助相应终端，在任何时间均可获得金融服务，即使交易频率再高，交易成本也不会增加很多。

为了更加形象地说明 ICT 如何通过降低交易成本提升农村金融普惠程度，借鉴切基尼和斯科特（Cecchini & Scott, 2003）的分析思路，在交易成本理论的基础上构建出以下理论模型。

农户在选择金融服务渠道时，会面临两种选择，一种是非正规渠道，例如将闲余资金放到家中，向亲戚朋友借钱等；另一种是正规渠道，例如将闲余资金存放到银行，向正规金融机构借贷等。假定农户对两种渠道金融服务的选择偏好满足所有的偏好公理，从而可以在二维空间画出无差异曲线 I（见图 2.4）。进一步假定，在其他条件不变的情况下，农户在作决策确定两种渠道获得金融服务的数量或种类时，会受到自身能承担的交易成本 C 的约束，假如通过非正规渠道获得金融服务所需要支付的单位交易成本为 P_1，通过正规渠道所需支付的单位交易成本为 P_2，则农户作出决策时面临的约束方程为：

$$P_1 \times Q_{informal} + P_2 \times Q_{formal} = C \tag{2.11}$$

其中，$Q_{informal}$ 与 Q_{formal} 分别表示农户通过非正规渠道与正规渠道使用金融服务的数量。

当 ICT 被运用到农村金融服务中后，农户通过正规渠道使用金融服务的单位交易成本 P_2 会降低，假若未使用 ICT 时，农户面临的约束线为图 2.4 中的 L_1，那么随着 ICT 在农村金融服务中的使用，会使得 P_2 降低，约束线的斜率绝对值会变小，从而约束线由 L_1 变为 L_2。农户的最优决策是由约束线跟无差异曲线共同决定的，具体而言，是由两者的切点确定最优决策。在无差异曲线 I 不变的情况下，随着 ICT 在正规金融服务中的使用，会导致最优决策点由图 2.4 中的 A 变为 B。显而易见，正规金融服务的使用数量由 Q_2 增加为 Q_2'，即通过借助 ICT 进行农村金融服务后，农户会增加正规金融服务的使用。

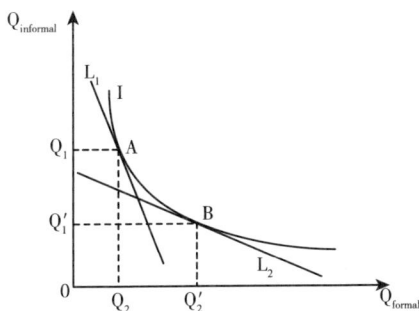

图 2.4　ICT 对农户金融服务渠道选择的影响

2.3.1.2　ICT 在缓解农村金融信息不对称中的作用分析

信息不对称问题是农村金融市场面临的基本问题之一（刘海二，2013；周立，2007）。ICT 的发展一方面增加了金融机构对农民"软信息"的掌握，便于准确计算农户的风险水平，有助于解决逆向选择问题；另一方面借助 ICT 对信息传输效率高和扩散速度快的特点，便于金融机构进行事后监督和对农户形成激励约束，从而利于解决道德风险问题。

（1）ICT 有助于解决农村金融逆向选择问题。逆向选择问题是由于银行等金融机构无法充分了解农户的风险偏好信息引起的。为了说明逆向选择问题产生的原因，在已有研究的基础上（Stiglitz & Weiss，1981；张建波，2009），构建出以下模型：假设农村信贷市场存在两类农户，一类是低风险偏好的 A 农户；另一类是高风险偏好的 B 农户。A 农户准备投资的是 a 项目，若项目经营成功会获得 R_a 的收益，成功的概率为 p_a，B 农户准备投资的是 b 项目，若项目经营成功会获得 R_b 的收益，成功的概率为 p_b，a 项目和 b 项目的期望收益均为 R，即 $p_a \cdot R_a = p_b \cdot R_b = R$，a 项目成功的概率高于 b 项目，即 $p_a > p_b$，由此得出 $R_a < R_b$，换言之，高风险面临高收益。A 农户与 B 农户均需要 L 的借款投资各自的项目，并且在项目经营失败后不需要归还本金和利息。基于上述假设得到 A 农户与 B 农户的期望收益函数，即：

$$E(\pi_A) = p_a \cdot [R_a - L(1+r)] \qquad (2.12)$$

$$E(\pi_B) = p_b \cdot [R_b - L(1+r)] \qquad (2.13)$$

以上是农户对项目进行投资获得的期望收益，但是否真正进行投资，需要考虑该项目的机会成本，假如 a 项目和 b 项目的机会成本均为 ρ，则农户面临的参与约束为：

$$E(\pi_A) \geqslant \rho \qquad (2.14)$$

$$E(\pi_B) \geqslant \rho \qquad (2.15)$$

结合式（2.12）~式（2.15）可以计算出 A 农户和 B 农户可接受的最高利率 r_A 和 r_B，即：

$$r_A = \frac{R - \rho}{p_a \cdot L} - 1 \qquad (2.16)$$

$$r_B = \frac{R - \rho}{p_b \cdot L} - 1 \qquad (2.17)$$

由于 $p_a > p_b$，由此得到 $r_A < r_B$，即表明低风险的 A 农户可以接受的最高利率要低于高风险的 B 农户。在信息不对称的情况下，银行无法识别出农户的风险类型，在制定贷款利率时会以两者的平均值 r 作为贷款利率，此时 $r_A < r < r_B$，由于低风险的 A 农户无法承受较高的贷款利率 r，从而选择退出市场，整个信贷市场被高风险农户占据，逆向选择问题由此产生。

逆向选择问题会带来严重的信贷配给，从而降低了农户的信贷可得性。对于银行而言，利率的提高一方面能够带来期望收益的提高，即利率的收入效应，而另一方面由于逆向选择问题的存在，当利率超过一定水平后，高风险农户会占据整个市场，导致违约率的急剧上升，从而使得银行的期望收益降低，即利率的风险效应。基于上述考虑，银行不会一味地提高利率，会通过信贷配给的方式，将利率限定在其最大期望收益处。如图 2.5 所示，在贷款利率的收入效应和风险效应共同作用下，银行在 r* 处达到最大期望收益，此时农户信贷需求为 D*，而银行出于利润最大化的考虑，只提供 S* 的贷款（S* < D*），使得一部分农户无法获得信贷。

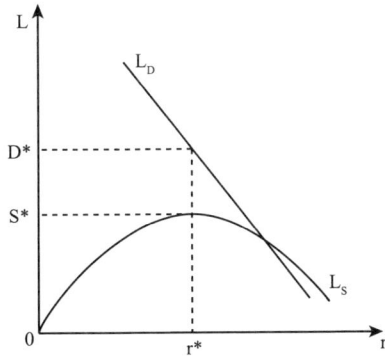

图 2.5　信贷配给市场均衡

信息通信技术在农村的发展有助于信贷市场逆向选择问题的解决。农民在经济活动（如电子商务、移动支付）中对新一代信息通信技术的使用，形成了大量的交易数据，金融机构利用大数据和云计算等信息处理技术，把这些交易数据搜集整理成数据库，将原先隐蔽在农村的"软信息"显现出来，为金融机构作出合理的信贷决策提供支撑。具体而言，金融机构利用这些信息可以识别出信贷申请农户中的低风险户和高风险户，当其申请贷款时，制定出差别化的贷款利率，针对风险过高的农户可以拒绝向其授信，避免逆向选择问题的出现，降低整个信贷市场的违约率。在提高金融机构期望收益的同时，也增加了信贷的供给，进而提升了整体的金融普惠程度。为表明 ICT 在解决逆向选择问题中的作用，以下在谢进城和张家峰（2003）、黄亮等（2005）构建的模型的基础上，进行扩展分析。

假定某一农户经营项目的成功概率为 p，所有项目的期望收益均为 R，只有当 $p \leqslant \frac{R}{1+r}$ 时，农户才会向银行申请贷款，记 $p^* = \frac{R}{1+r}$。在无信息通信技术的前提下，p 在 [0，1] 具有连续的密度函数 $f_0(p)$，分布函数为 $F_0(p)$，则所有参与农户经营项目的平均成功概率 $\bar{p}_0$ 为：

$$\overline{p}_0(r) = \frac{\int_0^{p^*} pf_0(p)\,dp}{\int_0^{p^*} f_0(p)\,dp} = \frac{\int_0^{p^*} pf_0(p)\,dp}{F_0(p^*)} \tag{2.18}$$

在存在信息通信技术的前提下，p 在 [0，1] 具有连续的密度函数 $f_1(p)$，分布函数为 $F_1(p)$，则所有参与农户经营项目的平均成功概率 $\overline{p}_1$ 为：

$$\overline{p}_1(r) = \frac{\int_0^{p^*} pf_1(p)\,dp}{\int_0^{p^*} f_1(p)\,dp} = \frac{\int_0^{p^*} pf_1(p)\,dp}{F_1(p^*)} \tag{2.19}$$

根据前面对逆向选择问题的分析发现，当利率越高时，越能吸引高风险农户，参与信贷市场农户所经营项目的成功概率越低，进而整个市场的平均成功概率越低，这一规律在有无 ICT 的状况下是一致的，即 $\frac{\partial \overline{p}_0}{\partial r} < 0$、$\frac{\partial \overline{p}_1}{\partial r} < 0$，但是有所不同的是，由于 ICT 信息识别功能的存在，在存在 ICT 的信贷市场中，高风险农户的比例要少于不存在 ICT 的市场，即：

$$\left| \frac{\partial \overline{p}_0}{\partial r} \right| > \left| \frac{\partial \overline{p}_1}{\partial r} \right| \tag{2.20}$$

对于银行而言，在不存在 ICT 和存在 ICT 的市场上，银行每一单位贷款收益分别为：

$$\pi_0(r) = \frac{(1+r)\int_0^{p^*} pf_0(p)\,dp}{F_1(p^*)p} = (1+r)\overline{p}_0(r) \tag{2.21}$$

$$\pi_1(r) = \frac{(1+r)\int_0^{p^*} pf_1(p)\,dp}{F_1(p^*)p} = (1+r)\overline{p}_1(r) \tag{2.22}$$

对式 (2.21) 和式 (2.22) 分别求导得到以下两个式子：

$$\frac{\partial_{\pi_0}}{\partial r} = \overline{p}_0(r) + (1+r)\frac{\partial \overline{p}_0}{\partial r} \tag{2.23}$$

$$\frac{\partial_{\pi_1}}{\partial r} = \overline{p}_1(r) + (1+r)\frac{\partial \overline{p}_1}{\partial r} \tag{2.24}$$

通过式 (2.23) 和式 (2.24) 不难发现，$\overline{p}_0(r)$ 表示在无 ICT 下提高 1

单位利率，期望收益增加 $\overline{p}_0(r)$ 单位，$\overline{p}_1(r)$ 表示存在 ICT 下提高 1 单位利率，期望收益增加 $\overline{p}_1(r)$ 单位，即分别为两种状态下的利率收入效应；$(1+r)\dfrac{\partial \overline{p}_0}{\partial r}$ 表示在无 ICT 下提高 1 单位利率，期望收益减少 $(1+r)\dfrac{\partial \overline{p}_0}{\partial r}$ 单位，$(1+r)\dfrac{\partial \overline{p}_1}{\partial r}$ 表示存在 ICT 下，提高 1 单位利率，期望收益减少 $(1+r)\dfrac{\partial \overline{p}_1}{\partial r}$ 单位，即分别为两种状态下的利率风险效应。仅从风险效应来看，根据式（2.20）得知，存在 ICT 的信贷市场上，利率提升所带来的期望收益的降低幅度小于无 ICT 的农村信贷市场，表明存在 ICT 的信贷市场中，所有农户的平均违约概率小于无 ICT 的信贷市场，逆向选择问题得到一定解决。

（2）ICT 有助于解决农村金融道德风险问题。新一代信息通信技术提高了信息传输和处理效率，将其用于农村金融服务中可以有效解决因信息不对称导致的道德风险问题。一方面可以利用信息通信技术信息传输效率高的优势，对授信之后农户经营的项目进行及时有效的监督，一旦出现合同违约现象，便会提出警告或停止继续授信，防止道德风险的发生；另一方面借助 ICT 搭建的信用平台，定期对农户的履约情况进行公布，使守信农户的信用资本得到积累，让失信农户得到惩罚，进而形成相应的激励和约束，破解道德风险难题。

农村信贷中的道德风险问题是由事后的信息不对称引起的。当农户获得贷款后，由于农户距离银行较远，加之农村地区交通不便，银行对农户获得贷款后的经营活动监督成本较高，由此造成授信后的监督缺位，增加了农户违约的可能性；与此同时，农户缺少合理有效的物质抵押品，银行难以在信贷合同中制定相应的激励约束条款。由于缺少监督和激励约束，当农户获得贷款后，会将贷款用于高风险的项目中（如赌博等），而不是信贷合同中约定的项目，尽管高风险的项目成功后会获得远高于合同项目的收益，但是高收益面对的是高风险，往往成功的概率较小。因此，农户违反合同约定后，给银行带来的是期望收益的减少，道德风险问题便就此产生。

道德风险问题同样会带来信贷配给，降低了农户的信贷可得性。由于信息不对称，银行无法观测农户贷款的用途，此时，贷款利率的提升一方面会增加银行的期望收益；另一方面也会因农户违反合同带来期望收益的减少。在此借助陈舜和席小炎（2005）构建的理论模型进行说明。假设农户获得贷款后会面临两种选择，一是将获得的贷款用于原先约定的项目 C，其成功概率为 p_c，成功后获得的收益为 y_c；二是将贷款用于高风险项目 D，其成功概率为 p_d，成功后获得的收益为 y_d。令两个项目均需要 L 的贷款，银行提供的利率为 r。农户选择 C 项目需要满足式（2.25）的约束条件，即：

$$p_c \cdot [y_c - L(1+r)] \geqslant p_d \cdot [y_d - L(1+r)] \qquad (2.25)$$

通过式（2.25）可以得到农户选择 C 项目时贷款利率的临界值 r^*，当银行贷款利率高于 r^* 时，所有农户将会违约签订的合同，此时道德风险问题最为突出。银行为了实现收益最大化，便会将利率设定为 r^*，而对高出 r^* 时仍有信贷需求的农户施行信贷配给，即：

$$r \leqslant \frac{p_c(y_c - L) - p_d(y_d - L)}{(p_c - p_d)L} = r^* \qquad (2.26)$$

信息通信技术可以降低因道德风险问题带来的信贷配给程度。该效果主要通过守信激励和失信惩戒两种机制实现。一方面，当农户认真履行信贷合约后，可以将农户守信的信息录入基于 ICT 的信用数据库，借助 ICT 将农户守信的信息传播出去，形成农户的信用资本，当农户再次申请贷款时可以获得优惠利率、更高的信用贷款额度或更长的贷款期限等激励措施；另一方面，当农户出现违约合同的行为后，凭借 ICT 的实时监控功能，银行可以及时发现农户的违约行为，采取停止合同或收回已发放信贷额度的方式进行惩罚。与此同时，将农户的违约信息上传至信用数据库，把其违约信息快速传播出去，降低农户的信用资本，当农户再次申请贷款时便会受到高利率、低信用额度等惩罚措施。在上述两种机制的影响下，农户履行信贷合约的概率将大幅提升，道德风险问题得到有效解决，银行对农户的授信额度也会有所增加，从而提高了农户的金融普惠程度。

为详细说明信息通信技术的上述效果，以下将在式（2.23）的基础上，展开进一步的数理分析。根据式（2.25）可以求解出在不考虑 ICT 作用的状态下，银行可以供给的最大贷款量 L^*，即：

$$L^* = \frac{p_c y_c - p_d y_d}{(p_c - p_d)(1+r)} \qquad (2.27)$$

当考虑 ICT 作用后，当农户认真履行合同后会给自身带来信用资本积累，假设此信用积累可以为以后带来的收益为 y_c'，当农户违反合同规定后，会给自身的信誉带来不利影响，此影响将为其带来相当于 y_d' 的收益损失，在此假设下，式（2.25）将变为以下形式：

$$p_c \cdot [y_c + y_c' - L(1+r)] \geqslant p_d \cdot [y_d - L(1+r) - y_d'] \qquad (2.28)$$

根据式（2.28）可求得在考虑 ICT 作用后，银行贷款的最大供给量 L_1^*，即：

$$L_1^* = \frac{p_c y_c - p_d y_d + p_c y_c' + p_d y_d'}{(p_c - p_d)(1+r)} \qquad (2.29)$$

通过比较式（2.27）和式（2.29），不难发现 $L_1^* > L^*$，即在考虑了 ICT 的作用后，银行信贷供给量增加，换言之，在 ICT 作用下，因道德风险导致的信贷配给问题得到缓解，从而提升了农户的金融普惠程度。

2.3.2　信息通信技术与普惠金融的交互形式

根据前面的分析，信息通信技术具有降低交易成本和缓解信息不对称的作用，能够有效解决农村普惠金融发展面临的交易成本高和信息不对称较为严重的难题，加之信息通信技术在农村发展迅速，各金融机构借助信息通信技术进行了一系列创新，发展至今，主要形成两种 ICT 与普惠金融的交互形式。一是借助有线通信技术和近代计算机信息处理技术开展金融服务的初级交互形式；二是借助无线通信技术和新一代信息技术开展金融服务的高级交互形式。初级交互形式的具体体现形式包括 ATM 机、POS 机、转账电话、自助银行等自助设备机具。初级交互形式在很大程度上打破了传统人工物理网点提供金融服务时面临的时间限制，例如自助银行可以实现 24 小时营业，ATM 机可以全天候办理取款、转账汇款业务等。但是由于初级交互形式同样面临较高的成本，空间覆盖范围相当有限。尤其是在偏远农村地区，交通不便导致铺设自助设备线路的成本以及维护成本较高，而人口稀疏难以形成规模效应，导致运营成本居高不下。

高级交互形式中最重要的表现形式为数字普惠金融，如手机银行、移动支付、余额宝等。高级交互形式实现了 ICT 与普惠金融的高度融合，较大程度上打破了金融服务的时间和空间限制，农民可以借助数字移动通信技术，在任何时间、任何地点办理所需金融服务，且随着通信费用的下降和金融机构开展数字普惠金融业务成本的降低，农民完成金融交易支付的成本是可负担的；金融机构则可以运用新一代信息技术，进行金融工具和金融服务模式的创新，既能缓解信息不对称程度又能降低运营成本，从而实现了可持续经营。此外，数字技术传输信息和处理信息的效率、精准度及安全性远高于原先的电子技术，为高级交互形式——数字普惠金融的快速发展提供了强有力保障。

2016 年，G20 普惠金融全球合作伙伴（GPFI）在其报告《全球标准制定机构与普惠金融——演变中的格局》中，将数字普惠金融定义为一切通过使用数字金融服务以促进普惠金融的行动。具体而言，主要包括用数字技术为无法获得金融服务或缺乏金融服务的群体提供一系列正规金融服务，这些服务能够满足弱势群体的需求，同时对他们而言成本是可负担的，而对金融服务提供商而言又是可持续的①。

在参考上述定义的基础上，本书将数字普惠金融（digital inclusive finance，DIF）看作一系列通过信息通信技术创新及金融工具与商业模式创新，为新型农业经营主体和传统农户提供的金融服务的统称，是信息通信技术与普惠金融交互作用产生的最重要的体现形式（见图 2.6）。其中涉及的信息通信技

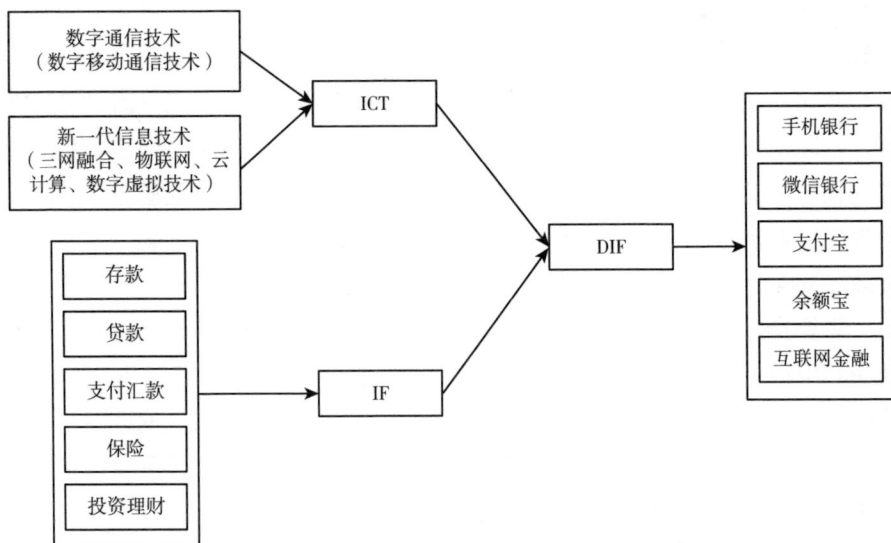

图 2.6　数字普惠金融的产生

---

① 参见 2016 年 GPFI 报告《全球标准制定机构与普惠金融——演变中的格局》第 46 页。

术包括新一代信息处理技术（具体包含"三网融合"技术、物联网、云计算与数字虚拟技术）和数字信息传输技术——数字化的移动通信技术。金融机构通过运用移动通信技术的低成本和数字传输技术的高精准度优势，以及大数据、云计算和区块链等信息处理技术高效率与高安全性的优点，进行金融工具和商业模式的创新，为农村地区提供数字普惠金融服务，既能实现金融机构的可持续发展，又能达到为农民这一弱势群体提供金融服务的目的。

2.4　数字普惠金融益贫效应的经济学分析

发展普惠金融的重点目标，是将原先受到金融排斥的弱势群体包容到金融服务体系之中，为其增收或改善生活提供金融支持。相较于农村的高收入农户而言，低收入农户受到的金融排斥程度更为严重。由于低收入农户多居住于远离城镇、地形复杂且交通不便的区域，对于金融机构而言，依靠传统方式向低收入农户进行金融服务或产品的供给，会面临高昂的交易成本和过高的风险。为了弥补成本与风险损失，金融机构在向低收入农户提供服务时，往往会设置过高的门槛，甚至拒绝提供金融服务，这导致低收入农户被排斥在金融服务之外。数字普惠金融的出现可以降低交易成本、降低信息不对称带来的风险，让低收入农户通过较低门槛获得金融服务成为可能。与富裕的农户比较，这些金融服务对于低收入农户而言是新增的。因此，数字普惠金融理应对低收入农户收入水平的提升效果更加显著，即数字普惠金融存在益贫效应。

需要指出的是，本书中涉及的贫困为相对贫困。相对贫困理论中将那些物质和生活条件相对于他人匮乏的状态界定为相对贫困。该状态的持续存在，使得那些已达到温饱水平但收入水平明显低于其他人的相对贫困群体，无法从经济的高速增长中获益，任其发展会产生严重的两极分化现象，因此，相对贫困问题更需要引起重视（陈宗胜等，2013）。为说明数字普惠金融的益贫效应，以下将进一步对其展开经济学分析。

在已有研究中，贝多广（2017）对农村金融的扶贫作用机理进行了详细分析，在其基础上，本书将对数字普惠金融的益贫效应进行经济学分析。以信贷服务为例，假设在农村金融市场中，信贷服务的供给者包括小贷机构和银行机构，需求者包括低收入农户和高收入农户。由于银行机构具有成本优势，其贷款供给量对利率的弹性系数要大于小贷机构，具体表现为银行机构的贷款供给曲线更加平缓。与此同时，由于低收入农户较为贫穷，其贷款需求量对利率的弹性系数要大于高收入农户，具体表现为低收入农户贷款需求曲线比高收入农户平缓。在整体供给量方面，小贷机构提供的贷款量少于银行机构。在整体需求量方面，低收入农户的贷款需求量要少于高收入农户。图 2.7 展示了数字普惠金融出现前后，农村金融市场上信贷资金的供需变化情况，其中，实线表示数字普惠金融出现前的状况，虚线代表数字普惠金融出现后的供需状况。

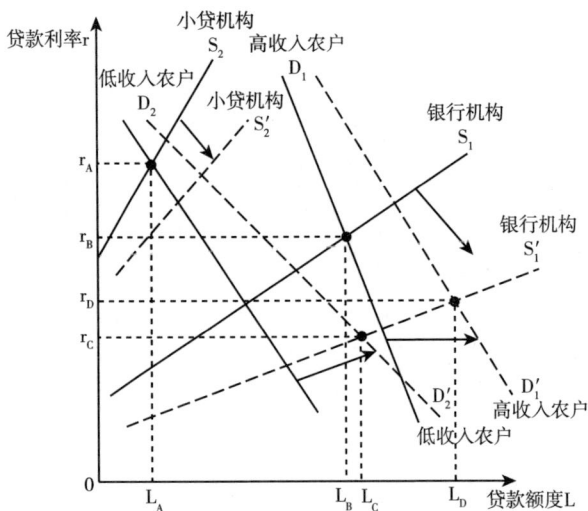

图2.7　数字普惠金融益贫效应分析

在传统金融服务模式下，银行机构向低收入农户提供信贷服务面临高昂的交易成本和较大的风险，出于利润最大化的考虑，他们会优先选择向高收入农户授信，此时，高收入农户获得的贷款额度为 L_B，均衡利率为 r_B。由于低收入农户被排斥在银行机构之外，他们只能向小贷机构寻求信贷服务，为了涵盖成本和风险，小贷机构会提供利率 r_A 和贷款额度 L_A 的贷款。此时，$r_A > r_B$，$L_A < L_B$。当数字普惠金融创新出现以后，就信贷供给方而言，一方面金融机构提供信贷服务的成本下降，与传统金融服务模式下的供给曲线相比，小贷机构和银行机构的信贷供给弹性系数变大，供给曲线更加平缓；另一方面伴随着成本下降和信息不对称程度的降低，小贷机构和银行提供的整

体信贷量增加，两者的供给曲线均发生向右移动。经过两个方面的作用，最终银行机构和小贷机构的供给曲线，分别由图2.7中的 S_1 和 S_2 变为 S_1' 和 S_2'。就信贷需求方而言，数字普惠金融服务降低了农户在获取信贷服务时的附加成本，例如通过信用贷款的方式减少甚至消除抵押物等，从而使得农户的信贷需求弹性系数变大，无论是低收入农户还是高收入农户，信贷需求曲线均变得更加平缓；与此同时，低成本的数字普惠金融服务，让起初受到金融抑制的农民获得信贷服务，提高了整体的信贷需求量，使得信贷需求曲线向右平移。在上述作用下，高收入农户和低收入农户的需求曲线，分别由图2.7中的 D_1 和 D_2 变为 D_1' 和 D_2'。

进一步地，随着交易成本与风险的下降，银行机构逐渐降低了对低收入农户的排斥程度，由于银行机构提供的贷款利率较低，与小贷机构相比，低收入农户更愿意向银行机构申请贷款，此时，低收入农户获得的贷款额度为 L_C。与此同时，伴随着供需状况的改变，高收入农户将获得 L_D 的贷款额度。与数字普惠金融出现之前相比，低收入农户获得的贷款额度增加了 $\Delta Q_1 = L_C - L_A$，高收入农户增加了 $\Delta Q_2 = L_D - L_B$，显而易见，$\Delta Q_1 > \Delta Q_2$。换言之，数字普惠金融让低收入农户获得的贷款增加额大于高收入农户，从而使得数字普惠金融对低收入农户的增收作用大于高收入农户，即数字普惠金融存在益贫效应。在本书的第5章将通过计量分析，对这一效应进行实证检验。

2.5 信息通信技术、普惠金融对农户收入影响的作用机理分析

2.5.1 ICT 和普惠金融提高农户经营性收入的作用机理

2.5.1.1 ICT 提高农户经营性收入的作用机理

信息通信技术主要通过提高农户的农产品销售价格，以及降低农业生产投入品价格，从而对农户经营性收入增加带来积极影响。在提高农产品销售价格方面，信息通信技术主要通过增加农民套利机会提高农产品的销售价格（Aker & Mbiti，2010；Jensen，2010；许竹青等，2013）。为表明信息通信技

术提高农产品销售价格的作用，以下将在阿克尔（Aker，2008）和许竹青等（2013）构建的模型基础上，展开理论分析。在增加套利机会方面，令农户出售某一农产品前，搜寻到该农产品价格为 p 的概率密度函数为 f(p)，其累计密度函数为 F(p)，在不同市场上的价格分布为 $[\underline{p}, \bar{p}]$，农户了解不同市场上价格信息的边际成本为 c。倘若农户做过 n 个市场的调查，扣除成本后，单位农产品的最优净价格为 p^*，假定再搜寻一次获得的最优净价格为 p_{n+1}^*，令 π(p) 表示价格为 p 时农户的利润函数，且 dπ(p)/dp > 0，则农户第 n + 1 次的边际利润函数 M(p) 为：

$$M(p^*) = \int_{p^*}^{\bar{p}} [\pi(p) - \pi(p^*)] f(p) dp \qquad (2.30)$$

农户边际净利润则为 $M(p^*) - c$，如果该值大于 0 则会继续搜寻，直到此值等于 0，假设此时的价格为 p_r，即为农户的保留价格。此时农户得到的边际净利润为 0，即：

$$M(p_r) - c = 0 \qquad (2.31)$$

将式（2.30）代入式（2.31），并求全微分可得到：

$$\frac{dp_r}{dc} = \frac{1}{\pi'(p_r)[F(p_r) - 1]} < 0 \qquad (2.32)$$

农民通过信息通信技术搜寻不同市场上农产品的价格，可以降低搜寻成本 c，通过式（2.32）可知，随着 c 的下降，销售价格 p 会有所增加，农民由此获得了套利机会，提高了农产品销售价格。

在降低农产品投入品购买价格方面，信息通信技术主要是通过提高农业生产投入品销售市场的竞争程度得以实现。如图 2.8 所示，每一个销售商均会面对两种需求曲线：d 曲线和 D 曲线。前者表示在缺少市场竞争状态下，销售商面临的需求曲线，后者则表示在竞争程度较强状态下销售商面临的需求曲线。在传统的农业生产资料销售模式下，由于供应商数量有限，且销售的产品种类较为单一，市场竞争程度较低。销售商会根据边际收益（MR）等于边际成本（MR）这一利润最大化条件，将农业生产资料的售卖价格从 P_A 降为 P_B。当电商平台出现后，会聚了较多的生产资料供应商，同时产品的种类也极其丰富，这无疑增加了市场竞争程度，此时某一农业生产资料供应商的售卖价格，会受到其他供应商降价的影响，其定价会沿着 D 曲线，从 A

点移动到 C 点，此时的价格由 P_A 降为 P_C，即在 ICT 的作用下，农民可以较低的价格购买到农业生产资料。

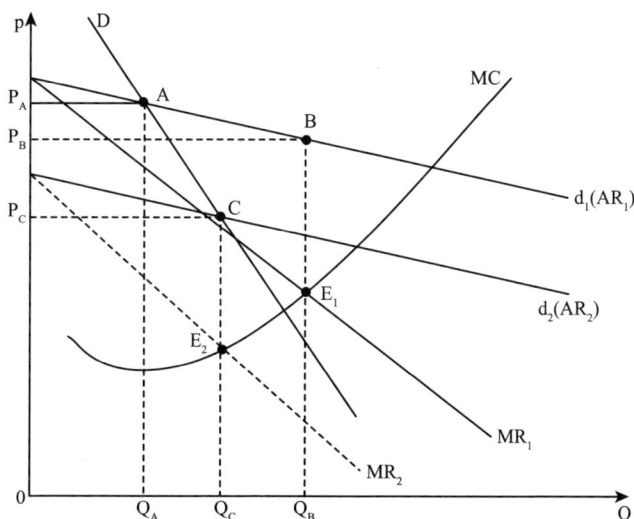

图 2.8　信息通信技术对农业生产投入品价格的影响

2.5.1.2　普惠金融提高农户经营性收入的作用机理

普惠金融中的信贷服务和保险服务可对农户经营性收入增加产生促进作用。农户贷款的获得可以通过追加生产要素投入实现产量的增加，但与此同时，投入品数量的增加会带来生产成本的上升，因此，农户贷款能否提高经营性收入，取决于哪一种作用更大。根据边际报酬递减规律，随着生产要素的增加，农产品边际产量会先增加后降低，在生产要素投入量较少的初级生产阶段，边际产量会随着生产要素的投入逐渐增加，此时，农产品产量出现急剧增加，产量的增加幅度要大于投入品数量的增加幅度。农民的初始资源禀赋水平较低，生产水平基本处于初级阶段，当获得贷款这一外源性融资后，可以购买更多的生产投入品，而由于处于生产的初级阶段，势必会使得农产品产量的增加幅度大于投入品数量的增加幅度。即信贷服务的获得可以促进农户经营性收入的增加。保险服务的获得可以降低农户农业经营性收入的波动，在此作用下，农民采用新生产技术的积极性会增加，此外，节余出的风险管理资金可以进一步用于农业生产，实现农产品产量的增加，最终实现经营性收入的增加。以下将通过理论模型，对上述信贷服务和保险服务促进农户经营性收入增加的作用，进行进一步说明。

就信贷服务对农户经营性收入增加的促进作用而言，由前面的理论分析框架得知，农户的农业经营收入为农产品销售收入与农产品生产成本之差。因为农户信贷主要影响农产品产量和农业生产投入品数量，所以在此假定农产品销售价格和农业生产投入品价格固定不变。当农户以初始资源禀赋生产农产品时，农产品产量为 Q_{10}，投入品数量为 Q_{20}，此时，农户经营性收入水平为 Y_{10}。作为理性人，农户在农业经营性收入大于等于 0 时从事农业生产。当农户获得贷款后，农产品的产量为 Q_{11}，生产投入品数量为 Q_{21}，此时农户的经营性收入为 Y_{11}。与初始状态相比，农户农产品产量的增长率为 θ_1，投入品数量的增长率为 θ_2。农民获得贷款后，可以追加农业生产投入，由于此时边际产量还未到达最大值，投入品的增加会引致农产品产量的大幅提升，此时，农产品产量的增长率要高于农业生产投入品数量的增长率，即 $\theta_1 > \theta_2$。通过式（2.33）、式（2.35）~式（2.37），得到如式（2.38）所示的，农户获得信贷服务前后经营性收入发生的变化情况。由于 $\theta_1 > \theta_2$，结合式（2.34）便可推导出 $Y_{11} > Y_{10}$。即表明农户贷款的获得可以通过增加农业生产投入品投入、提高农产品产量，实现农业经营性收入的增加，即：

$$Y_{10} = P_1 Q_{10} - P_2 Q_{20} \tag{2.33}$$

$$P_1 Q_{10} \geqslant P_2 Q_{20} \tag{2.34}$$

$$Y_{11} = P_1 Q_{11} - P_2 Q_{21} \tag{2.35}$$

$$\theta_1 = \frac{Q_{11} - Q_{10}}{Q_{10}} \tag{2.36}$$

$$\theta_2 = \frac{Q_{21} - Q_{20}}{Q_{20}} \tag{2.37}$$

$$Y_{11} - Y_{10} = P_1 \cdot (Q_{11} - Q_{10}) - P_2 \cdot (Q_{21} - Q_{20}) \tag{2.38}$$
$$= P_1 \cdot \theta_1 \cdot Q_{10} - P_2 \cdot \theta_2 \cdot Q_{20}$$

$$\frac{P_1 \cdot \theta_1 \cdot Q_{10}}{P_2 \cdot \theta_2 \cdot Q_{20}} = \frac{P_1 \cdot Q_{10}}{P_2 \cdot Q_{20}} \cdot \frac{\theta_1}{\theta_2} > 1 \Rightarrow Y_{11} > Y_{10} \tag{2.39}$$

农业保险服务的获得对农户农业经营性收入的增加也会产生促进作用。这一作用的实现主要通过两种渠道进行。一方面保险可以稳定农民的收入，降低因风险随机性带来的农民收入波动（Goodwin, 2001；Schultz, 1964；Zhao et al., 2016）；另一方面农户购买保险后，可以减少风险管理资金，农户可以利用这部分资金去投资其他项目，例如进行农业生产投资、商业投资以及进行理财投资等，均可以对提高农户收入有所帮助（Miranda & Vedenov，2001；Zeller & Sharma，1998；蒋远胜，2017）。

在借鉴赵等（Zhao et al.，2016）研究的基础上，借助农民收入分布的累计函数图，可以形象说明保险在提高农民收入中的作用。假设在未购买保险时，农户投资一项项目的期望收益为 Y_1，未来获得的收益分布为 [0，Y_A]，如图 2.9 中的曲线 L_1 所示，购买保险后由于需要付保费，所以期望收益降为 Y_2，收益分布缩小为 [Y_2，Y_B]，如曲线 L_2 所示。购买保险后累计函数曲线变得更陡峭，说明保险的购买会降低收入的波动，未来收益主要分布在期望收入水平附近。尽管投保后收益分布的最大值变小，但根据冯诺依曼—摩根斯坦期望效用理论，作为风险规避型的农户，投保险时的效用会大于不投保险时的效用，农户更愿意在投保的情况下从事生产获得收入，而在未投保时，出于规避风险考虑，他们可能会放弃此项目，从而不会得到任何收入。

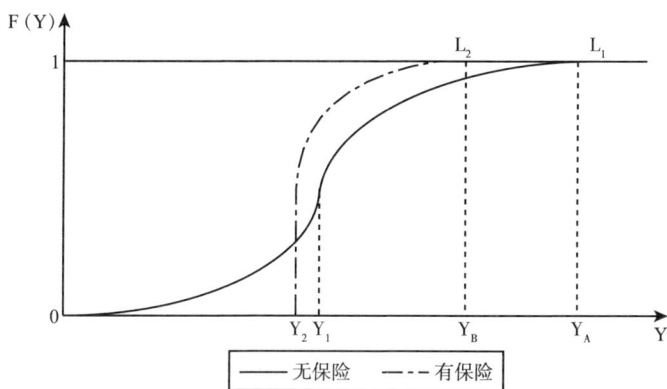

图 2.9　有无保险情况下的农户收入累计函数

此外，信息通信技术与普惠金融交互形成的数字普惠金融，给农户经营性收入增加带来新的支持。数字普惠金融借助新一代信息通信技术，对信息传输和处理成本低且速度快的特点，较大程度上降低了农村金融交易成本，提高了业务办理速度，缓解了信息不对称程度，通过提升农村金融普惠程度，为农户生产经营收入增加提供支持。具体来讲，数字普惠金融主要通过提供信贷、移动支付和转账汇款等服务支持农户生产经营收入增加。一方面，银行或互联网企业借助 ICT 开展的信贷服务，降低了信贷服务的交易成本，缓解了因信息不对称导致的信贷配给问题，让更多的农户在从事生产经营活动时获得信贷支持；另一方面，数字普惠金融通过移动支付和转账汇款服务提高了资金筹集效率，为及时进行生产经营投资奠定了基础。凭借新一代信息通信技术，支付和转账汇款等业务的办理效率大幅提升。当农户急需要资金从事生产经营时，便可通过移动支付汇款业务，在短时间内从外界筹集到所需资金，例如在农忙季节，外出务工人员可以通过手机银行等工具，短时间内将务工收入转移回家，保证农业生产顺利进行，实现非农收入支持农业生产经营的目的，进而提高农户经营性收入水平。

通过上述分析，可以得到如图 2.10 所示的关于信息通信技术和普惠金融提升农户经营性收入水平的作用机理。

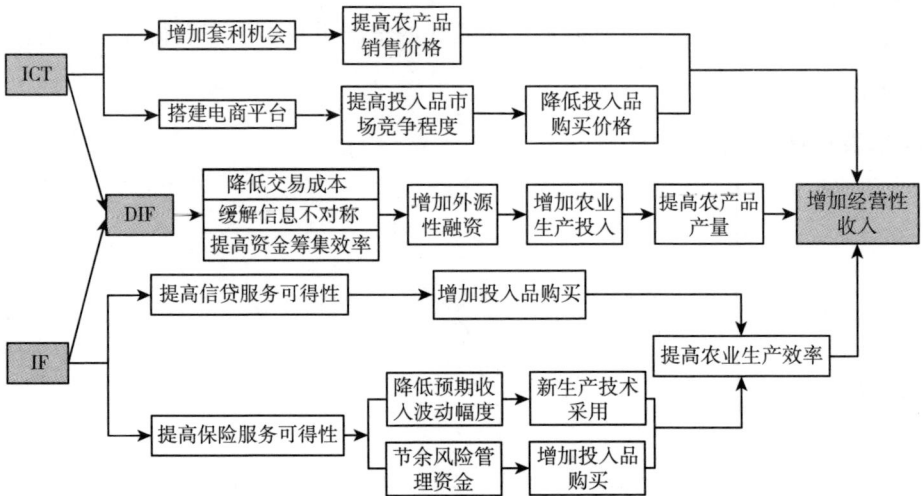

图 2.10　农户经营性收入增收的作用机理

2.5.2　ICT 提高农民工工资性收入的作用机理

如理论分析框架构建所述，信息通信技术可以通过提高农民工工资率和增加其工作时间，对工资性收入增加带来积极影响。在提高工资率方面，借助信息通信技术搭建的工作招聘信息平台，农民工可以以较低的搜寻成本，找到高工资率的工作。信息通信技术以极低的信息处理与传输成本，短时间内可以向农民工提供大量的工作招聘信息。掌握并经常使用 ICT 的农民工，通过关键词搜索可以快速搜集到高工资率的招聘信息，为最终获得高工资率的工作奠定基础。由此可见，搜寻成本（SC）是信息通信技术利用水平（ICT）的递减函数，即：

$$\frac{\partial SC}{\partial ICT} < 0 \qquad (2.40)$$

为说明 ICT 提高农民工工资率的作用机理，以下将在莫滕森和皮萨里德斯（Mortensen & Pissarides，1999）、周先波等（2015）构建的模型的基础上进行分析。在搜寻工作之前，农民工设定的保留工资为 ω_r，只有用人单位工资报价（ω）大于等于此值时，才能接受此工作，否则会继续搜寻。因此，农民工的保留工资越高，越能够获得高工资率的工作。令 ω 分布的密度函数为 $f(\omega)$，其中 ω 在 a 和 b 之间，即 $a \leqslant \omega \leqslant b$。农民工第一次搜寻获得的期望工资报价为 ω'，第 i 次搜寻工作获得的收益为 U_i，两次搜寻工作间隔之间的折现率为 r，则第一次搜寻工作后获得收益如式（2.41）所示。其中，$P(\omega \geqslant \omega_r)$ 表示农民工搜寻到大于等于保留工资的概率，即：

$$U_1 = \frac{\omega' P(\omega \geqslant \omega_r)}{1+r} + \frac{U_2 [1 - P(\omega \geqslant \omega_r)]}{1+r} - c \qquad (2.41)$$

需要强调的是，农民工会根据工资报价（ω）和搜寻成本（SC）对 ω_r 进行调整，当最后一次搜寻工作前后获得收益的现值相等时，达到最优的保留工资（ω_r^*）。即需要满足如式（2.42）所示的条件：

$$\frac{U_{i+1}}{1+r} = U_i = U^* \qquad (2.42)$$

由式（2.41）和式（2.42）可以得到式（2.43），即：

$$U^* = \frac{1}{P(\omega \geqslant \omega_r)} \left[\frac{\omega' P(\omega \geqslant \omega_r)}{1+r} - c \right] \qquad (2.43)$$

将式（2.43）转换为积分形式后得到式（2.44），即：

$$U(\omega_r) = \frac{1}{\int_{\omega_r}^{b} f(\omega) d\omega} \left[\frac{1}{1+r} \int_{\omega_r}^{b} \omega f(\omega) d\omega - c \right] \qquad (2.44)$$

对式（2.44）求关于 ω_r 的导数，并令其等于 0，便得到包含最优保留工资 ω_r^* 的表达式：

$$\frac{1}{1+r}\int_{\omega_r^*}^b (\omega - \omega_r^*)f(\omega)d\omega = c \tag{2.45}$$

根据式（2.45），利用隐函数求导法则，可求解出 ω_r^* 对 c 的导数，即：

$$\frac{\partial \omega_r^*}{\partial c} = -\frac{1+r}{\displaystyle\int_{\omega_r^*}^b f(\omega)d\omega} < 0 \tag{2.46}$$

结合式（2.40）与式（2.46）可得到农民工的最优保留工资对 ICT 利用水平的导数。由此可见，随着农民工 ICT 利用水平的提高，其工作搜寻成本下降，从而带来保留工资的上升，进而找到高工资率的工作，即：

$$\frac{\partial \omega_r^*}{\partial ICT} > 0 \tag{2.47}$$

在增加农民工工作时间方面，由于农民工的工作不稳定，经常变换工作，其间需要花费时间找到合适的工作。在时间资源既定的情况下，找工作消耗的时间会挤占工作时间，从而对工资性收入增加产生消极影响。当农民工失业后，借助信息通信技术搭建的工作招聘平台，可以快速地找到新的工作，减少因找工作浪费的时间，整体上提升工作时间的长度。借助要素供给问题分析框架可以更好地揭示此作用机理。如图 2.11 所示，横轴为农民工的闲暇时间，纵轴为农民工的收入水平，农民工最多的闲暇时间为 H_0，其收入初始水平为 Y_0，面对平均工资率 ω_0 时的预算线为 EK，工作获得的收入效用和闲

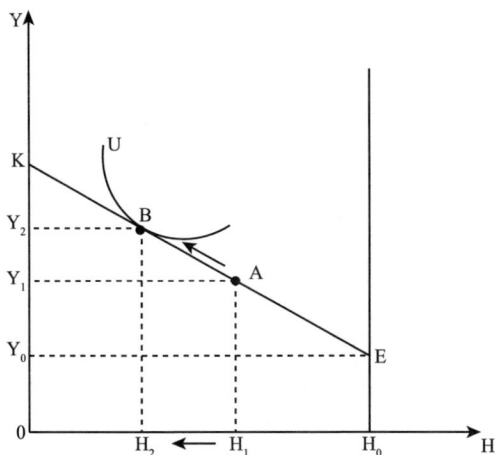

图 2.11 信息通信技术对农民工工作时间的影响

暇效用的无差异曲线为 U，当无差异曲线与预算线相切时，得到农民工最优闲暇时间为 H_2，工资性收入为 Y_2。然而，由于农民工的工作不稳定，经常处于待业状态，导致其闲暇时间增加为 H_1，工资性收入降低为 Y_1。借助信息通信技术搭建的工作招聘信息平台，发布了大量的用工信息，当农民工失业后，他们可以凭借此平台，以较低的成本获取到适合自身的招聘信息，有助于短时间内找到合适的工作，实现 A 点向 B 点的移动，增加工作时间，进而提高工资性收入。

通过上述分析，可以得到如图 2.12 所示的，关于信息通信技术如何提高农民工资性收入的作用机理。

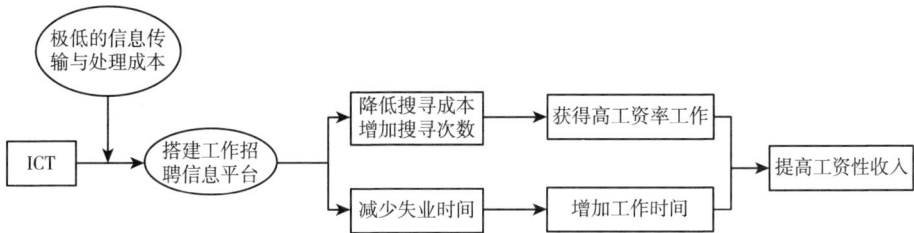

图 2.12　信息通信技术提高农民工资性收入的作用机理

2.5.3　ICT 和普惠金融提高农户财产性收入的作用机理

2.5.3.1　ICT 提高农户财产性收入的作用机理

信息通信技术主要通过影响农村土地或房屋等不动产流转价格，实现对农户财产性收入的促进作用。具体而言，依靠信息通信技术搭建的农村产权流转平台，以较低的信息处理和传输成本，将大量的农村不动产供给信息向社会发布，吸引了更多的农村不动产（土地、房屋）需求者进入农村不动产流转市场，带动了不动产流转价格的上升，进而提高了农户的财产性收入。以农村土地流转为例，图 2.13 展示了上述作用的产生。假设某一农户拥有的土地面积为 L^*，该农户会留有一部分耕地自己耕种，另一部分则会选择流转出去赚取土地流转收益，即财产性收入。PI_0 表示农户拥有的其他类型的财产性收入。曲线 U_1 和 U_2 表示农户流转决策产生的无差异曲线，当该曲线与财产性收入预算线相切时，达到效用最大化，此时决策最优。在初始状态下，土地的租金为 R_0，农户全部将土地流转出去后最终获得的财产性收入最大值为 $K_0 = R_0 \times L^* + PI_0$，据此得到农户财产性收入预算线 EK_0。借助信息通信技术搭建的流转平台出现以后，越来越多的农村土地需求者参与到流转市场，使得需求者不再局限于本村居民，需求者的增加带来需求量的增加，农村土地的流转价格也上升为 R_1，此时农户财产性收入的最大值提高为 $K_1 = R_1 \times L^* + PI_0$，预算线变为 EK_1。EK_0 与 EK_1 分别与无差异曲线相切于 A 点和 B 点。不难发现，农户自留土地面积由 L_A 减少为 L_B，换言之，农户的土地流转面积由 $(L^* - L_A)$ 增加为 $(L^* - L_B)$，由此可见，信息通信技术让土地流转价格提升的同时，也增加了农户的土地流转面积，从而对农户财产性收入产生促进作用。

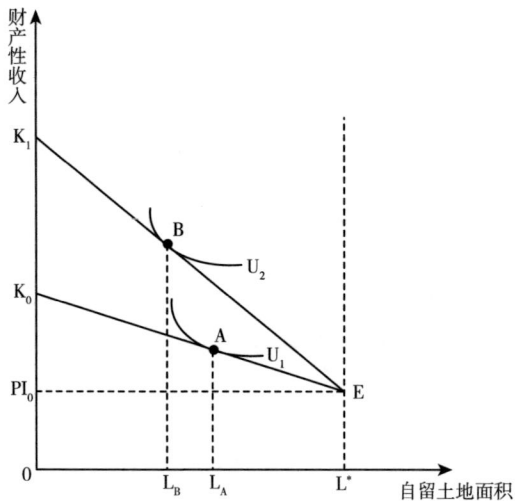

图 2.13　信息通信技术对农户财产性收入的影响

2.5.3.2　普惠金融提高农户财产性收入的作用机理

普惠金融主要通过优化农户金融资产配置，促进农户财产性收入的增加。此优化作用主要体现在两个方面：一方面，普惠金融的发展提高了农户金融资产的投资比例。普惠金融提高了农民金融服务的可得性，当农民有闲置的金融资产时，可借助金融产品或服务将其盘活，从中得到财产性收入。另一方面，普惠金融的发展能够提高农户对风险金融资产投资的比重，从而通过金融资产组合的合理配置，在农户风险承受的范围内，进行较高收益率的金融资产投资，以提高财产性收入水平。普惠金融的上述作用可以通过图 2.14 形象展示。在图 2.14 中，曲线 I 表示普惠金融发展水平较低状态下，农户的财产性收入水平决定曲线，曲线 II 则表示较高普惠金融水平下财产性收入水平曲线。Q^* 表示农户拥有的金融资产总量。在较低普惠金融发展水平下，农户受到严重的金融排斥，缺少金融资产的投资渠道，导致多数金融资产闲置，仅有的少量资产用作储蓄，由于储蓄作为无风险金融资产投资方式，其收益率较低，由此产生的财产性收入较少；随着普惠金融发展水平的提升，多样化的金融产品或服务不断在农村普及，增进了农民对投资理财产品的认识，同时也为农民提供了投资渠道，他们一方面提高了金融资产的投资比例，由 $(Q^* - Q_1)/Q^*$ 提高为 $(Q^* - Q_2)/Q^*$；另一方面增加了风险性金融资产的投资（如购买理财、债券等），由于风险性金融资产收益率较高（表现为曲线 II 中 DB 段曲线斜率增加），进一步提高了农户的财产性收入。

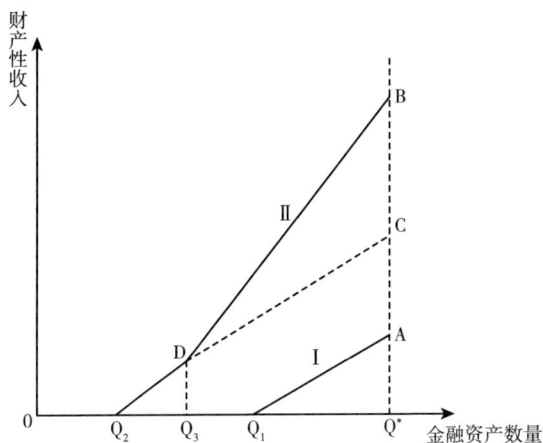

图 2.14 普惠金融对农户财产性收入的影响

值得一提的是，数字普惠金融的出现，极大程度降低了农村家庭进行金融资产投资时面临的交易成本，为农民参与金融资产投资奠定基础，从而进一步释放出普惠金融在促进财产性收入提升方面的潜力。由于农民财富积累较少，居住较为分散，加之农村交通等基础设施不健全，而金融机构网点多分布于经济发达的城镇地区，所以农民去物理网点办理金融资产投资手续时面临高昂的交易成本。与此同时，金融机构作为中介在办理金融资产投资业务时，为了追求利润最大化，往往会设置一定的门槛（如理财产品的起购额）覆盖其经营成本，农民的财富积累较少，无法满足条件，从而被金融机构排斥在目标客户群之外。数字普惠金融的出现，降低了其中的交易成本，农民可以凭借信息通信技术终端（如智能手机）完成金融资产投资业务的办理，金融机构利用低成本的大数据处理技术，为农民量身定做理财投资产品，降低了门槛限制。与传统的服务模式相比，农民会更倾向于选择数字普惠金融，从事金融资产投资活动。

上述作用可以借鉴金融资产投资的成本效用模型进行说明，该模型是博根（Bogan，2008）在研究互联网与股票市场时构建的。本书将在此基础上，参照董晓林等（2017）的处理方式，将农民借助数字普惠金融进行家庭金融资产投资的成本加以细分，加入模型之中，此外，本书立足于截面数据，因此，只考虑了当期的成本效用。最终得到如式（2.48）所示的理论模型，即：

$$\begin{cases} U^* = \max U(C) \\ C = W_0 + Y - S - r \times Q_1 - I_0 - (I_1 - I_2) \end{cases} \quad (2.48)$$

其中，C 表示当期农户的消费水平；U(C) 表明农户的效用水平是其消费水平的函数，且为增函数；W_0 表示期初的财富值；Y 表示当期增加的收入；S 表示储蓄；r 表示进行金融资产投资时的收益率；Q_1 为投资的金融资产数量；I_0 为农户参与金融资产投资市场的成本；I_1 表示使用数字普惠金融服务时，支付的与信息通信技术有关的成本，I_2 表示使用数字普惠金融服务时减少的交易成本。$I_1 - I_2$ 即为使用数字普惠金融增加的消费。农户进行金融资产投资的目标为实现效用最大化，使效用达到 U^*。对于农民而言，利用数字普惠金融进行金融资产投资，需要购买智能手机等信息通信技术设备，以及支付相应的通信费用。以智能手机为例，其更新换代速度较快，新品上市后，销售价格会不断下降，农民可以以较低的价格购买到智能手机。而新一代信息技术的发展提高了信息处理效率，依靠无线通信技术进行通讯，可以实现低成本广覆盖的目的，因此，农民支付的通信费用也较低。上述费用远低于农民使用数字普惠金融进行金融资产投资所减少的交易成本，即 $I_1 \ll I_2$。通过式（2.48）不难发现，在使用数字普惠金融进行金融资产投资后，效用水平将会提升，因此，农民更倾向于使用数字普惠金融从事投资理财服务。

通过上述分析可以得到图 2.15 所示的，关于信息通信技术和普惠金融如何提高农户财产性收入的作用机理。

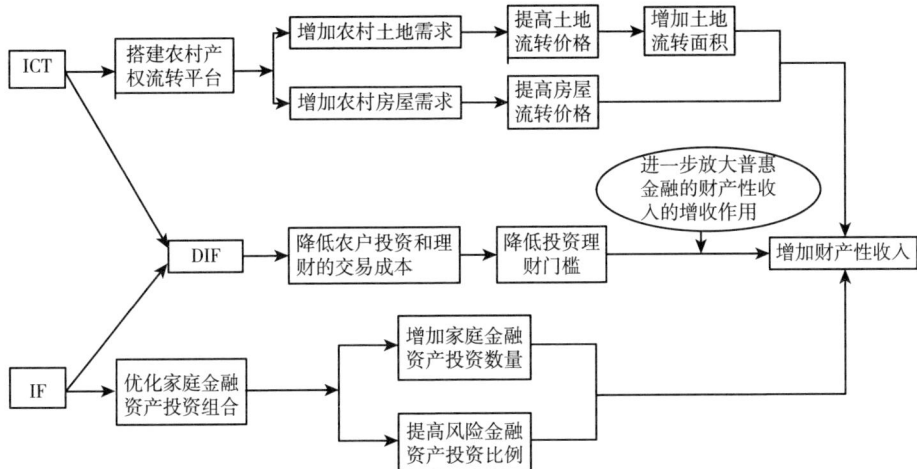

图 2.15 信息通信技术与普惠金融提高农户财产性收入的作用机理

2.5.4 作用机理综合分析

通过对 ICT、普惠金融及两者交互作用对农民收入影响的作用机理分析，可得到如图 2.16 所示的综合作用机理。首先，在 ICT 和农民收入关系方面，新一代信息技术提高了信息处理效率，移动通信技术大大降低了信息传输成本，从而使得农民便捷地获取到与生产、销售和工作招聘相关的信息，并能借助 ICT 搭建的产权交易平台，以较高的价格进行土地的流转和房屋的售卖，进而对农户的经营性收入、工资性收入和财产性收入产生促进作用；其次，在普惠金融与农民收入关系方面，普惠金融向农民提供的金融服务或产品为农业生产经营提供金融支持，为农户进行金融资产投资提供了渠道，因此，对农户经营性收入和财产性收入的提升产生积极影响；最后，信息通信技术和普惠金融交互形成的数字普惠金融，极大程度提高了农村金融服务效率，实现了农村金融发展过程中普惠与可持续发展的兼顾，进一步放大了农村金融的增收功能，对农户经营性收入和财产性收入产生促进作用。

ICT 普惠金融

数字移动通信技术
新一代信息技术

信息处理效率提高 通信成本下降 　　交互作用　　 金融服务或金融产品

普惠金融理论

金融商业模式创新　金融工具创新

生产信息的获取
销售信息的获取
工作招聘信息平台构建
产权交易信息平台构建

数字普惠金融
互联网金融　余额宝　移动支付　手机银行

信贷服务及产品
保险服务及产品
支付服务
投资理财产品

信息不对称理论 交易成本理论

创新扩散理论

信息不对称理论 交易成本理论

农村金融发展理论

经营性收入　工资性收入　财产性收入

经营性收入　财产性收入

经营性收入　财产性收入

农民增收

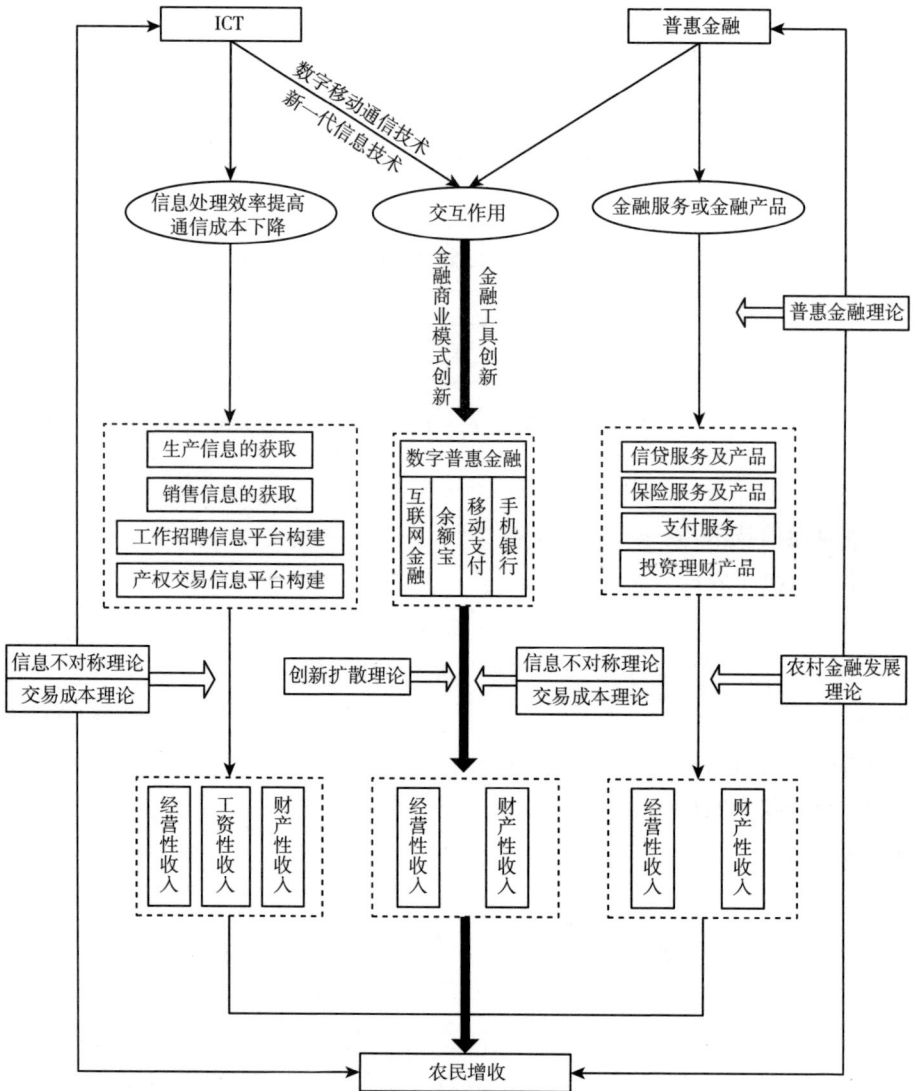

图2.16　ICT、普惠金融对农民收入影响的综合作用机理

2.6　小　　结

本章从理论层面入手，对本书要进行研究的信息通信技术、普惠金融与农民收入之间的关系从理论上进行了梳理，构建出了本书的理论分析框架，并对信息通信技术、普惠金融促进农民增收的作用机理进行了分析。通过本章的理论分析得出了以下三点结论。

（1）信息通信技术能够促进农村普惠金融的发展。信息通信技术通过降低交易成本，提高了农村金融服务效率，保证了农村普惠金融发展的可持续性；通过缓解信息不对称程度，较大程度上避免了逆向选择问题和道德风险问题，减少了农村信贷配给，从而提高了农村的金融普惠程度。

（2）信息通信技术与普惠金融交互形成的数字普惠金融对农民增收具有积极影响。除了信息通信技术和普惠金融能够单独对农民增收产生积极作用外，信息通信技术与普惠金融交互后形成的数字普惠金融，因其借助信息通信技术，解决了农村普惠金融发展面临的交易成本高和信息不对称问题，让农村金融的增收效果得以实现。

（3）数字普惠金融具有益贫效果。数字普惠金融的出现可以降低交易成本、降低信息不对称带来的风险，让低收入农户通过较低门槛获得金融服务成为可能。与富裕的农户比较，这些金融服务对于低收入农户而言是新增的。因此，与高收入农户相比，数字普惠金融对低收入农户收入水平的提升效果更加显著。

第3章 信息通信技术、普惠金融
与农民收入的历史演变
及现实考察

本章从历史的维度分析我国农村地区 ICT 与普惠金融的发展历程，及其对农民收入的影响。具体而言，从时间维度分析农民收入的历史变迁过程、农村信息化过程和中国农村普惠金融改革历程；从空间维度探讨农村经济欠发达的西南地区与全国农村地区，在农民收入、ICT 发展水平和普惠金融发展水平方面的差异；从宏观水平分析 ICT、普惠金融对农民收入的影响，以期对研究问题进行整体把握。

3.1 农民收入的历史变迁与现实考察

3.1.1 农民收入变动的历史演变

我国农民收入变化的阶段特征较为明显，这与整个社会经济发展、农业政策的变化以及农业结构的调整密切相关。多数研究在进行农民收入变化阶段划分时，正是依据上述因素进行划分的（李娜，2006；王德文和蔡昉，2003；赵晓锋，2013）。本书在借鉴已有研究的基础上，同样将农民收入阶段变化分为改革开放前后两个大的阶段，与此同时，在对改革开放以后的阶段划分上，参照李娜（2006）与赵晓锋（2013）的划分方法，将改革开放初期的 1979～1984 年划分为农民收入的高速增长阶段。对后续阶段的划分则与李娜和赵晓峰的划分略有不同，本书结合农业政策因素、社会经济背景以及农民收入的增长趋势，将后续阶段划分为跌宕起伏阶段（1985～1999 年）、螺旋增长阶段（2000～2011 年）与收入增长新常态阶段（2012 年至今）三个阶段。以下将对每个阶段的特征以出现的原因进行详细阐述。

3.1.1.1　计划经济时期低速增长阶段（1949～1978 年）

计划经济时期我国农民以集体为单位劳动，农业生产技术落后、劳动生产效率低，农民人均纯收入增长微乎其微。图 3.1 展示了 1949～1978 年农民人均纯收入及其年均增长率变化情况。具体来看，1949～1978 年农民人均纯收入年均名义增长率仅在 4%～9%，农民人均纯收入年均实际增长率更是微乎其微（不足 1%）。此阶段，我国农民收入主要依靠粮食生产，其收入渠道比较单一。此外，我国当时实行"优先发展工业"的国民经济政策，农产品价格表现出长期的不合理，农民收入徘徊在较低水平。

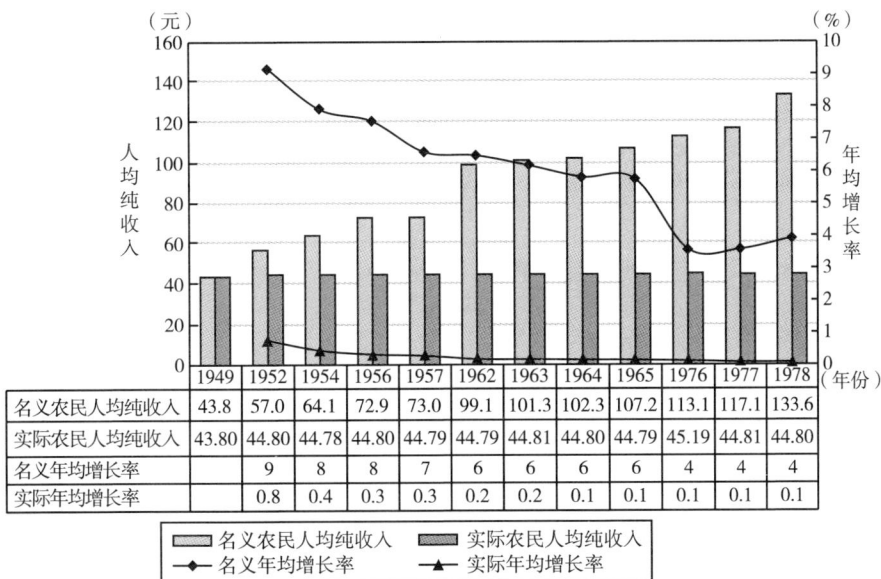

	1949	1952	1954	1956	1957	1962	1963	1964	1965	1976	1977	1978
名义农民人均纯收入	43.8	57.0	64.1	72.9	73.0	99.1	101.3	102.3	107.2	113.1	117.1	133.6
实际农民人均纯收入	43.80	44.80	44.78	44.80	44.79	44.79	44.81	44.80	44.79	45.19	44.81	44.80
名义年均增长率		9	8	8	7	6	6	6	6	4	4	4
实际年均增长率		0.8	0.4	0.3	0.3	0.2	0.2	0.1	0.1	0.1	0.1	0.1

图 3.1　计划经济时期（1949～1978 年）农民人均纯收入变化

注：实际收入以 1949 年不变价格计算。

资料来源：《中国农村统计年鉴》（2010）。

3.1.1.2　改革开放初期快速增长阶段（1979～1984 年）

改革开放初期，我国农村居民人均收入开始有所增长。从图 3.2 可以看出，1978 年我国农村居民名义人均纯收入为 133.6 元，1984 年该指标值攀升至 355.3 元，年均增长率约为 17.8%，扣除物价因素的实际增长率约为

16.5%，增长幅度较为明显。这一时期农村居民人均收入的快速增长与我国农业结构调整，以及对农民休养生息的政策息息相关。1978 年底召开的十一届三中全会，强调了农业的基础地位，为农村改革正式拉开序幕。这次会议为我国农民增收带来了机遇，为我国农村经济增长奠定了基础。

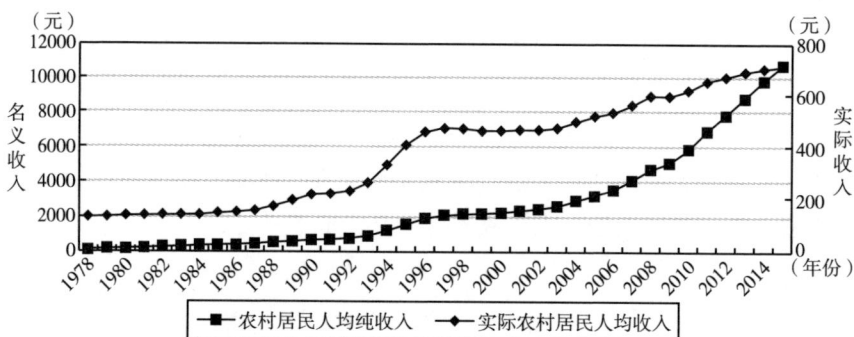

图 3.2　1978～2015 年农民人均纯收入变化

注：实际收入以 1978 年不变价格计算。

资料来源：《中国统计年鉴》（1981～2016）。

3.1.1.3　跌宕起伏阶段（1985～1999 年）

从 1985 年开始我国农民收入增长进入了跌宕起伏阶段，大致经历了两个升降时期：1985～1991 年、1992～1999 年（见图 3.3）。前一时期农民人均纯收入名义增长率从 11.9% 上升为 17.8%，而后又下降为 4.5%，而实际增长率则是从 3.8% 上升为 12.2%，然后又下降为 1.2%；后一时期名义增长率从 10.6% 上升为 32.5%，随后下降为 2.2%，实际增长率则从 4.5% 上升为 26.2%，然后降为 -0.8%。尽管这两个时期变化趋势一致，但形成的原因迥异。1985～1991 年农民收入波动的原因主要有制度因素（国家改革重心向城市偏移）、市场因素（市场化给农民收入带来不确定性）与价格政策因素（通货膨胀与价格开放政策）；1992～1999 年农民收入波动的主要原因可归为以下五种：家庭联产承包责任制和统分结合双层经营体制入宪法，调动了农民生产积极性、金融体系逐步完善，为农民增收注入活力、农产品购销体制与市场流通体制改革，有利于合理农产品价格的形成、后半期亚洲金融危机对乡镇企业带来了冲击、经济发展过热导致通货膨胀居高不下等（赵晓锋，2013）。

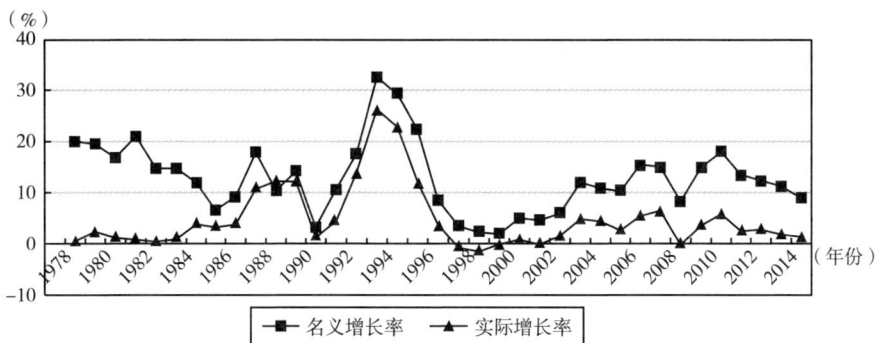

图 3.3   1978～2015 年农民人均纯收入环比增长率变化

注：实际农民人均纯收入以 1978 年不变价格计算。

资料来源：《中国统计年鉴》（1981～2016）。

3.1.1.4 螺旋增长阶段（2000～2011 年）

如图 3.3 所示，我国从 2000 年开始，农民收入进入了螺旋增长时期。从图中可形象地看出，此阶段农民收入增长率虽有升有降，但一直为正且整体趋势上表现为上升。这一阶段出现螺旋式增长的主要原因可归为以下三点：（1）农业税的取消解除了农民增收的枷锁，大大减轻了农民的税费负担①；（2）从 2004 年开始中央每年连续出台了关于"三农"的一号文件，中央和地方政府加大了政策支持力度，为农民增收提供了坚实基础；（3）2007 年开始的"金融新政"②，降低了金融机构进入农村市场的门槛，从金融支持增量方面入手，为农民增收提供金融支持。

3.1.1.5 收入增长新常态阶段（2012 年至今）

从 2012 年开始我国农民收入增长进入新常态阶段。该段时期，尽管农民收入一直在增长（见图 3.2），但增长速度呈现逐年下降趋势（见图 3.3）。出现这一特征的原因主要包括两个方面：一是进入经济发展新常态后，经济增速放缓使得农民工就业总量下降，同时受经济结构调整的影响，结构性失业问题长期存在，从而导致农民的工资性收入增速放缓（张红宇，2015）；二是经济新常态下农民增收的动力从要素驱动和投资驱动转变为创新驱动，

---

① 据国家统计局住户调查办公室（2008 年）统计，农业税的取消为农民平均每人减负 120 元。

② 即银保监会发布的《关于调整放宽农村地区银行业金融机构准入政策，更好支持社会主义新农村建设的若干意见》。

创新离不开人才的贡献，然而无论是经营规模较小的散户，还是经营规模较大的新型农业经营主体，人才缺乏现象较为严重，使得创新动力不足，进而导致农民收入增速放缓（黄祖辉和俞宁，2010）。

3.1.2 区域差异视角下农民收入现状的考察

表 3.1 描述了 2015 年我国农民人均可支配收入的来源构成情况。可以看出，我国农村居民收入主要来源于工资性收入及家庭经营收入，此两者约占总收入的 80%，而财产性收入和转移性收入所占比例较小。与此同时，在总的收入水平以及收入占比方面，不同区域之间存在差异。整体而言，东部地区农民收入水平高于全国平均水平，而中部和西部均低于全国平均水平，其中西部最低。在收入构成方面，东部工资性收入占比最高，而其他地区则是经营性收入占比最高。此外，东部地区财产性收入占比明显高于中部和西部地区；而在转移性收入方面则呈现出相反的结果。

表 3.1　　　　　　　　　2015 年分区域农民人均可支配收入状况

区域	农民人均可支配收入（元）	收入构成（元）				构成比例（%）			
		工资性	经营性	财产性	转移性	工资性	经营性	财产性	转移性
全国	11421.700	4600.300	4503.600	251.500	2066.300	40.277	39.430	2.202	18.091
东部	14297.400	7286.803	4640.654	375.504	1994.440	50.966	32.458	2.626	13.950
中部	10919.000	4105.528	4258.722	163.270	2391.480	37.600	39.003	1.495	21.902
西部	9093.400	2838.707	4074.503	189.916	1990.275	31.217	44.807	2.089	21.887

资料来源：《中国统计年鉴》（2016）。

3.2 农村信息通信技术的发展历程及对农民收入的影响

3.2.1 信息通信技术在农村地区的发展历程

信息通信技术在农村的发展是信息技术和通信技术在农村不断推广与运

用的过程，这一过程是在我国信息化建设的背景下进行的，本小节将从信息技术和通信技术两个方面，分别阐述信息通信技术在农村的发展历程。

3.2.1.1 信息技术在农村的发展历程

已有研究认为改革开放初期是信息技术在我国农村发展的开端，且当时主要以引进国外的信息技术为主（李道亮，2014；周晓迅，2014）。对于后期发展阶段的划分，则主要参照了农村信息化建设历程，本书同样根据这一原则，对信息技术在农村的发展阶段进行划分。将信息技术在农村的发展划分为四个阶段，分别是萌芽期、初步发展期、全面推进期和快速发展期。以下将对其发展的每个时期特征进行梳理。

（1）信息技术在农村发展的萌芽期（1979~1991 年）。

信息技术引入我国农村是从实施改革开放开始的。随着我国进行对外开放，国外一些先进的技术逐渐引入我国，其中信息技术就是引入的技术之一，且在改革开放伊始，我国便引进科研计算机 FeklixC－512 专门从事涉农科研活动，并逐步将其推广到农作物施肥配方等生产管理环节。为了更好地推广信息技术在农村的应用，中央也从政策和相应机构设立方面采取了相应的措施。

这一时期为支持信息技术在农村的发展，政府主要采取了两个方面的措施：一是推广与农业相关的智能信息技术。其中最具代表性的是对"农业专家系统"的推广，国家在"七五"攻关项目中，将其列为科技攻关专题。二是从中央层面成立相应农业信息化机构。例如，1987 年 3 月中央组建了"农牧渔业部信息中心"，标志着国家开始从宏观层面指导农村信息化建设（李道亮，2012）。

（2）信息技术在农村的初步发展期（1992~1999 年）。

这一时期推动信息技术在农村发展的背景可以归为三个方面。首先，从国际上来看，无论在经济发展还是在社会发展方面，国际社会已进入信息化时代。其次，中央对信息工作的重视上升到前所未有的高度，党的十四大重点突出了信息化建设在社会主义市场经济中的作用。1992 年农业部制定了《农村经济信息体系建设方案》，标志着我国开始从国家层面开始信息化建设。最后，从需求方面来讲，农民在市场经济中对信息的获取欲望逐渐增强。

为支持信息技术在农村的推广与应用，政府在此时期开展了以下三个方面工作：一是国家出台了大量政策与规划。如农业农村部在 20 世纪 90 年代初出台了《农业部电子信息系统推广应用工作的"八五"计划及十年设想》和《农村经济信息系统的建设规划》、于 1994 年设立了"市场信息司"、于 1995 年出台了《农村经济信息体系建设"九五"计划和 2010 年规划》等。二是注重各级地方农业网站建设。20 世纪 90 年代中期，互联网的引入为信息技术在农村的发展带来了新的动力。1994 年农业部开通"中国农业信息网"和"'菜篮子'批发价格行情网"等，相应地，各级地方政府也搭建了类似的网站，截至 2000 年 12 月 31 日，农业网站数量已达到 2000 多家。三是开始着手建立农业信息数据库。1994 年 12 月召开的"国家经济信息化联席会议"第三次会议上，提出实施"金农工程"项目①。

（3）信息技术在农村发展的全面推进时期（2000～2010 年）。

这个时期是在新世纪的到来和加入 WTO 的背景下开始的，新农村建设则为信息技术全面推进提供了强有力的支撑。进入 21 世纪，一系列新兴的信息技术层出不穷，给人们经济生活带来方便的同时，也降低了成本，使得信息技术在农村的推广逐渐加快。与此同时，经济全球化趋势愈演愈烈，中国在世纪之交加入世界贸易组织（WTO）更加拉近了国内农业与国际农业的距离，更加需要对国内外农业信息的掌握。2006 年"中央一号文件"使农村信息化建设在新农村建设中的重要作用得到高度重视，中央和各级政府出台了一系列支持政策，加快了我国农村地区信息技术的推广及应用。

本阶段政府在支持信息技术在农村发展方面，主要是实施了一系列工程。2001 年农业部开始实施"农村市场信息服务行动计划"，力图全面建设农村市场信息服务体系；2006 年颁布了《关于进一步加强农业信息化建设的意见》和《"十一五"时期全国农业信息体系建设规划》；紧接着 2007 年制定了《全国农业和农村信息化建设总体框架（2007-2015）》，从整体上确定了农村信息化建设思路。2005 年农业部启动了"三电合一"（电话、电视、电脑）工程，截至 2010 年底，该工程搭建了 324 个县级农业综合信息服务平台（李道亮，2014）。

（4）信息技术在农村的快速发展期（2011 年以后）。

伴随着新一代信息技术的出现，信息技术在农村进入快速发展阶段，农业信息化基础设施不断健全，信息资源利用水平逐渐提高，信息技术在支持农村发展、农业生产经营水平提升以及农民生活改善方面的作用越发显著。

---

① 该项目以构建"农业综合管理和服务信息系统"为目的。

此阶段新一代信息技术开始在农村推广。农业农村部于 2011 年开始在北京、黑龙江和江苏实施国家物联网应用师范工程智能农业项目。2012 年在 13 个省份展开新一代信息技术在农业运用上的示范，其中，在上海、天津和安徽开展了农业物联网区域实验工程项目。此外，借助"三网融合"技术开展了"农村信息化示范省"建设。2012 年初开始，科技部联合中组部和工信部，以此为契机，在安徽、湖北、广东、重庆和河南五省（市）搭建了"资源整合、统一接入、实时互动、专业服务"的省级农业综合信息服务平台。

3.2.1.2 通信技术在农村的发展历程

通信技术的发展离不开通信技术装备的支撑，借鉴曹辉萍和杨姮（2012）对我国电信发展阶段划分的思路，本书将依据通信技术装备的演进为线索，同时兼顾信息通信在我国不同经济社会发展阶段中作用的差异，对我国农村通信技术的发展进行阶段划分。由于通信技术在计划经济时期和改革开放时期扮演的角色不同，在计划经济时期主要以政治宣传为主，而在改革开放时期主要以服务经济建设和满足人民娱乐需求为主，据此，首先将通信技术在农村的发展历程以改革开放为分界点，划分为两个大的阶段。在此基础上，根据通信技术装备的演进过程，对改革开放时期通信技术在农村的发展历程进行进一步细分。下面将逐一对各发展阶段进行详细阐述。

（1）计划经济时期的探索阶段（1949~1978 年）。

计划经济时期的通信技术以有线广播为主，其用途主要是宣传党的方针政策，动员农民参加人民公社化运动，在"文革"期间则突出政治宣传功能。除了有线广播以外，国家在农村也开始探索电话网的建设。政府在人民公社设置公社电话交换所，以人工交换机为接通方式，以木杆、竹竿架设的铁线为电话通信线路。至 1958 年，农村地区实现了"队队通电话"。为解决电话通信标准不一的乱象，1975 年邮电部制定了"农村电话网技术体制"，明确了电话交换设备和线路技术标准，使得农村电话通信趋于正规化。经过发展，全国建成了以人工交换、明线传输的农村电话网。

（2）通信技术在农村发展的起步阶段（1979~1990 年）。

改革开放释放出经济发展的活力，伴随着经济的快速发展，萌生出了对信息通信的大量需求。1979 年召开的第十七次全国邮电工作会议上，首次确定邮电通信是社会生产力的论断，1984 年 2 月 24 日，邓小平同志提出了从通信入手发展经济和搞现代化的观点，标志着通信技术开始转向支持经济建设轨道上。由于前期通信技术设备较为落后，短时间内难以满足广大群众的需求，为此在该阶段以引进国外先进通信设备为主，自主研发为辅的方式，推动通信技术在农村的发展。这一特征在农村电话网的改造升级方面最为突出。由于人工交换机工作效率低，为了满足人民群众日益增长的通话需求，当时的邮电部农话处对农村局用纵横制交换机进行改进和试用，引进了国外的电子交换机系统。与此同时，国内也研制出了小容量程控局用交换机和数字时分程控交换机，并将其运用到了农村人口较多的乡镇。实现了电话交换机由人工向程控的转变（姚春华，2000）。此外，为支持通信技术的发展，国家抽调人力财力对通信基础性技术进行攻关，1986 年 2 月 1 日我国第一颗实用通信广播卫星发射成功，进入运用卫星进行广播和电视转播的新阶段。

（3）通信技术在农村的多元化发展阶段（1991～2004 年）。

20 世纪 90 年代开始，通信技术在农村的发展呈现出多元化，广播、电视以及电话均出现了新的变化。在 90 年代前期，半导体收音机因其价格低廉受到农民青睐，通过收听无线广播获取生产生活相关信息；90 年代中后期开始，黑白电视机在农村开始普及（申端锋，2008）；90 年代初期开始，寻呼机作为无线即时通信工具，因其价格低廉、携带方便，开始逐渐普及。其中，寻呼机在农村的大量使用主要在 90 年代末期，且使用最多的区域多为东部地区（田纪鑫，1996）。到 2000 年发展到顶峰，随后因移动电话的出现，寻呼机开始退出历史舞台；2000 年国务院出台的《中华人民共和国电信条例》中规定了电信业务者必须履行电信普遍服务义务，各电信运营商开始向农村发展业务，移动电话开始在农村出现，但由于价格较高，尚未在此期间普及，先期主要出现在有流动人口的农户之中。

（4）通信技术在农村的快速发展阶段（2005～2014 年）。

中国共产党于 2005 年召开的十六届五中全会中，提出了推进社会主义新农村建设的规划，随后出台了一系列支农惠农政策，在这一背景下，通信技术在农村进入了快速发展时期。随着"村村通"工程的开展，2005 年实现了50 户以上自然村通了广播电视，2010 年实现了 20 户以上自然村接通了广播电视；家电下乡加快了通信技术在农村的发展，2007 年开始"家电下乡"试点工作，并于 2009 年在全国全面展开。其中对农民购买的彩电、手机、计算机，按照销售价格的 13% 给予补贴，最高补贴达 2000 元。该项补贴政策刺激了农民对彩电、手机和计算机的消费，实现了通信技术在农村的更新换代，加快了通信技术在农村的发展步伐；在计算机和手机下乡的同时，国家开始重视宽带下乡，2013 年国务院印发了"宽带中国"战略实施方案，推动农村宽带普及率的提升，提高接入速度和网络使用性价比。根据指定的目标，到 2013 年底，行政村的宽带覆盖率将达到 90%，比 2010 年上升 10 个百分点；电信运营商的进入，为农村通信技术发展注入了活力。移动、联通和电信三大运营商从 2006 年开始实际进入农村市场（岳经纶和郭巍青，2007）。2011 年 3 月 11 日，伴随着中国移动在西藏尼玛县龙曲帕村开通移动基站，我国实现了 100% 行政村通电话。经过该段时期的发展，逐步实现了农村固话网、移动 G 网、卫星通信网、"村村通电话""乡乡通光缆"等项目的快速推进。

（5）通信技术在农村的深入发展阶段（2015 年以后）。

前期的通信技术的普及，为其在农村深入发展奠定了良好的基础，现如今通信技术在服务农村经济中的作用越发明显，2015 年李克强总理在政府工作报告中首次提出"互联网＋"行动，在同年国务院出台的"联网＋"行动指导意见中，将"互联网＋"现代农业作为重点行动之一。为了更好地发挥出通信技术在支持农村经济发展中的作用，国家于 2015 年出台了一系列深入发展通信技术的措施，例如国务院办公厅印发了《关于加快高速宽带网络建设，推进网络提速降费的指导意见》，拉开了互联网提速降费的序幕；《三网融合推广方案》提出了支持农村如何实现电信网、广播电视网和互联网"三网融合"的措施。与此同时，前期实施的"宽带中国"工程产生了初步成效，2015 年新增 1.4 万个行政村通宽带，1 万个行政村实施光纤到村建设，95% 以上行政村通固定或移动宽带，实现乡镇以上地区 4G 网络的深度覆盖，为移动互联网在农村的发展奠定了基础。2017 年底实现 4G 网络在农村全覆盖的目标，80% 以上的行政村实现光纤到村。农村通信技术实现了从有线到无线，从固定到移动、从通信成本高、通信速度慢到通信成本低、通信速度快的转变。

3.2.2　信息通信技术对农民收入影响的纵向分析

通过农村信息化的建设，ICT 在农村的发展状况呈现出下列变化：一是 21 世纪以来，ICT 在农村发展速度迅速提升。通过图 3.4 和图 3.5 可以发现，在进入 21 世纪后，农村地区固定电话覆盖率、彩色电视覆盖率、移动电话覆盖率、互联网普及率均出现较大幅度的提升，其中，从 2000～2006 年农村固定电话覆盖率年均增长率为 13.6%，彩色电视覆盖率年均增长率为 10.7%，移动电话年均增长率为 55.9%，2005 ~ 2015 年，农村互联网普及率年均增长率为 28.4%，这与政府在农村实施的"村村通工程"密切相关；二是移动手机对固定电话的替代效应明显。农村固定电话覆盖率从 2007 年开始出现急剧下降的局面，至 2014 年农村固定电话覆盖率年均下降 7.3%，而此期间移动电话覆盖率仍然保持高速增长，年均增长率为 15.6%，表明移动电话对固定电话产生了较强的替代作用；三是农村计算机拥有量一直保持较低水平增长。与其他 ICT 终端不同，计算机在农村的拥有量仍占比较低，这种低水平增长与计算机的成本高、操作技术性强和携带不方便等特性有关。

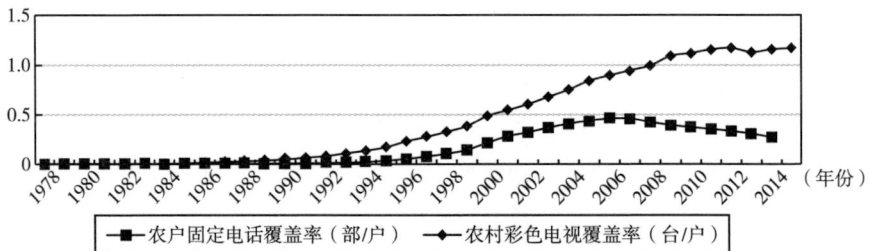

图 3.4　1978 ~ 2014 年农户固定电话覆盖率

注：农户固定电话普及率＝拥有固定电话农户数/乡村户数。彩色电视覆盖率根据每百户拥有量进行计算，其中，1978 ~ 1984 年数据缺失。

资料来源：《中国农业统计资料》（1987 ~ 2014）、《中国统计年鉴》（1981 ~ 2015）。

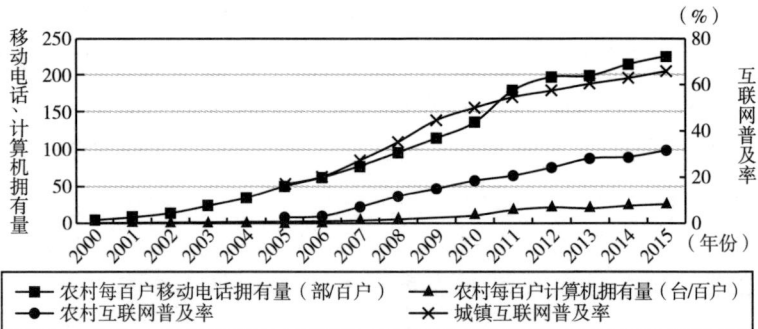

图 3.5　农村移动电话、计算机拥有量及互联网普及率

注：2000 ~ 2004 年农村互联网普及率数据缺失。

资料来源：《中国统计年鉴》（1981 ~ 2015）、《中国农村互联网调查报告》（2007 ~ 2015）。

在 ICT 对农民收入影响方面，从时间序列来看，两者在增长率方面有相同的变化趋势。图 3.6 展示了 2001 ~ 2015 年农村移动电话增长率、计算机增长率、互联网普及率增长率与农民人均纯收入实际增长率的变化趋势。从图中不难发现，历年计算机增长率、互联网普及率增长率与农民收入增长率变化趋势基本一致，其中农村每百户计算机拥有量从 2000 年的 0.47 台增加为 2015 年的 25.7 台，年均增长率为 30.6%，同期农民人均纯收入实际年均增长率为 2.9%；互联网普及率从 2005 年的 2.6% 增长为 2015 年的 31.6%，年均增长率为 28.4%，同期人均纯收入实际年均增长率为 3.2%。值得注意的是，农村每百户移动电话拥有量的增长率变化较小，且呈现出一定的下降趋势。从表面上看与农民收入变化趋势不一致，这是因为统计年鉴中的移动电话未对智能手机与非智能手机进行区分，在移动手机拥有量增长率上未呈现出太大变化，但从结构上来讲，随着农村地区 ICT 发展水平的提升，智能手机正在逐步替代非智能手机，且在推动农民收入提升中的作用也越发重要。

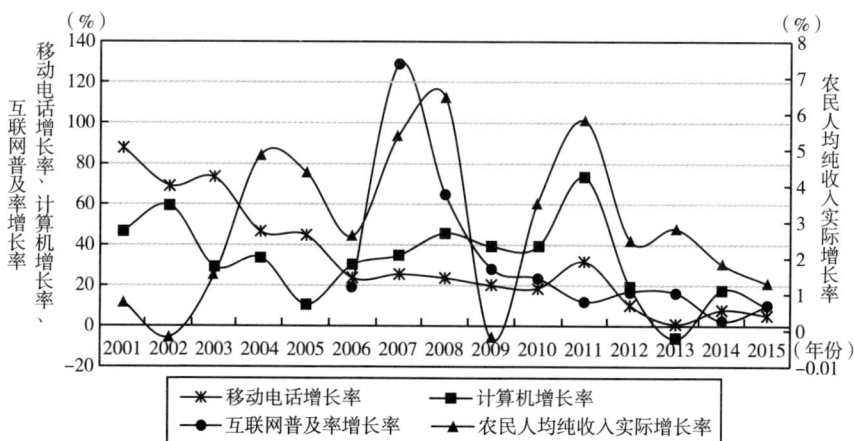

图 3.6　农村 ICT 增长率与农民人均纯收入实际增长率变化

注：移动电话增长率为农村每百户移动电话拥有量的增长率，计算机增长率为农村每百户计算机拥有量的增长率，互联网普及率增长率数据 2006 年以前缺失统计。实际农民人均纯收入以 1978 年不变价格计算。

资料来源：《中国统计年鉴》(1981～2015)、《中国农村互联网调查报告》(2007～2015)。

3.2.3　信息通信技术对农民收入影响的横向分析

就 ICT 相关设备拥有量而言，相比于其他设备，手机的拥有量在农村地区最多，然后为彩色电视和计算机。截至 2015 年全国农村每百户彩电拥有量、计算机拥有量和移动电话拥有量分别达到 116.9 台、25.7 台和 226.1 部；

就地区差异而言，彩色电视拥有量和计算机拥有量均呈现出由东向西依次减少的现状，与此相反，西部农村地区手机拥有量则高于其他地区。截至 2015 年，农村居民每百户彩色电视拥有量在东、中、西部的数量分别为 130.09 台、115.96 台和 108.12 台。农村居民每百户计算机拥有量在东、中、西部的数量分别为 39.5 台、23.8 台和 14.2 台。农村居民每百户移动手机拥有量在东、中、西部的数量分别为 225.4 部、221.5 部和 232.6 部（见图 3.7）。

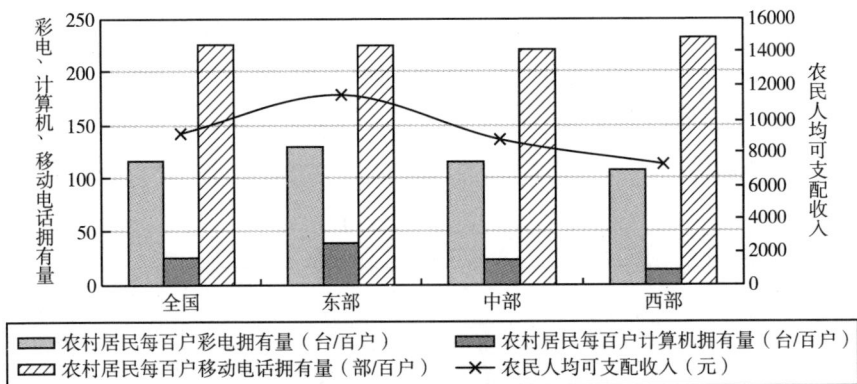

图 3.7　2015 年农村彩色电视、移动电话、计算机
拥有量与农民人均可支配收入状况

资料来源：《中国统计年鉴》（2016）。

通过比较不同地区农民人均可支配收入水平可以发现，农村地区 ICT 发展水平的分布与农民收入分布类似，一定程度上表明了两者之间关系较为密切。通过图 3.7 可形象地看出，2015 年农村居民每百户彩电拥有量和计算机拥有量由高到低的地区分布为东部、中部和西部，类似地，同期农民人均可支配收入由高到低的地区分布也是如此。与上述规律有所差异的是，在移动手机拥有量方面，虽然西部地区农村居民每百户移动电话拥有量高于其他地区，但是其农民人均可支配收入水平却最低。出现这一现象的主要原因可归结为两点：一是西部地区农民手机拥有量虽多，但智能手机拥有量可能低于其他地区。受自然条件的限制，西部地区信息化基础设施较为薄弱，智能手机的优势功能无法充分体现出来，导致农民对智能手机的持有意愿不强，智能手机拥有量便会低于其他区域。二是西部地区农民使用网络的意识不强。尽管西部地区农民户均手机拥有量居全国之首，但是借助手机使用上网的农民数量占比较少，据中国互联网络信息中心的调查显示，西部地区农村网民占比仅为 15.3%，而东部和中部地区分别占比为 63.8% 和 20.8%。网民占比较低揭示了西部地区农民使用网络获取信息的意识不强，从而阻碍了 ICT 增收功能的发挥（丁疆辉等，2010；袁文坤，2011）。

3.3 中国农村普惠金融改革及其对农民收入的影响

3.3.1 普惠金融视角下中国农村金融发展历程

本书在借鉴熊德平（2009）、王曙光和高连水（2014）与蒋远胜和徐光顺（2019）研究的基础上，将我国农村金融改革历程划分为五个阶段：农村金融组织"创建—撤销"反复阶段（1949～1978 年）、农村金融市场化改革初始阶段（1979～1992 年）、农村金融市场体系的构建阶段（1993～2002 年）、农村金融市场体系的完善阶段（2003～2012 年）、农村金融市场化改革的深化阶段（2013～2020 年）。与以往研究有所不同的是，本书将在普惠金融视角下，对各农村金融改革阶段的农村金融普惠程度进行评价。尽管普惠金融概念是在近几年提出的，但可以用其理念反观我国农村金融改革的历程，对各阶段农村金融普惠状况进行总结。

3.3.1.1 农村金融组织机构"创建—撤销"反复阶段（1949～1978 年）

农村金融是国家整个经济的重要组成部分，其改革变迁需要遵从国家经济发展战略。新中国成立伊始到改革开放前夕，中央政府实施的是赶超式的重工业倾斜发展战略及由此产生的计划经济体制。此阶段的农村金融改革，主要围绕如何发挥农村金融向城市输送农村经济剩余的功能而展开，此时，集中统一的领导、结构精简与经营权上收成为金融机构改革的特色。其中，农业银行在此阶段曾被"三立三撤"[①]，农村信用合作社经历了从"民营"到"国营"的变化过程[②]。

总体来讲，计划经济时期并未建立起适合当时我国农村经济发展状况的

---

① 即 1951 年成立，1952 年撤销；1955 年成立，1957 年与人行合并；1963 年成立，1965 年撤销。
② 农信社于 1950 年开始试点，在人民公社运动时期，其管理权下放到人民公社和生产大队，随着资金乱用现象的出现，国家开始对其整顿。1977 年国务院颁布了《关于整顿和加强银行工作的几项规定》，该规定指出农信社为人民银行的基层机构，其合作性质消失、走向"国营"。

农村金融制度和体系,更多的是为遵从"赶超战略"而动员农民储蓄,为国家工业化提供原始积累,农民为资金的净供给者。与此同时,农业保险服务在此阶段仅经历了地区试探性试办,并最终在全国范围内停办。由此可见,此时期发展农村金融的目的并非是为农民提供丰富的金融服务,而是为工业化服务,农民被排斥在金融服务目标群体之外,农村金融普惠水平较低(该时期金融改革的重要时间节点见图3.8)。

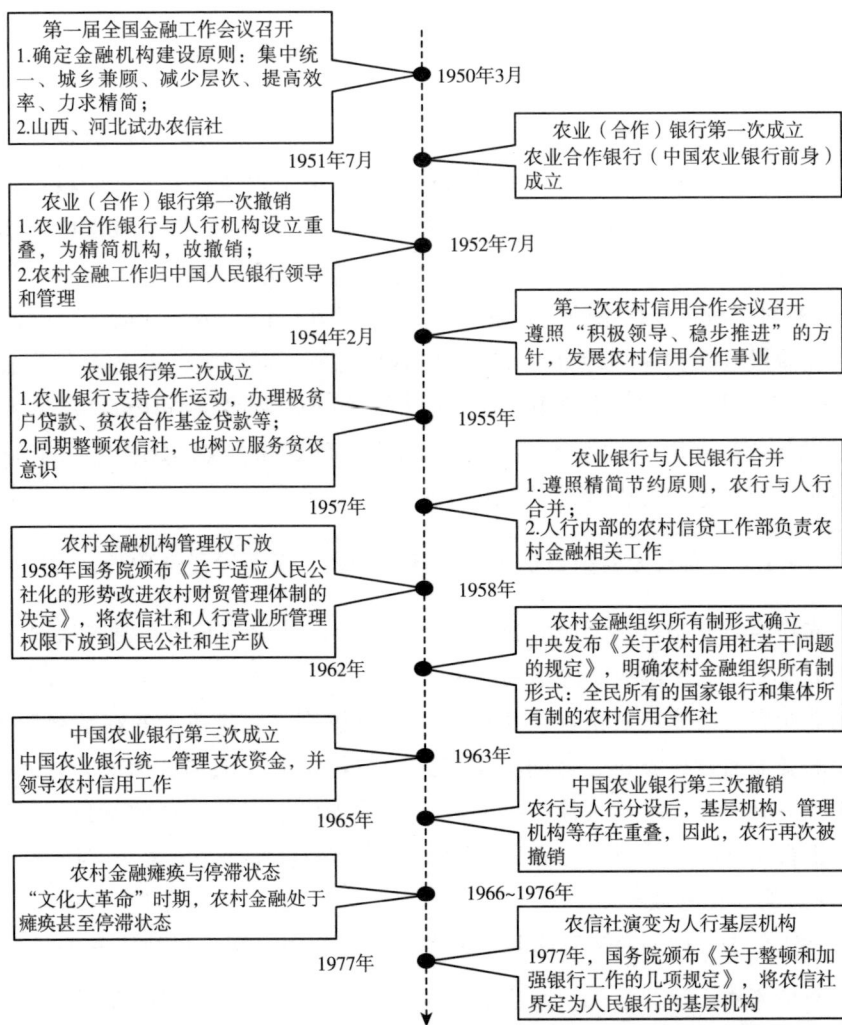

第一届全国金融工作会议召开
1.确定金融机构建设原则;集中统一、城乡兼顾、减少层次、提高效率、力求精简;
2.山西、河北试办农信社

1950年3月

1951年7月
农业(合作)银行第一次成立
农业合作银行(中国农业银行前身)成立

农业(合作)银行第一次撤销
1.农业合作银行与人行机构设立重叠,为精简机构,故撤销;
2.农村金融工作归中国人民银行领导和管理

1952年7月

1954年2月
第一次农村信用合作会议召开
遵照"积极领导、稳步推进"的方针,发展农村信用合作事业

农业银行第二次成立
1.农业银行支持合作运动,办理极贫户贷款、贫农合作基金贷款等;
2.同期整顿农信社,也树立服务贫农意识

1955年

1957年
农业银行与人民银行合并
1.遵照精简节约原则,农行与人行合并;
2.人行内部的农村信贷工作部负责农村金融相关工作

农村金融机构管理权下放
1958年国务院颁布《关于适应人民公社化的形势改进农村财贸管理体制的决定》,将农信社和人行营业所管理权限下放到人民公社和生产队

1958年

1962年
农村金融组织所有制形式确立
中央发布《关于农村信用社若干问题的规定》,明确农村金融组织所有制形式:全民所有的国家银行和集体所有制的农村信用合作社

中国农业银行第三次成立
中国农业银行统一管理支农资金,并领导农村信用工作

1963年

1965年
中国农业银行第三次撤销
农行与人行分设后,基层机构、管理机构等存在重叠,因此,农行再次被撤销

农村金融瘫痪与停滞状态
"文化大革命"时期,农村金融处于瘫痪甚至停滞状态

1966~1976年

1977年
农信社演变为人行基层机构
1977年,国务院颁布《关于整顿和加强银行工作的几项规定》,将农信社界定为人民银行的基层机构

图3.8 农村金融组织机构创建撤销反复阶段(1949~1978年)时间轴

3.3.1.2　农村金融市场化改革初始阶段 (1979～1992 年)

此阶段农村金融改革是伴随着农村经济体制的变革而展开的。农村经济在该时期发生了自下而上的诱致性制度变迁，农村家庭经营方式由计划经济时期的人民公社和生产大队改为家庭联产承包责任制。这一改变调动了农民生产经营的积极性，而由于前一阶段的资本积累有限，亟须通过外源性融资对其生产经营活动进行支持。为此，政府通过行政手段对农村金融进行自上而下的强制性制度改革。与此同时，由于政府主导的依靠强制性制度变迁形成的农村正规金融外生于农村经济，使得正规金融无法满足农村经济的发展需要。在此状况下，产生了民间自发的依靠诱致性制度变迁形成的非正规金融。民间金融的出现很好地满足了农民的金融服务需求，鉴于此，政府也出台了相应政策支持民间金融组织的发展，以提高农村金融服务的可得性。

该阶段的改革主要涉及六个方面：一是建立中国农业银行。1979 年国务院批准恢复建立中国农业银行，并赋予其运营支农资金和管理农村信用社的职能。二是放松民间借贷管制。这与以往不同，不再限制民间金融发展，而是将其看作正规金融的补充。三是从政策上开始推动农村保险发展。在中国人民保险公司主导下，开始对财产保险、牲畜保险等产品的试点，中央在财政上予以补贴支持。四是恢复农信社的"三性"。1984 年国务院下发文件开始对农信社进行改革，目标是恢复其组织上的群众性、管理上的民主性及经营上的灵活性，但效果并不显著。五是为方便农村居民储蓄以及城乡居民之间进行汇兑，国务院授权广泛分布的邮政部门从事储蓄汇兑等业务代理活动，这在很大程度上满足了农民储蓄服务和汇兑服务需求，农民储蓄服务和汇兑服务的可及性提高。六是鼓励农村合作基金会发展。农合会作为一种民间金融组织，更易于满足农民的金融服务需求，提高了当时农村的金融普惠程度。对于有闲置资金的农民而言，满足了其投资型金融服务需求，而对于有资金需求的农民来讲，可以通过农合会获得资金，与从农行和农信社申请贷款相比，提高了其信贷的可得性。

总体来看，该时期的农村金融改革处于起步阶段。专门为"三农"服务的农村金融组织正积极构建，并鼓励农合会等非正规金融组织。由于正规金融机构仍扮演着吸储农村资金投放到城市进行工业化建设的角色，民间金融组织在提高金融普惠程度中的作用较大。在农业保险方面，中央出台了相应的支持政策，在一定程度上调动了保险参与各方的积极性（吕晓英，2012）。该阶段详细的时间轴如图 3.9 所示。

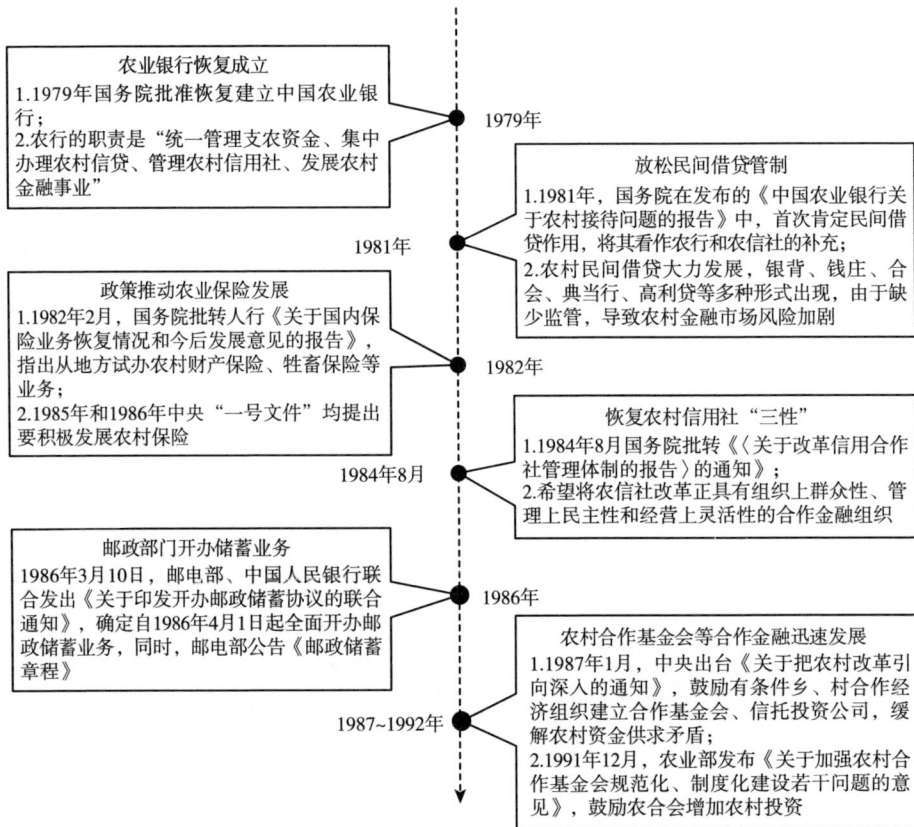

图 3.9 农村金融市场化改革初始阶段（1979～1992 年）时间轴

3.3.1.3 农村金融市场体系的构建阶段（1993～2002 年）

本阶段是在我国确定发展社会主义市场经济体制的背景下展开的①。不同于以往的计划经济，市场经济强调市场在优化资源配置中的作用，需要通过市场竞争实现整个经济社会的福利最大化。为适应社会主义市场经济的要求，农村金融也进行了相应的市场化改革，其具体体现是银行的商业化改造、

---

① 1993 年 11 月，十四届三中全会上通过了《中国中共中央关于建立社会主义市场经济体制若干重大问题的决定》，明确中国要走社会主义市场经济的发展道路。

政策性业务与商业性业务的分离、农村金融机构经营体制的去行政化等。然而，由于金融资源的逐利性和农村经济弱质性之间的矛盾，农村金融机构的商业化改造出现了严重的脱农现象。因此，一味地追求商业化并不能适应当时农村经济的发展需求，需要重视农村政策性金融和农村合作金融的作用。基于此，本时期的农村金融改革主要围绕"构建以合作金融为基础、商业性和政策性金融分工合作的农村金融体系"的思路展开。

本阶段农村金融改革的内容主要涉及五个方面。一是于1994年组建农业政策性银行——中国农业发展银行（简称"农发行"），并将农业银行的政策性支农相关业务剥离给了农发行。使其专业从事农村基础设施建设等政策性业务。二是对农信社实施"行社脱离"改革。农信社在农业银行的管理下，无法实现合作制经营，之前对其"三性"的改革仅流于形式。为了让农信社走向合作金融的道路，国务院于1993年提出"行社分离"的构想，并于1996年完全实现了这一目标，农信社走向按合作制独立经营的道路。三是在农业保险方面，降低了政策支持力度。因农业保险成本大、收益低，同时，国务院将农业保费看作乱收费项目，对其补贴逐渐取消。作为营利机构的人保公司开始逐渐推出农村保险市场。四是国有专业商业银行进行商业化改革，大量撤并县域（及以下）网点。据统计，1999年前后，四大国有商业银行3100多家县及以下基层分支机构被撤并，使得金融服务在农村地区形成严重的地理排斥（马九杰和沈杰，2010；苏静，2015）。五是对农合会进行清理整顿。随着农合会受当地政府干预过多，以内部资金互助为目的的运作方式悄然发生改变。在实际运作中，政府将农合会资金盲目投资于资金需求量大且风险高的乡镇企业，随着亚洲金融危机的爆发，对企业生产经营造成不良影响，大量资金难以收回，农合会出现大面积的"挤兑"风波，在这种环境下，国家对农合会进行了整顿和清理工作，并于1999年对农合会进行了全面的取缔。

通过这段时期农村金融的改革，我们不难发现，此阶段注重的"三位一体"农村金融体系的搭建，其目的是通过这种自上而下的强制性制度变迁，在市场经济环境下，构建出适合我国"三农"发展的农村金融体系。就其金融普惠效果来看，尽管通过市场化改革，构建出了政策性和商业性相分离的农村金融组织，但是由于过度追求农村金融体系建设，而忽视了农村金融功能的发挥。特别是商业化改革后，由于"三农"业务的低盈利性和高风险性，国有银行机构网点纷纷"逃离"农村，保险公司逐渐削弱农村保险业务，这使得农民金融服务的可及性与可得性大幅降低，该时期以金融机构服务网点等为指标的农村普惠金融发展水平大幅下降，该阶段时间轴如图 3.10 所示。

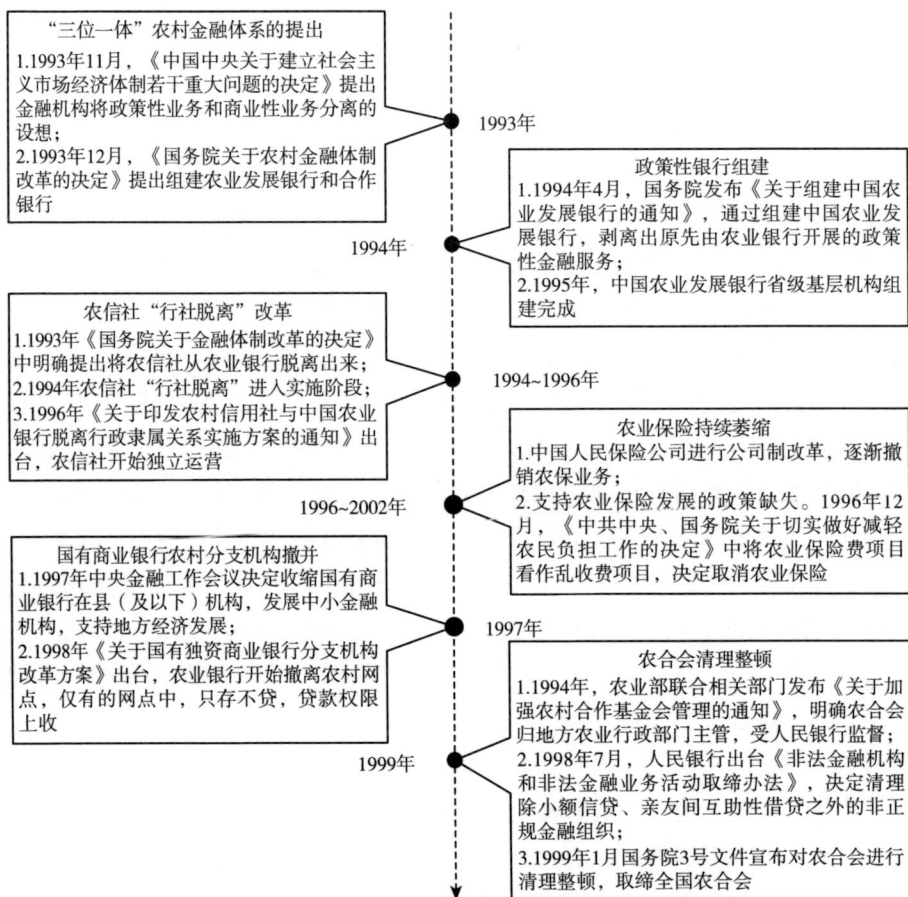

"三位一体"农村金融体系的提出
1.1993年11月，《中国中央关于建立社会主义市场经济体制若干重大问题的决定》提出金融机构将政策性业务和商业性业务分离的设想；
2.1993年12月，《国务院关于农村金融体制改革的决定》提出组建农业发展银行和合作银行

1993年

政策性银行组建
1.1994年4月，国务院发布《关于组建中国农业发展银行的通知》，通过组建中国农业发展银行，剥离出原先由农业银行开展的政策性金融服务；
2.1995年，中国农业发展银行省级基层机构组建完成

1994年

农信社"行社脱离"改革
1.1993年《国务院关于金融体制改革的决定》中明确提出将农信社从农业银行脱离出来；
2.1994年农信社"行社脱离"进入实施阶段；
3.1996年《关于印发农村信用社与中国农业银行脱离行政隶属关系实施方案的通知》出台，农信社开始独立运营

1994~1996年

农业保险持续萎缩
1.中国人民保险公司进行公司制改革，逐渐撤销农保业务；
2.支持农业保险发展的政策缺失。1996年12月，《中共中央、国务院关于切实做好减轻农民负担工作的决定》中将农业保险费项目看作乱收费项目，决定取消农业保险

1996~2002年

国有商业银行农村分支机构撤并
1.1997年中央金融工作会议决定收缩国有商业银行在县（及以下）机构，发展中小金融机构，支持地方经济发展；
2.1998年《关于国有独资商业银行分支机构改革方案》出台，农业银行开始撤离农村网点，仅有的网点中，只存不贷，贷款权限上收

1997年

农合会清理整顿
1.1994年，农业部联合相关部门发布《关于加强农村合作基金会管理的通知》，明确农合会归地方农业行政部门主管，受人民银行监督；
2.1998年7月，人民银行出台《非法金融机构和非法金融业务活动取缔办法》，决定清理除小额信贷、亲友间互助性借贷之外的非正规金融组织；
3.1999年1月国务院3号文件宣布对农合会进行清理整顿，取缔全国农合会

1999年

图 3.10 农村金融市场体系的构建阶段（1993～2002 年）时间轴

3.3.1.4 农村金融市场体系的完善阶段（2003～2012 年）

农村金融改革深化是在我国进入工业反哺农业阶段[①]后，对农业的重视程度随之加深的背景下进行的。伴随我国进入工业反哺农业时期，如何在留

---

① 胡锦涛在党的十六届四中全会上，提出我国进入了"工业反哺农业、城市支持农村的经济社会发展新阶段"。

住农村金融资源的同时，让城市的金融资源下乡，以支持农业现代化建设，成为一段时期内农村金融改革的方向。与此同时，中国加入世界贸易组织以后，农业的国际化进程加快。而无论是农业的现代化建设，还是农业的国际贸易，均离不开现代农村金融制度的支持①。现代农村金融制度的内涵主要包括以下四点：一是农村金融体系必须具备完善的市场竞争结构和多元化的金融主体；二是农村金融机构需要具有合理的产权结构和激励相容的治理结构；三是金融产品或服务需满足各类经济主体的融资需求；四是金融机构要实现财务上的可持续。据此，围绕着现代农村金融制度建设展开了本阶段的农村金融改革。

此轮改革主要涉及五个方面。一是农信社的改革进一步深化。2003 年国务院颁发《国务院关于印发深化农村信用社改革试点方案的通知》，拉开了农信社改革序幕。此次改革注重不同农信社发展水平的差异，提出"因地制宜、分类指导"原则。经过改革主要产生了三种产权制度，分别是农商行、农合行和农信社。二是对农业银行和邮政储蓄银行的股份制改革。2007 年 1 月召开的全国金融工作会议中，确定农行进行股份制改革，在坚持"面向三农、商业运作"原则下，成立了三农金融事业部，兑现了其"股改不改支农方向、上市不减支农力度"的承诺，并成功在上海和香港两地顺利上市。在邮政储蓄银行股份制改革方面，由于邮政储蓄银行以前在农村只存不贷，扮演农村资金"抽水机"的角色，为改变这一局面，2007 年银监会批准成立中国邮政储蓄银行，开始办理存贷业务，并于 2016 年完成了股份制改革。三是进行了农村金融增量的改革。2006 年 12 月银监会发布了《关于调整放款农村地区银行业金融机构准入政策，更好地支持社会主义新农村建设的若干意见》，随后又印发了《村镇银行管理暂行规定》《贷款公司管理暂行规定》《农村资金互助社管理暂行规定》，鼓励在农村地区成立村镇银行、贷款公司和农村资金互助社等新型农村金融机构。四是从政策上推动农村金融保险新一轮发展。十六届三中全会中提出建立"政策性农业保险制度"，为引导保险公司积极开展农业保险服务，财政部于 2007 年印发了《中央财政农业保险保费补贴试点管理办法》，计划从政策补贴方面大力支持农业保险发展。五是鼓励农村金融服务方式及金融产品的创新。2008 年中国人民银行和银监会

---

① 在 2008 年 10 月召开的中共十七届三中全会上，提出了建设"现代农村金融制度"的政策主张。

出台了《关于加快推进农村金融产品和服务方式创新的意见》，开始农村金融创新试点，并在2010年决定在全国范围内推动农村金融产品和服务方式的创新。

综观该阶段的改革，不难发现，在对农村金融进行存量改革的同时注重了增量改革。在改革的具体内容上，一方面围绕农村金融机构进行了增量改革，进一步激发农村金融市场的竞争活力；另一方面基于功能金融理论，越来越重视农村金融功能的实现，尤其是开始注重农村金融产品或服务模式的创新，释放农村金融支持农村经济增长的活力，该阶段时间轴如图3.11所示。

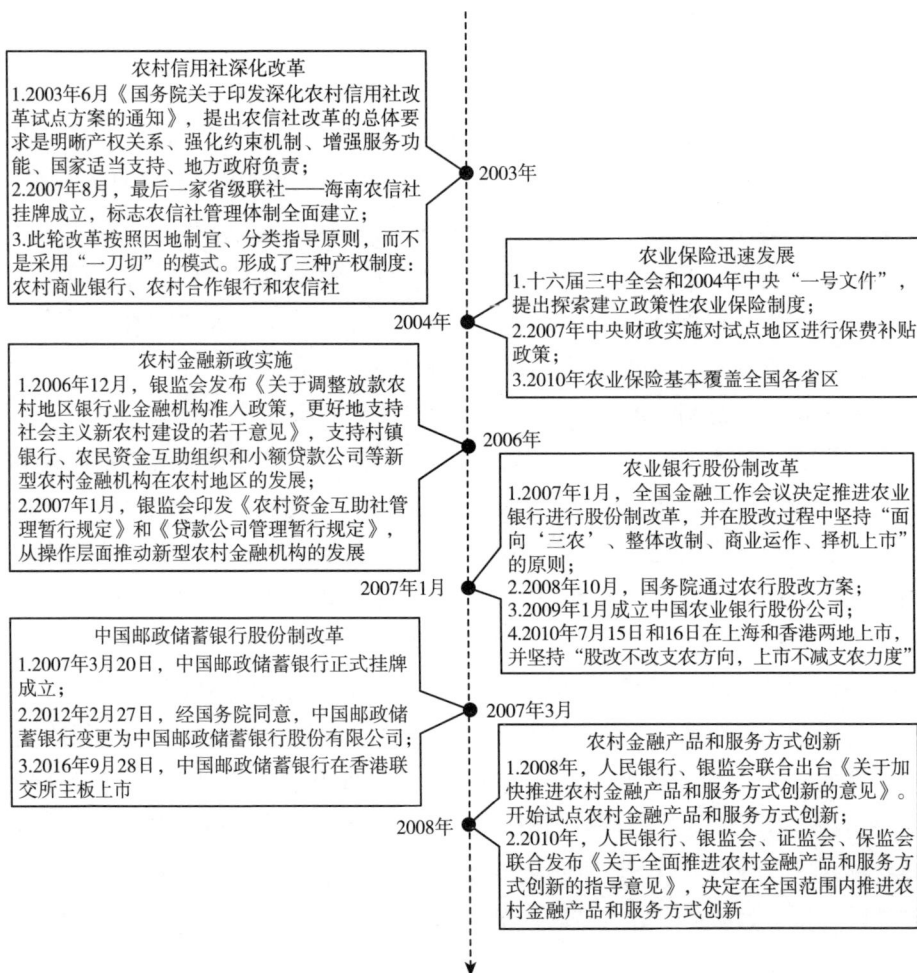

农村信用社深化改革
1.2003年6月《国务院关于印发深化农村信用社改革试点方案的通知》，提出农信社改革的总体要求是明晰产权关系、强化约束机制、增强服务功能、国家适当支持、地方政府负责；
2.2007年8月，最后一家省级联社——海南农信社挂牌成立，标志农信社管理体制全面建立；
3.此轮改革按照因地制宜、分类指导原则，而不是采用"一刀切"的模式。形成了三种产权制度：农村商业银行、农村合作银行和农信社

2003年

农业保险迅速发展
1.十六届三中全会和2004年中央"一号文件"，提出探索建立政策性农业保险制度；
2.2007年中央财政实施对试点地区进行保费补贴政策；
3.2010年农业保险基本覆盖全国各省区

2004年

农村金融新政实施
1.2006年12月，银监会发布《关于调整放款农村地区银行业金融机构准入政策，更好地支持社会主义新农村建设的若干意见》，支持村镇银行、农民资金互助组织和小额贷款公司等新型农村金融机构在农村地区的发展；
2.2007年1月，银监会印发《农村资金互助社管理暂行规定》和《贷款公司管理暂行规定》，从操作层面推动新型农村金融机构的发展

2006年

农业银行股份制改革
1.2007年1月，全国金融工作会议决定推进农业银行进行股份制改革，并在股改过程中坚持"面向'三农'、整体改制、商业运作、择机上市"的原则；
2.2008年10月，国务院通过农行股改方案；
3.2009年1月成立中国农业银行股份公司；
4.2010年7月15日和16日在上海和香港两地上市，并坚持"股改不改支农方向，上市不减支农力度"

2007年1月

中国邮政储蓄银行股份制改革
1.2007年3月20日，中国邮政储蓄银行正式挂牌成立；
2.2012年2月27日，经国务院同意，中国邮政储蓄银行变更为中国邮政储蓄银行股份有限公司；
3.2016年9月28日，中国邮政储蓄银行在香港联交所主板上市

2007年3月

农村金融产品和服务方式创新
1.2008年，人民银行、银监会联合出台《关于加快推进农村金融产品和服务方式创新的意见》，开始试点农村金融产品和服务方式创新；
2.2010年，人民银行、银监会、证监会、保监会联合发布《关于全面推进农村金融产品和服务方式创新的指导意见》，决定在全国范围内推进农村金融产品和服务方式创新

2008年

图 3. 11 农村金融市场体系的完善阶段（2003~2012 年）时间轴

3.3.1.5　农村金融市场化改革的深化阶段（2013 年至今）

此阶段是在党的十八届三中全会提出全面深化改革、瞄准精准扶贫和发展普惠金融背景下开展的，并在党的十九大提出"乡村振兴战略"后，更加明确了农村金融支持农村经济发展的方向。2013 年十八届三中全会作出了《关于全面深化改革若干重大问题的决定》，提出了健全城乡发展一体化体制机制的目标。主要围绕农村金融发展理念与农村金融创新方式展开深化改革。在农村金融发展理念方面，提出了普惠金融发展理念，在农村金融资源投放方面追求公平与效率的兼顾、"普"与"惠"并重，并以此指导金融扶贫工作，实现"输血"式扶贫向"造血"式扶贫的转变；在农村金融创新方式方面，由过去的一味追求制度创新，到制度与技术创新协同。在原先制度创新的基础上，进一步通过创新金融组织形式、创新农村金融运作机制等方式，对农村金融制度进行深化；与此同时，开始注重数字技术在农村金融领域的运用，以求通过数字技术，解决传统金融服务方式下，普惠金融发展面临的"普"与"惠"不可兼得的悖论。

具体来讲，当前阶段的农村金融深化改革，主要从以下七个方面展开：一是鼓励社会资本参与设立新型农村金融机构。2013 年中央一号文件《关于加快发展现代农业进一步增强农村发展活力的若干意见》中提出"支持社会资本参与设立新型农村金融机构"。二是发展新型农村合作金融组织，重点在农民合作社和供销合作社的基础上，开展资金互助工作。2014 年中央一号文件《关于全面深化农村改革加快推进农业现代化的若干意见》中指出，在管理民主、运行规范、带动力强的农民合作社和供销合作社的基础上，培育发展农村合作金融，不断丰富农村地区金融机构类型，坚持社员制、封闭性原则，在不对外吸储放贷、不支付固定回报的前提下，推动社区性农村资金互助组织发展。三是通过定向降准、定向税费优惠政策，对金融精准扶贫工作实施引导。中国人民银行相继发布了《关于定向降低部分金融机构存款准备金率的通知》《关于下调金融机构存款准备金率的通知》《关于对普惠金融实施定向降准的通知》《关于切实做好 2019—2020 年金融精准扶贫工作的指导意见》等系列定向降准文件，积极引导定向降准释放资金投向"三农"领域和贫困地区。同时，财政部和税务总局也出台了《关于延续支持农村金融发展有关税收政策的通知》等文件，通过降低应纳税额的方式，鼓励金融机构向"三农"提供贷款。四是引导农业科技金融发展，重视金融在支持农业科技创新中的作用。农业农村部在 2014 年出台的《关于推动金融支持和服务现代农业发展的通知》中，明确将农业科技创新作为金融支持现代农业的重点之一。五是积极推动农村金融立法，以法律的形式明确政策性和商业性金融支农责任。农村金融立法工作于 2015 年中央一号文件中提出，在 2019 年包括人民银行和农业农村部在内的五部门，联合出台的《关于金融服务乡村振兴额指导意见》中，再次提到要研究推动农村金融立法工作。六是实行保险品种创新及机制创新的试点，探索开展农产品目标价格保险、收入保险以及天气指数保险等试点。2014 年中央一号文件中首次在 21 世纪单列出了农业保险的内容，并提出 2014 年开始探索粮食、生猪等农产品目标价格保险试点。随后在 2016 年中央一号文件《关于落实发展新理念加快农业现代化实现全面小康目标的若干意见》中，进一步提出"探索开展重要农产品目标价格保险，以及收入保险、天气指数保险试点"等农业保险试点工作。七是引导互联网金融与移动金融在农村规范发展。2014 年银监会发布的《推进基础金融服务"村村通"的指导意见》中，鼓励银行在通信条件好的村利用互联网技术延伸村级基础金融服务，打通"最后一公里"。2015 年 7 月国务院出台的《国务院关于积极推进"互联网 +"行动的指导意见》中，将"互联网 +"普惠金融作为重点行动之一。2017 年中共中央、国务院出台的《关于深入推进农业供给侧结构性改革加快培育农业农村发展新动能的若干意见》中，明确提出"鼓励金融机构积极利用互联网技术，为农业经营主体提供小额存贷款、支付结算和保险等金融服务"。在 2018 年中共中央、国务院印发的《乡村振兴战略规划（2018—2011 年)》中也提出"引导持牌金融机构通过互联网和移动终端提供普惠金融服务，促进金融科技与农村金融规范发展"的规划措施。

由此可见，在农村金融市场化改革深化阶段，伴随着十八届三中全会对"普惠金融"理念的提出，发展普惠金融已上升到国家战略层面，当前阶段的农村金融改革正在尝试借助市场机制，运用新一代信息通信技术，实现农村金融的包容性发展，以期为实现乡村振兴的目标提供支持，该阶段时间轴如图 3.12 所示。

支持社会资本参与设立新型农村金融机构
1.2013年1月发布的中央一号文件《关于加快发展现代农业，进一步增强农村发展活力的若干意见》中，明确指出要支持社会资本参与设立新型农村金融机构；
2.2013年11月召开的十八届三中全会作出的《关于全面深化改革若干重大问题的决定》中，允许具备条件的民间资本依法发起设立中小型银行等金融机构，以促进金融市场体系建设

2013年

发展新型农村合作金融组织
2014年中央一号文件《关于全面深化农村改革加快推进农业现代化的若干意见》中指出，在管理民主、运行规范、带动力强的农民合作社和供销合作社基础上，培育发展农村合作金融，不断丰富农村地区金融机构类型，坚持社员制、封闭性原则，在不对外吸储放贷、不支付固定回报的前提下，推动社区性农村资金互助组织发展

2014年1月

货币与财政政策引导金融精准扶贫
1.中国人民银行2014年6月，发布了《关于定向降低部分金融机构存款准备金率的通知》，降低面向"三农"或小微企业放贷银行机构的存款准备金率；
2.随后，财政部和税务总局印发了《关于延续支持农村金融发展有关税收政策的通知》，对提供农村金融服务的金融机构予以税收减免

2014年6月

引导农业科技金融发展
农业农村部在2014年8月出台的《关于推动金融支持和服务现代农业发展的通知》中，明确将农业科技创新作为金融支持现代农业的重点之一。积极争取加大金融对农业科技创新的支持力度

2014年8月

推动农村金融立法工作
1.2015年中共中央、国务院发布了《关于加大改革创新力度，加快农业现代化建设的若干意见》，提出要积极推动农村金融立法，明确政策性和商业性金融支农责任，促进新型农村合作金融、农业保险健康发展；
2.随后，包括人民银行和农业农村部在内的五部门，联合出台的《关于金融服务乡村振兴额指导意见》中，再次提到要研究推动农村金融立法工作

2015年

保险品种创新及机制创新
2016年中央一号文件《关于落实发展新理念加快农业现代化实现全面小康目标的若干意见》中，提出"探索开展重要农产品目标价格保险，以及收入保险、天气指数保险试点"等农业保险试点工作。探索建立农业补贴、涉农信贷、农产品期货和农业保险联动机制

2016年

引导互联网金融与移动金融在农村规范发展
1.2017年中共中央、国务院出台的《关于深入推进农业供给侧结构性改革加快培育农业农村发展新动能的若干意见》中，明确提出"鼓励金融机构积极利用互联网技术，为农业经营主体提供小额存贷款、支付结算和保险等金融服务"；
2.随后，在中共中央、国务院印发的《乡村振兴战略规划（2018-2011年）》中提出"引导持牌金融机构通过互联网和移动终端提供普惠金融服务，促进金融科技与农村金融规范发展"的规划措施

2017年

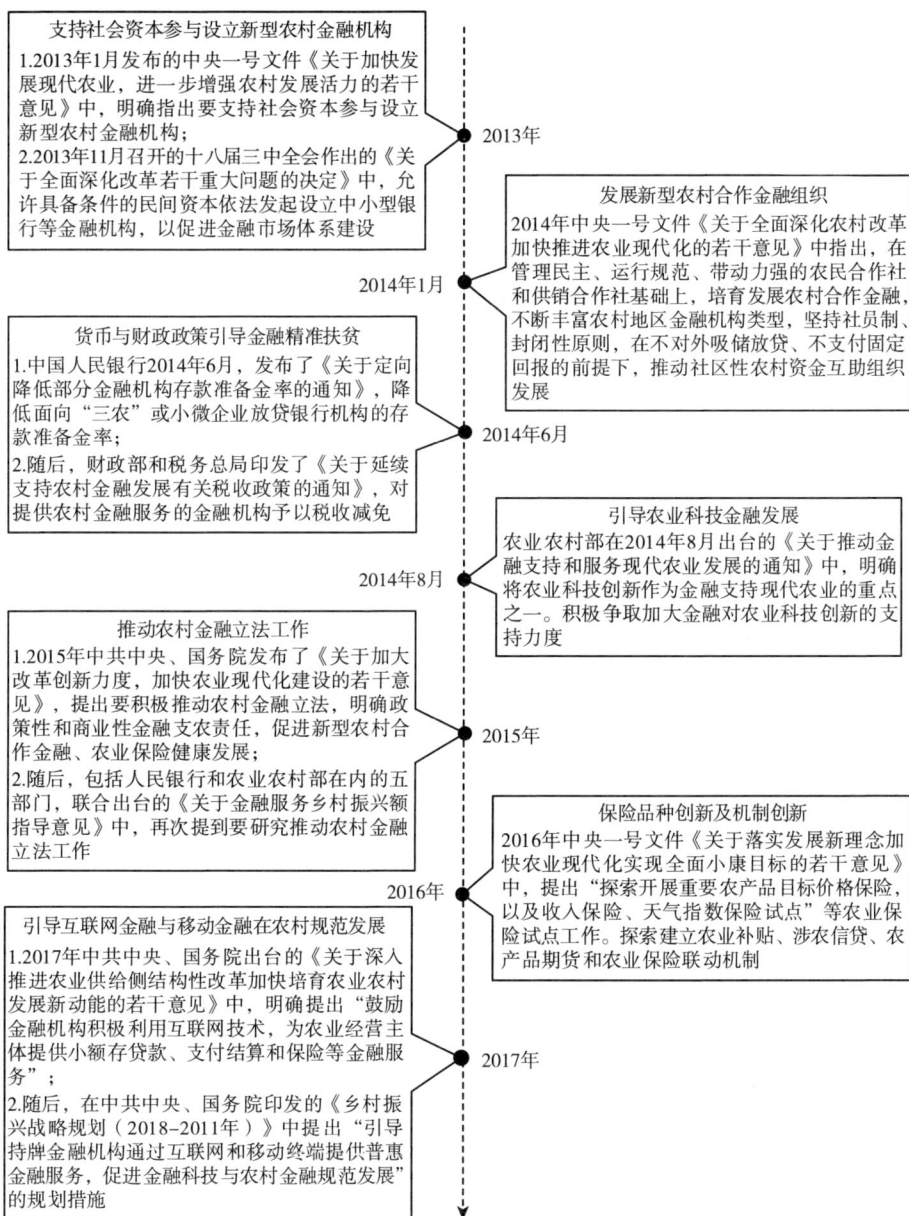

图 3.12　农村金融市场化改革的深化阶段（2013 年以后）时间轴

3.3.2 农村普惠金融改革的成效

3.3.2.1 农村金融市场体系逐步完善，金融供给能力不断增强

通过农村金融改革，农村金融机构数量更多，职能定位更准确，政策性、商业性与合作金融协作体系基本形成；金融工具更加丰富，银行、保险和证券的产品种类和数量日益增加；对金融机构的监管和风控、利率的市场化改革使得金融资源配置优化、金融市场运行更加高效和稳健。如图 3.13 所示，农村金融机构营业网点主要由农村信用社、农村商业银行（简称农商行）、农村合作银行（简称农合行）、村镇银行、贷款公司和农村资金互助社组成，整体数量由 2009 年的 75919 个增加为 2018 年的 84454 个。其中，农村信用社与农村商业银行是提供农村金融服务的主力军。

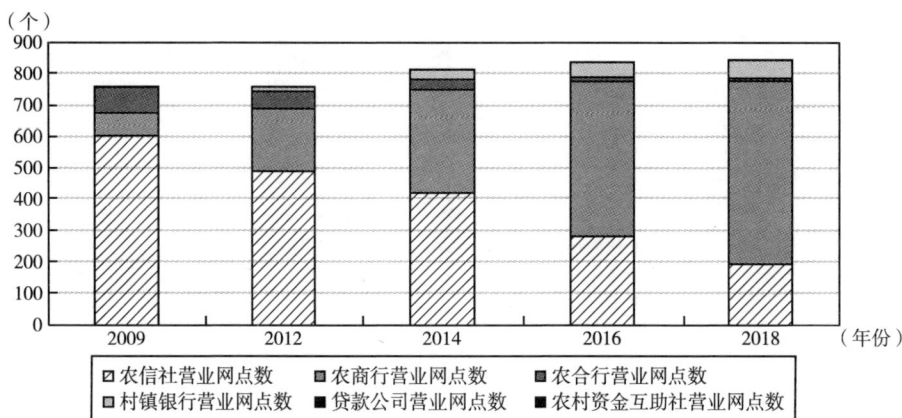

图 3.13 农村金融机构网点数变动情况

资料来源：《中国农村金融服务报告》（2010、2012、2014、2018）。

完善的金融服务体系，带来了农村金融服务水平的提高。一是新型农村金融机构服务水平显著提升。截至 2018 年末，村镇银行已覆盖了 70% 的县（市），65.6% 的村镇银行设立在中西部地区，已累计为 658.5 万家农户和小微企业发放 1114.6 万笔贷款，累计贷款额高达 4.69 万亿元。在新型农村金融机构中，超过 90% 的贷款投放给了农户和小微企业。二是金融服务覆盖面不断扩大。截至 2018 年末，实现乡镇金融机构和乡镇基础金融服务双覆盖的

省份达到 29 个。三是涉农信贷资金投放力度不断增强。无论是涉农贷款还是农村贷款，均呈现出逐年增加的趋势（见图 3.14）。其中，在涉农贷款余额方面，由 2008 年的 69124 亿元增加到 2018 年的 326806 亿元，年均增速 16.81%；对于农村贷款而言，由 2008 年的 55569 亿元增加到 2018 年的 266368 亿元，年均增速达 16.97%，涉农贷款主要投放到农村地区，农村金融机构"抽水机"的作用有了明显减弱。

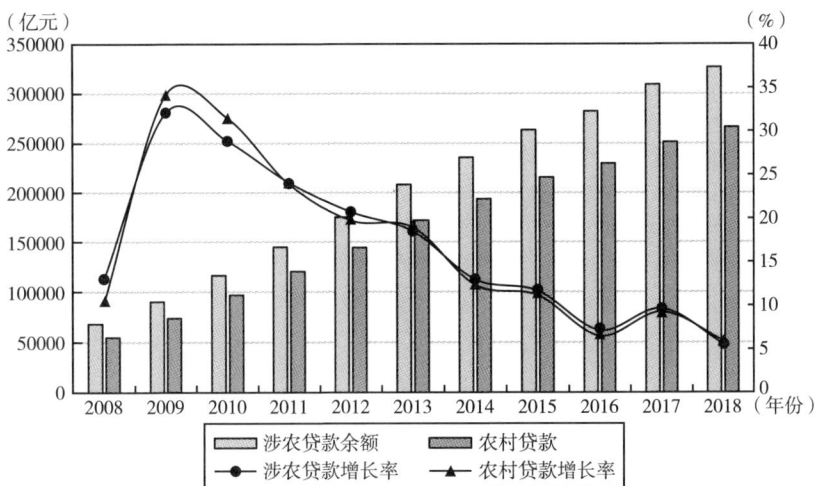

图 3.14　涉农贷款余额及农村贷款余额变化

资料来源：《中国农村金融服务报告》（2018）。

3.3.2.2　农村金融机构市场化改革不断深化，为农服务能力逐步提升

各类农村金融机构为适应农村市场经济建设的需要，纷纷进行了市场化改革。在农信社方面，首先是历史遗留的包袱过重问题得到解决。自 2004 年农信社实现转亏为盈以来，截至 2016 年末，全国农信社（包括农商行、农合行）已累计实现盈利 15776 亿元。其次是资产质量和经营财务状况得到改善。截至 2016 年末，不良贷款余额 5018 亿元，不良贷款率 3.79%，资本充足率 12.13%。与 2007 年相比，分别减少 1578 亿元，下降 17.25 个百分点，提高 12.23 个百分点（见图 3.15）。再其次是资金规模和信贷投放明显增加，其各项贷款余额、涉农贷款余额和农户贷款余额，分别增加到 13.42 万亿元、8.19 万亿元和 3.96 万亿元。最后是产权制度改革稳步推进。截至 2018 年末，建成县（市）为单位的统一法人农信社 802 家，农商行 1397 家，农合行 30 家。

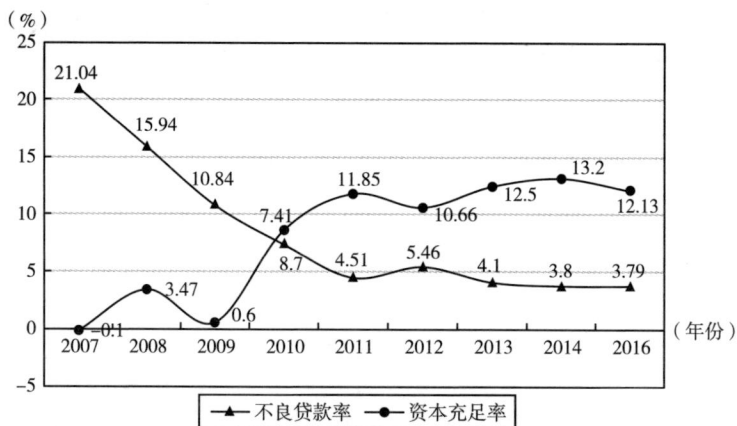

图 3.15 农村信用社（含农商行、农合行）不良贷款率与资本充足率变化趋势

资料来源：《中国农村金融服务报告》（2010、2012、2014、2016）。

在大型商业银行方面，农业银行积极探索大型商业银行服务"三农"的有效模式，自 2008 年开始进行了"三农金融事业部"改革，向县域支行释放经营权，强化其"三农"领域的经营主体地位。通过改革取得了显著成效。截至 2018 年末，县域贷款余额达 3.92 万亿元，较全行贷款增速高 2 个百分点，比 2008 年末增加 3.09 万亿元。从农业银行"'三农'金融事业部"县域存贷比变化情况可以看出，存贷比整体处于上升趋势，表明其农村金融服务效率逐渐提升。同时，整个县域金融业务的不良贷款率处于下降趋势。2018 年末不良贷款率为 2.1%，比 2008 年低 3.4 个百分点（见图 3.16）。

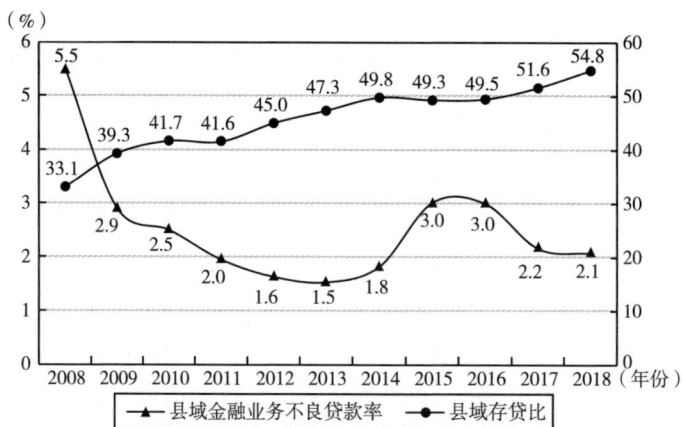

图 3.16 中国农业银行县域金融不良贷款率与县域存贷比

资料来源：《中国农业银行年度报告》（2008～2018）。

3.3.2.3　直接融资方式不断增加，涉农融资更趋多元化

近年来，农村金融市场的直接融资方式不断涌现，股票、债券市场的融资功能得到发挥。在股票基金市场方面，2017 年与 2018 年两年间，有 10 家农业企业首次公开发行股票上市，融资 69.82 亿元，有 9 家农业企业完成再融资，融资额高达 99.83 亿元；截至 2018 年末，新三板上市的涉农企业累计418 家，共完成 55 次股票定向发行，融资 25.06 亿元①。

在债券市场方面，2017～2018 年共发行 14 只涉农企业债券，融资 80.5 亿元，发行 2 只涉农资产支持证券，融资 7 亿元。截至 2016 年末，累计有396 家涉农企业发行 1101 只债务融资工具，共融资 10928.9 亿元，品种有短期融资券、中期票据、超短期融资券、非公开定向融资工具等。融资链条的缩短使得涉农企业的融资成本大幅下降，信用等级相同的企业，发债成本要比贷款低 2 个百分点，每年节约融资成本 100 多亿元②。

在期货市场方面，涉及的农产品品种日趋广泛。已上市的 21 个农产品期货品种，涵盖了粮、棉、油、糖、林木、禽蛋等。郑州商品交易所已培育出分布在 20 个农业省份的 115 家基地；大连交易所则通过开展期货期权知识培训和信息服务，以此提高农村经营主体对农产品期货市场的参与程度。

3.3.2.4　农业保险创新加快，风险保障能力不断提升

在政策引导下，保险机构加大了农业保险的创新力度，风险保障水平持续提升。这主要体现在：地方特色优势农产品保险产品层出不穷。截至2016 年，共备案地方特色优势农产品保险 821 个；价格保险试点范围不断扩大。截至 2016 年底，已有 31 省（市）进行价格保险试点，涉及的品种增加到 50 余个；天气指数类保险产品不断涌现。天气指数保险承保的品种日益增多，同时，正在由单维度的旱灾、低温、风灾指数保险向多维度的综合气象指数保险转变；收入保险试点稳步推进。目前已在 14 个省（市）展开试点，品种涵盖水稻、玉米、小麦等主要粮食作物，以及棉花、苹果

---

① 中国人民银行农村金融服务研究小组：《中国农村金融服务报告 2018》，中国金融出版社 2019 年版。
② 中国人民银行农村金融服务研究小组：《中国农村金融服务报告 2016》，中国金融出版社 2017 年版。

等经济作物。

农业风险的保障能力得到不断提升，农业保险已成为农村经济社会发展过程中重要的"稳定器"和"助推器"。中国农业保险保费收入从 2007 年的 51.94 亿元，上升到 2018 年的 572.65 亿元，赔付金额则从 28.95 亿元增加为 423.19 亿元，农业保险赔付率近年来也处于上升趋势（见图 3.17）。另有数据显示，从 2007 年农业保险开始试点，到 2018 年 12 月末，农业保险提供风险保障从 1720 亿元提高到 3.46 万亿元，年均增速 31.37%[①]。2007～2016 年共计向 2.4 亿户次农户支付赔款 1544 亿元。承保农作物面积从 2.3 亿亩增加到 17.21 亿亩，增长了 7 倍之多。其中，三大口粮作物（包括玉米、水稻和小麦）承保覆盖率超 70%。承保农作物涵盖了农、林、牧、渔各领域，品种涉及 211 个[②]。

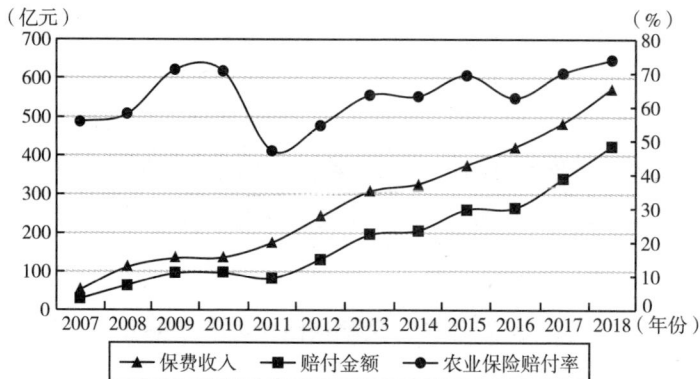

图 3.17　中国农业保险的保费收入和赔付率

资料来源：《中国保险年鉴》（2008～2018）、《中国农村金融服务报告》（2018）。

3.3.2.5　农村金融基础设施建设持续推进，农村金融生态得到改善

通过农村信用体系建设、农村支付体系建设、农村金融消费者教育培训等手段，农村金融基础设施逐渐完善，金融生态得到极大改善。在农村信用体系建设方面，截至 2016 年末，共有 1.72 亿位农户建立了信用档案，

---

① 中国人民银行农村金融服务研究小组：《中国农村金融服务报告 2018》，中国金融出版社 2019 年版。

② 《经济日报》，《我国农业保险很给力》，中华人民共和国中央人民政府官网，http://www.gov.cn/shuju/2017-06/20/content_5203843.htm，2017-06-20。

其中 9248 万位农户获得银行贷款，贷款余额达 2.7 万亿元。征信系统共收集到 51 万户农村企业等组织的信息，对 8743 万办理过农户贷款的自然人信息也进行了收录；在农村支付体系建设方面，截至 2018 年，农村人均持有银行卡 3.31 张，助农取款服务点 86.49 万个，覆盖超 50 万个行政村，覆盖率达 98.23% 之多。2018 年助农取款服务点办理包含取款、汇款和代理缴费之内的业务，共计 4.63 亿笔，金额多达 3618.69 亿元，其中，取款业务 2.46 亿笔，金额 1288.18 亿元；在农村地区金融消费者教育方面，截至 2016 年上半年，"金惠工程"已经覆盖到 18 个省（区、市）的 201 个国家级贫困县（区）[①]。

3.3.3　中国农村普惠金融改革的逻辑

通过 3.3.2 节对中国农村普惠金融改革历程的梳理，不难发现，新中国的农村金融制度起源于农村信用合作制度和国有农业银行制度，但不同于很多发展中国家，在中国的社会主义公有制框架下，基于农村合作化运动的大背景，主要依靠农村信用合作制度。改革开放 40 多年来，农村普惠金融改革主要是沿着市场化改革的逻辑进行的，具体的逻辑主要体现在以下三个方面。

3.3.3.1　遵循农村金融制度与农村经济制度相适应原则，推进农村金融市场化改革

一是第二次世界大战后，发展中国家的农村金融制度安排经历了基于农业信贷补贴理论的旧农村金融范式、基于农村金融市场理论的新农村金融范式。中国自 1978 年农村改革开放后，在农村基本经营制度由农地集体所有、集体经营转变为农地集体所有家庭承包经营，随后确立国家的经济制度也是从计划经济转向市场经济。中国农村金融制度改革同样确立了市场化的改革方向。其总体目标是构建能满足异质性农业主体需求的、多元化、多层次适度竞争的农村金融体系。这主要体现在三个方面：一是对农村合作性、商业性和政策性金融机构的改革。主要体现在 20 世纪 90 年代中国农业银行实现商业性与政策性相分离，农业银行向国有商业化转轨；2007 年开始的中国农

---

①　中国人民银行农村金融服务研究小组：《中国农村金融服务报告 2016》，中国金融出版社 2017 年版。

业银行与邮政储蓄银行的股份制改造；2003 年以来，对农村信用合作社的商业化改革。

二是农村金融产品及其利率的市场化改革。农村金融产品利率经历了"先贷款后存款"的市场化改革方向。在贷款利率市场化改革方面，从 1996 年进行利率市场化改革开始，农村金融贷款利率的浮动区间不断扩大，2004 年 10 月 29 日，商业银行贷款利率上限完全放开。2013 年 7 月 20 日，人民银行决定全面放开金融机构贷款利率管制。在存款利率市场化改革方面经历了"下限到上限""长期到短期"的改革过程。2004 年开始，央行允许存款利率在基准利率基础上可下浮，但不能上浮。2015 年 8 月，央行首先放开了一年期以上的存款利率上限；10 月 24 日，人民银行对商业银行和农村合作金融机构等取消了存款利率浮动上限。

三是构建和培育新的农村金融机构和组织，以满足新的金融服务需求和提高农村金融市场的竞争程度。最明显的体现是 2007 年开始在农村地区设立新型农村金融机构、鼓励社会资本与外资开设农村金融机构等；后面又发展了贫困村村级资金互助社和基于专合社的资金互助活动。

3.3.3.2 遵循农村金融服务供给与需求相适应原则，推进农村金融供给侧改革

中国农村金融改革主要按照"需求追随"的路径（Patrick，1966）。由于中国的农村金融抑制较严重，农村金融发展要落后于农村经济发展，对农村经济发展的促进作用尚未得到充分发挥，在此背景下进行的中国农村金融渐进式改革，主要遵循了"需求追随"模式。基于此，我国在推进农村金融供给侧改革时，往往是根据农村经济发展的金融需求，对农村金融制度进行优化创新，以适应农村经济的发展（金鹏辉，2008）。

改革开放之初，有集体所有集体经营转变到家庭联产承包责任制，极大地激发了农村经济的活力，对金融需求的数量大和品种多，针对需求，恢复了农村金融机构的设立，对农村合作基金会合法地位进行了默认。伴随着十四届三中全会明确了社会主义市场经济建设的方向，国家深入推进农村金融机构的市场化改革，以提高农村金融的服务效率；而面对新型农村经营主体的出现以及农民收入的增长，农村地区金融服务需求开始出现多元化的特征，为此，需通过引入新型农村金融机构、推动农村金融产品或服务创新等方式，推动新时期的农村金融改革。

3.3.3.3　遵循制度变迁与技术进步相适应原则，推进农村金融安全化和信息化改革

　　整体来看，我国农村金融改革的方式经历了从制度变迁为主，到制度与技术创新协同演进的过程。改革开放伊始，农村金融改革就紧密围绕着农村金融机构展开一系列制度创新，即所谓的"增量改革"，主要包括农业银行的重新设立、新型农村金融机构的成立等，其目的是构建政策性、商业性、合作性金融机构并存的多元化现代农村金融体系，形成有序竞争的农村金融格局，增强农村金融的普惠化程度。作为银行国际监管组织和事实上的银行监管国际标准制定者，"巴塞尔委员会"制定的巴塞尔协议为全球金融业提供了一套风险管理的准则和操作守则。后来的巴塞尔协议 Ⅱ，特别是 2008 年金融危机之后的巴塞尔协议 Ⅲ 建立了风险加权资产的计算规则和体系，改进了资本定义及其标准，并对资本充足率水平设定了多层次的最低要求，这对农村银行机构特别是农村商业银行改革产生了较大影响。农信社向农商银行改革的目的很多，但最重要的一个就是化解金融风险，通过中央专项票据和引入农业工商资本，大幅增加了资本金，农商银行的资本充足率从改革前的负数增加到 2018 年的 13.2%，不良贷款率 3.96%，但拨备覆盖率达到 132.5%①。

　　进入 21 世纪以来，随着信息通信技术的兴起，农村金融开始重视信息通信技术（如互联网、大数据、移动通信、人工智能技术等）在提升农村金融服务质量和效率方面的应用（董晓林和朱敏杰，2016）。2011 年银监会发布的《进一步推进空白乡镇基础金融服务工作的通知》中，提出积极发展电话银行、手机银行；2014 年开始鼓励银行在通信条件好的村利用互联网技术延伸村级基础金融服务；2015 年国务院出台的《关于积极推进"互联网＋"行动的指导意见》中，将"互联网＋"普惠金融作为重点行动之一。随着数字技术在农村金融中的渗透，业已形成四种主要融合形式（王刚贞和江光辉，2017）：传统农村金融机构的互联网化（以传统金融机构为代表）、以电商平台为基础的互联网金融服务（以阿里金融和京东金融为代表）、基于网络 P2P 平台提供的信贷服务（以宜信普惠、翼龙贷为

---

　　①　中国银保监会：《银保监会发布 2018 年四季度银行业主要监管指标数据》，中国银行保险监督管理委员会官网，http://www.cbrc.gov.cn/chinese/newShouDoc/CDF5FDDEDAE14EFEB351CD93140E6554.html，2019 - 02 - 25。

代表）、以三农服务商为主导的互联网融资模式（以农富贷、村村乐为代表）（郑鉷和刘乃梁，2016）。

3.3.4 普惠金融发展对农民收入影响的纵向分析

农村普惠金融改革的目的，是通过改革为广大农民提供便利的金融服务。在获取金融服务后，农民可以更加从容地优化资源配置、有效防范风险和进行人力资本投资等，为实现其收入的增加提供机遇。以下将从时间维度阐释农村普惠金融改革对农民收入的影响。在时间跨度方面，由于真正意义上的农村普惠金融改革始于改革开放，因此，本部分将重点探讨改革开放以来，我国农村普惠金融改革对农民收入的影响。

3.3.4.1 农村金融服务可及性对农民收入的影响

金融服务可及性与可得性是体现普惠金融发展水平的两个重要维度，在分析普惠金融与农民收入之间关系时，主要从这两个方面进行考察。在金融服务可及性方面，网点数与从业人数是其具体体现。农村金融机构网点和从业人员的增加，可有效提高农民金融服务可及性，这一过程主要通过两个方面实现：一是网点的增多增加了农村地区金融市场的竞争活力，降低了金融服务价格，农民可以低门槛获取金融服务；二是网点和从业人员的增加，便于金融机构对农民经济生产活动信息的掌握，有助于避免道德风险和逆向选择问题的发生，与此同时，农民可以方便获取相应的金融知识和相关的金融产品与服务的信息，降低了农村金融市场摩擦程度，从而提高了农村金融普惠水平，为提高农民收入提供了条件。

从时间维度来看，图 3.18 和图 3.19 列出了 1979 年以来，农村居民人均金融机构网点数量增长率、人均从业人员数量增长率与人均纯收入增长率的变化趋势。通过趋势图可以发现，人均网点增长率和人均从业人员增长率变化趋势一致，两者均在 1988～1993 年和 2003～2014 年两个时间段内出现了剧烈波动，不同的是，其余时间段内人均网点增长率基本在 0 附近，而人均从业人员增长率的绝对值要大于 0，表明农村金融机构从业人员的变化幅度大于网点的变化幅度，这是因为一个网点往往配备多名工作人员，当减少或增加一个网点时，对应的从业人员数量要变化很多。

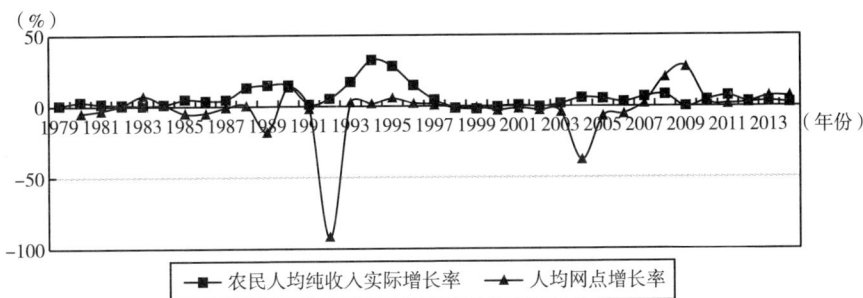

图 3.18 主要涉农金融机构人均网点增长率与农民人均纯收入增长率

注：主要涉农机构包括农村信用社、农村商业银行、农村合作银行、村镇银行、农村资金互助社与小额贷款公司。农民人均纯收入实际增长率以 1978 年为基期计算。下同。

资料来源：《中国金融年鉴》（1986～2015）、《中国农村金融服务报告》（2008、2010、2012、2014）、《中国农村金融统计》（1979～1989）、《中国统计年鉴》（1981～2015）、Wind 资讯数据库、中国银保监会金融许可证查询网站。

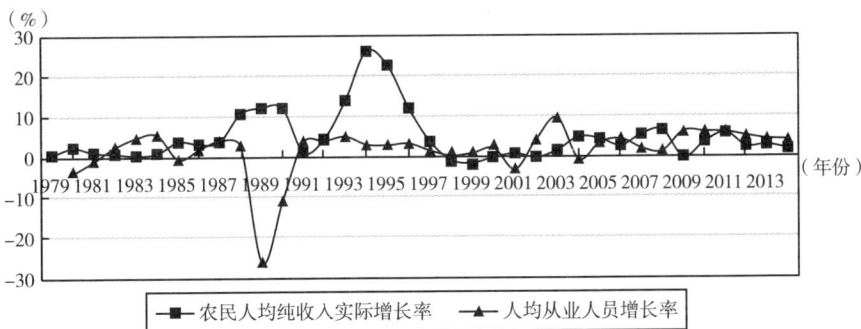

图 3.19 主要涉农金融机构人均从业人员增长率与农民人均纯收入增长率

资料来源：《中国金融年鉴》（1986～2015）、《中国农村金融服务报告》（2008、2010、2012、2014）、《中国农村金融统计》（1979～1989）、《中国统计年鉴》（1981～2015）、Wind 资讯数据库、中国银保监会金融许可证查询网站。

这两个时间段的波动对农民收入带来的影响也有所差异。其中，在 1988～1993 年这一时期，刚开始时，农村金融机构网点和人员数量的波动与农民收入变化方向呈现相反变化。即农村金融服务可及性降低的时候，农民收入增长率却一直在增加，这是因为实行改革开放初期，农村信用社等正规金融机构面临的服务对象发生改变，由集体组织变成了分散农户。在初期，农信社并未适应这一变化，致使农户的金融需求无法得到及时满足。此时期，以农合会为代表的民间金融组织兴起。农民更倾向于优先选择此类组织提供的金融服务，使得农合会对正规金融组织功能产生替代性，随着农合会数量的增加，农村正规金融机构数量出现下降。据统计，1992 年乡（镇）一级成立的农合会达 1.74 万个，村一级的农合会有 11.25 万个，分别占当时乡（镇）和村庄总数的 36.7% 和 15.4%（温铁军，2009），而 1992 年农村正规金融机构人均网点同比增长率为 -0.739，出现大幅缩减，而同期农民人均纯收入的实际增长率则高达 4.5%。随着农合会的倒闭，农信社等正规金融机构重新占据了农村金融市场，正规金融机构网点与人员数量的变化和农民收入变化重新实现一致。

对于第二个波动期间而言，在 2003~2007 年，同样出现了农村金融服务可及性变化率与农民收入增长率之间反向变化的现象。这与农村金融改革和"三农"发展政策的出台息息相关。一方面，伴随着国有银行商业化改革以及农信社产权改革，为实现盈利与可持续发展，农村地区的银行网点出现撤并浪潮。根据中国人民银行调查统计司的数据，县域金融服务网点数量在 2004~2007 年不断下降，截至 2007 年，农村信用社县域网点数减少为 5.2 万个，与 2004 年相比年均减少 5.1%。与 2004 年相比，四大商业银行网点数和从业人员数分别年均下降 7.4% 和 2.7%。从而导致这一时期金融服务可及性下降。另一方面，随着工业反哺农业时期的到来，国家开始在政策上大力支持"三农"发展，特别是 2004 年关于"三农"一号文件的出台，为农村经济发展注入了活力。通过图 3.20 可以发现，在 2004~2007 年，国家财政用于支农的资金增长率较 2004 年以前有大幅提高，尽管 2005 年增长率有所下降，但支农财政资金数额一直处于上升趋势，其中在 2004 年同比增长率达到最高值 34.4%，这在很大程度上解释了在 2004 年农村金融机构网点和人员

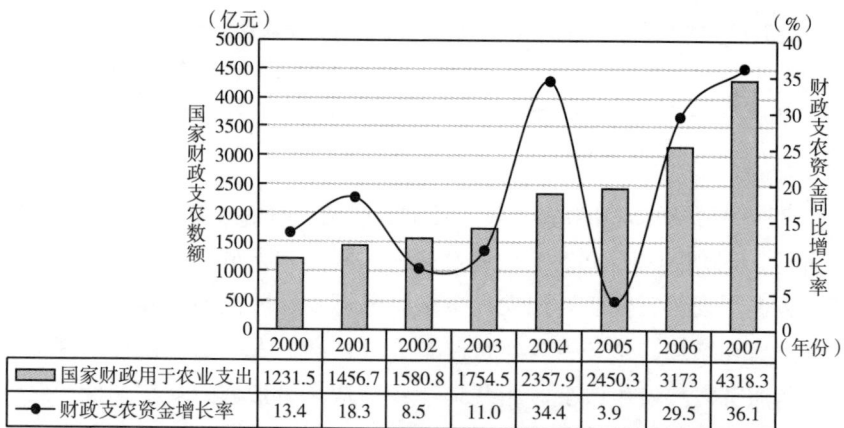

	2000	2001	2002	2003	2004	2005	2006	2007
国家财政用于农业支出	1231.5	1456.7	1580.8	1754.5	2357.9	2450.3	3173	4318.3
财政支农资金增长率	13.4	18.3	8.5	11.0	34.4	3.9	29.5	36.1

图 3.20　2000~2007 年国家财政支农情况

资料来源：《中国农村统计年鉴》（2012）。

数量增长率进一步变小的情况下，农民收入仍然出现增长率增加的现象。简言之，财政资金的投入弥补了因金融服务可及性降低给农民增收带来的不利影响，出现了金融服务可及性下降，但农民收入仍然出现增长的局面。

随着现代农村金融体系的不断完善和农村市场经济的发展，农村金融服务可及性变化与农民收入的变化逐渐趋于一致。从图 3.18 和图 3.19 可以看出，2007～2014 年农村金融机构和从业人员数量的人均增长率出现了先升后降的变化，与此同时，农民收入增长率也呈现出类似的变化趋势。2007 年是我国实行农村金融增量改革的元年，在农村金融市场进入门槛降低后，2007～2010 年农村金融机构网点增长率急剧增加，该段时期农村人均金融机构网点数量的年均增长率达到 11.5%。新型农村金融机构的加入，提升了农民金融服务的可及性程度，为收入增长创造了良好的金融环境。在 2007～2010 年，农民实际人均纯收入由 563.78 元增加到 620.20 元，年均增长率为 3.2%。经过时间的推进，增量改革带来的冲击效应变小，从 2011 年开始，农村金融机构网点和从业人员增长率开始逐渐下降，而同期农民收入增长率也开始下降并趋于平稳。

3.3.4.2　农村金融服务可得性对农民收入的影响

较高的金融服务可得性，让农民在有金融服务需求时，能够以负担得起的成本获得所需服务，从而利于金融发挥其增收效应。这一过程主要通过一系列金融服务得以实现。对于农民而言，储蓄服务的获得可以将自己闲余资金存入银行，一方面农民会获得利息收入；另一方面，通过银行中介将这部分闲余资金授信给农村地区具备企业家精神的生产者或经营者手中，带动整个农村经济的增长，实现农民整体收入的提升；贷款服务或产品可得性的提高，可以使农民在出现资金短缺时，能够从银行获取资金，完成生产项目的资金投入，进而从中获得收入；保险服务或产品可得性的提高，农民可以通过购买相应的保险，节约风险管理资金，并将这部分资金用于其他项目获取利润，实现收入增加，当风险发生时，通过保险理赔可以缓冲风险带来的冲击，维持收入的稳定。

可得性提高最直接的体现是金融业务量的增加。通过图 3.21 可以发现，我国农村居民人均存款和农村人均贷款量呈现逐年增加趋势，特别是从 1994 年以后，两者增长率明显加快，并且从 2007 年实施"农村金融新政"以后增长进一步加快。在对农民收入的影响方面，20 世纪末到 21 世纪初期，尽管农村人均贷款增长迅速，但农民实际人均纯收入却变化不大，出现了与预期相悖的情况，这主要是因为该时间段内，由于经济环境恶化和管理不善，大量乡镇企业经营困难，农民从中务工获得的收入降低，从而对农民增收产生消极影响，与此同时，银行前期向乡镇企业提供了大量贷款无法收回，贷款余额依然居高不下，从而出现农民收入在此期间并未出现与贷款余额同步增长的预期状况。此外，通过图 3.21 还可以发现，从 2007 年进行农村金融增量改革后，农民收入增长缓慢。这是因为，尽管农村金融增量改革以后，农村金融资金投放有所增加，但是此时期农村人均贷款余额小于农村人均存款余额，且差距进一步扩大，即出现"系统性负投资现象"。这对农村金融的增收效应产生了一定的对冲。

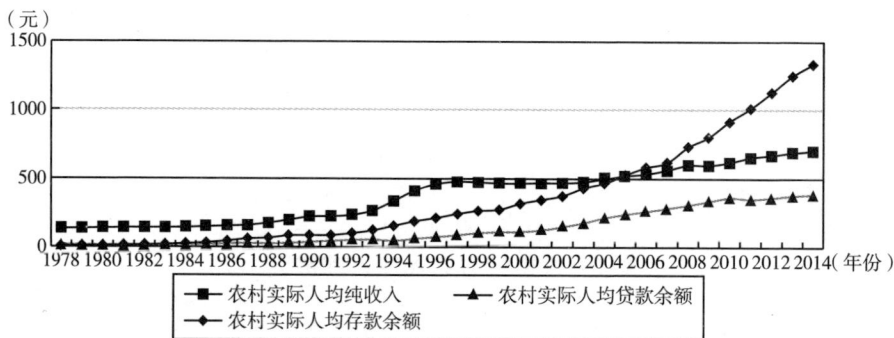

图 3.21　农户储蓄、农村贷款与农村人均纯收入变化情况

注：农村存款主要包括农户储蓄，农村贷款主要包括农业贷款。为消除价格因素带来的影响，农村人均存款余额、农村人均贷款余额和农村人均纯收入均以 1987 年为基期，进行了实际金额的换算。

资料来源：《中国金融年鉴》（1986～2015）、《中国统计年鉴》（1981～2015）。

3.3.5　普惠金融发展对农民收入影响的横向分析

中国幅员辽阔，不同省份之间经济和金融发展状况各异，这在农村地区同样如此。以下将从区域差异视角，对中国农村普惠金融发展与农民收入水平进行横向的比较分析，以便充分掌握不同区域的差异。

农村普惠金融发展现状在不同区域之间差异明显。在金融服务可及性方面，通过图 3.22 可以发现，对于农村金融网点的地理密度而言，全国农村地区每百平方千米拥有网点数为 1.5 个，分区域来看，西部农村地区农村金融网点的地理密度最低，平均每百公里仅 0.7 个网点，与东部地区相差 4.9 个；

对于农村金融网点的县域分布状况而言，从全国平均水平来看，每个县大约有 47 个农村金融机构网点，与地理密度类似，东部和中部农村地区县域网点密度高于全国平均水平，银行网点在每个县的拥有量为 56.6 个和 52 个，西部地区最低，仅为 39.6 个。

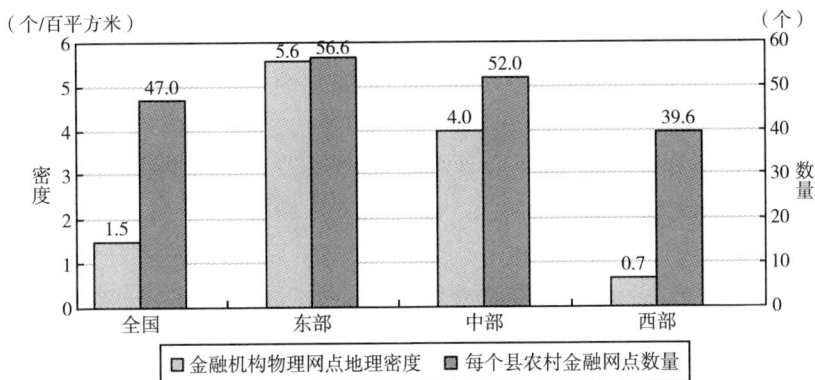

（个/百平方米） （个）

图 3.22　县域农村金融机构物理网点①密度

注：在区域划分方面，参照国家统计局的标准进行了省份的归类②，后续图表划分标准相同。

资料来源：中国银保监会金融许可证查询网站（时间截至 2017 年 5 月 31 日）、《中国统计年鉴》(2016)、《中国县域统计年鉴》(2015)。

农村金融服务可得性同样表现出区域差异。图 3.23 描述了以农户存款和贷款服务为代表的农村存款与贷款服务可得性现状，在消除不同区域的人口因素后，可以得知，2014 年全国农村人均存款余额为 19239.75 元，人均贷款余额为 8916.55 元，人均存贷差为 10323.2 元；从区域差异上来讲，东部农村地区人均存款余额为 29545.44 元，远高于其他区域，比人均存款余额最少的中部地区高 15102.72 元。在贷款服务可得性方面，同样东部地区最高，其值为 8916.55 元，西部地区最低为 13380.52 元。从存贷差额来看，由小到大依次为中部、西部和东部。这与我国近几年的金融支农优惠政策有关，为支持中西部经济欠发达地区农村经济发展，鼓励金融资源特别是信贷资源向中西部倾斜。

---

① 网点包括农村信用社、农村合作银行、农村商业银行、新型农村金融机构、中国农业银行与中国邮政储蓄银行在县域的网点。

② 在地区划分方面，东部地区包括北京、天津、河北、上海、江苏、浙江、福建、山东、广东和海南；中部地区包括山西、安徽、江西、河南、湖北和湖南；西部地区包括内蒙古、广西、重庆、四川、贵州、云南、西藏、陕西、甘肃、青海、宁夏和新疆。

普惠金融发展水平的区域差异也带来了农民收入的区域差异。通过上述分析可以发现，农村地区普惠金融发展水平大致呈现出由东向西逐渐降低的状况，而通过对农民收入区域间分布状况来看（见图 3.23），同样出现东、中、西部农民人均可支配收入依次降低的现象。表明两者之间存在一定的正向关系。

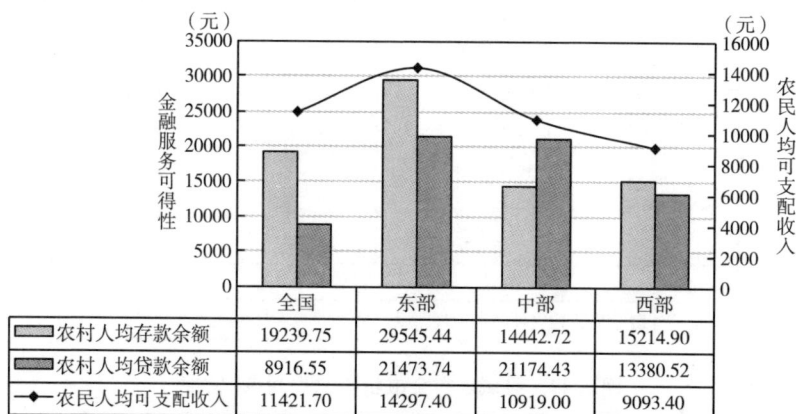

图 3.23　不同区域农村金融服务可得性及农民收入状况

注：农村金融服务可得性数据截至 2014 年，农民人均可支配收入数据截至 2015 年。
资料来源：《中国金融年鉴》（2015）、《中国农村金融服务报告》（2014）、《中国统计年鉴》（2015、2016）。

3.4　小　　结

本章从历史追溯与现实考察两种视角，探索了我国农民收入的变动情况与现状、农村地区 ICT 的发展历程及其对农民收入的影响、农村地区普惠金融发展的历史演变及其对农民收入的影响。通过分析概括出以下结论。

（1）在已有研究的基础上，依据农业政策因素、社会经济背景以及农民收入的增长趋势，本书将农民收入的演变历程划分为五个阶段。其中，第五个阶段是基于我国经济发展进入新常态这一背景，对农民收入变化状况的进一步细分，在一定程度上深化了现有的研究。

（2）在信息化特别是农村信息化建设背景下，同时结合经济发展和技术变迁等因素，对信息通信技术在农村的发展过程进行了分解，其中，将信息技术在农村的发展历程分成四个阶段，而通信技术的发展历程则被划分为五个阶段。总体而言，通过信息技术在农村的发展，形成了农村信息服务体系，搭建起了农村信息服务平台。农村通信技术则实现了从有线到无线，从固定到移动、从通信成本高、通信速度慢到通信成本低、通信速度快的转变。

（3）借鉴已有研究，将我国农村金融改革的过程划分为四个阶段，并从普惠金融视角对每个阶段农村金融普惠状况进行评价。通过梳理发现，农村金融改革经历了由存量改革向增量改革的转变，由仅采用制度手段向制度和技术并举的手段转变，金融服务方式由传统的物理网点式服务向依靠信息通信技术的无网点式服务方式转变，信息通信技术的发展为实现农村金融普惠式的服务带来了机遇。

（4）就信息通信技术与农民收入的关系而言，从时间维度来看，信息通信技术发展水平的变化趋势与农民收入的变化趋势一致；从空间维度来看，信息通信技术发展水平较高的地区，农民收入往往也较高，在未控制其他变量的情况下，从宏观视角初步显示出 ICT 发展与农民收入息息相关。

（5）通过对农村普惠金融发展与农民增收之间关系的纵向（时间维度）与横向（空间维度）分析，发现整体上，无论是农村金融服务可及性还是可得性均呈现出与农民收入一致的变化趋势。此外，在通过地区之间的横向比较发现，农村地区普惠金融发展水平大致呈现出由东向西逐渐降低的状况，而农民收入区域分布同样呈现出相同的规律。

第4章 西南地区农户信息通信技术利用与普惠金融发展水平测度

本章主要依据对西南地区农户进行实地调查的数据，对西南地区农户的ICT与普惠金融发展现状进行考察。首先，根据相关理论和已有研究构建出针对农户的ICT利用水平与普惠金融发展水平测度指标体系；其次，根据调查数据对指标体系中的各个指标展开单指标评价，并与其他研究成果进行比较；最后，通过TOPSIS评价法对农户ICT利用水平和普惠金融发展水平进行综合评价，以了解整体发展现状。

4.1 数据来源与研究方法

4.1.1 数据来源

4.1.1.1 西南地区的界定

本书以西南地区为研究区域。根据国务院发展研究中心的划分，广义的西南地区包括"三省一市一区"[①]（李善同和侯永志，2003）。由于西藏自治区在经济水平、人口密度以及社会人文状况等方面，与西南地区其他省（市）存在显著差异，因此，本书并未将西藏作为研究区域，涉及的西南地区是除西藏以外的"三省一市"地区。具体包括四川、重庆、云南和贵州。该地区位于东经97°21′~110°11′、北纬21°08′~33°41′，从地貌上讲，主要

---

① 即由四川省、贵州省、云南省、重庆市和西藏自治区组成。

包括青藏高原东南部、四川盆地和云贵高原。该区地域辽阔，总面积达 113.74 万平方千米，占国土面积的 11.84%（国政，2011）。

4.1.1.2　问卷设计

在问卷设计方面，本次调查问卷主要设置两个部分，一部分是针对农户的问卷；另一部分是针对村主任（村支书）的问卷。其中，农户问卷包括四个方面：基本情况、ICT 发展现状、普惠金融发展状况和收入状况；村主任（村支书）问卷的主要内容包括五个部分：村庄基本信息、村庄交通状况、村中 ICT 相关基础设施建设情况、村庄金融服务状况和村庄经济状况。

4.1.1.3　抽样规模确定

在抽样规模确定方面，借鉴联合国经济社会事务部统计司（UN，2008）在确定发展中国家农村家庭样本规模时所采用的方法，对西南地区样本农户规模进行计算，即：

$$n_h = (z^2)(r)(1-r)(f)(k)/(p)(ñ)(e^2) \tag{4.1}$$

其中，n_h 表示样本规模，在本书中指需要调查的农户数量；z 表示置信水平，通常在 95% 的置信水平上取值 1.96；r 指的是需要调查指标的估计值；f 是样本设计效应，其默认值为 1.2；k 表示预估的拒访率的乘数，其数值等于 1 加上拒访率，拒访率一般取值为 10%；p 指的是总体中目标人群占总人口的比重；ñ 是家庭的平均人口规模；e 代表容忍的误差，按照惯例，e = 0.10r。将上述经验值代入式（4.1）后得到式（4.2），即：

$$n_h = \frac{507.09 \times (1-r)}{p \times ñ \times r} \tag{4.2}$$

根据 2016 年西南地区各省市统计局的统计，截至 2015 年底，西南四省乡村人口数 15643.89 万人，乡村户数为 4681.53 万户，从而计算出西南地区农村家庭的平均人口规模为 3 人，即 ñ = 3。西南四省农村地区 15 岁以上的人口占比为 80.47%[①]。本书中，将 15 岁以上的人口作为调查对象，所以 p = 80.47%。通过式 4.2 可以发现，样本规模 n_h 与关键指标数值 r 成反比，为了尽可能减少误差，r 应当取所有关键指标经验值的最小值，在 ICT 关键指标经

---

① 资料来源于《中国人口和就业统计年鉴》（2016）。

验值方面，根据中国互联网络信息中心公布的《2015 年农村互联网发展状况研究报告》，中国农村互联网普及率为 31.6%。在金融服务需求方面，根据已有研究成果得知，农村金融服务中，有基础金融服务需求的农民占到 80%，而贷款需求的农民占比约为 20%（马九杰，2013）。通过以上关键指标经验值的比较，为尽可能地缩小误差，本书中 r 取值为 20%。将 r、p 和 $\bar{n}$ 的值代入式（4.2）便得到样本规模的估计值 n_h 为 840 户。

4.1.1.4 抽样方法确定及样本选取

本书采用分层与概率比例规模抽样（probability proportionate to size sampling，PPS）相结合的方法进行抽样。首先，为使样本具有代表性，在各省经济区域划分的基础上，结合地理方位对市（州）进行区域划分；其次，按照农民人均可支配收入水平对各区位内的所有县（区、市）进行排序，以各区域农民人均可支配收入均值为标准，选取出高于均值和低于均值的县（区、市）；最后，运用概率比例规模抽样方法，以样本县（区、市）乡村人口规模占比为依据，确定各县（区、市）的样本农户规模。最终抽取县（区、市）数量分布为：四川 11 个、云南 4 个、贵州 4 个、重庆 3 个。按照乡村户数确定的样本规模为：四川省 401 户、云南省 153 户、贵州省 131 户和重庆市 155 户，在此基础上，为了体现新型经营主体的差异，按照已有研究的抽样比例，每个省抽取了一定数量的新型农业经营主体①。在样本县农民人均可支配收入分布方面，温江区农民人均可支配收入最高，为 21508 元，镇雄县最低，为 7183 元。样本具体分布情况如表 4.1 所示。

表 4.1　　　　　　　　**调查样本分布及各县（区、市）基本状况**

省份	市（州）	县（区、市）	农民人均可支配收入（元）	乡村户数（万户）	样本规模
四川	成都	温江	21508	7.396	18
	资阳	安岳	12198	39.172	93
	眉山	洪雅	13321	9.306	22
	乐山	峨眉山	13394	9.801	23

---

① 主要包括家庭农场和专业大户两种。

续表

省份	市（州）	县（区、市）	农民人均可支配收入（元）	乡村户数（万户）	样本规模
四川	乐山	夹江	13087	9.480	23
	广安	邻水	11117	22.292	53
	巴中	平昌	9039	20.433	49
	自贡	富顺	12055	25.108	60
	泸州	古蔺	9604	17.413	42
	攀枝花	米易	13182	5.467	13
	阿坝	汶川	10078	1.914	6
云南	昆明	石林	11343	6.072	14
	昭通	镇雄	7183	33.163	79
	大理	祥云	8096	12.590	30
	红河	弥勒	10091	12.319	29
贵州	贵阳	修文	9807	7.129	17
	遵义	播州	10874	31.334	75
	安顺	平坝	8129	8.019	19
	黔东南	凯里	7879	8.590	20
重庆	重庆	潼南	11582	23.795	57
	重庆	彭水	7469	16.000	38
	重庆	奉节	8385	25.334	60
合计	—	—	—	352.127	840

资料来源：《中国县（市）社会经济统计年鉴》（2012～2015）。

4.1.1.5　数据的收集与整理

在数据收集方面，经过了前期的准备工作和依调研方案进行入户调查的工作。通过调查前对访员的培训，使之清晰了解本次调查的目的、问卷的内容以及调查时的注意事项等内容，为高效获取真实数据奠定基础；为保证调查顺利完成，在实地调查以前，制订了详细的调查方案，整个调查过程严格按照调研方案执行。在调查时，采取调查员向农户提问，然后调查员进行填表的形式，确保问卷问题与农户回答内容的一致性。此外，由于本次问卷内容有涉及农户较为隐私的金融内容，为降低拒访率，在配置访问人员时，每个调查小组会有1～2名家在当地的人员，以通过熟人介绍，确保受访者回答的完整性和准确性。

在完成调查后，对搜集上的问卷进行了整理。通过整理发现，在发放的 840 份问卷中，有效问卷数量为 803 份，问卷有效率为 95.6%，高于预先设置的90%的有效率①。其中，四川有效问卷 378 份、云南有效问卷 152 份、贵州有效问卷 128 份、重庆有效问卷 145 份。四省的有效问卷回收率依次为 94.3%、99.3%、97.7% 和 93.5%。在村支书问卷方面，共发放 72 份，且全部收回。具体问卷的发放与回收情况如表 4.2 所示。进一步地，通过整理有效问卷发现，在样本农户中有传统农户 567 户，占比为 70.6%，新型经营主体 236 户，占比为 29.4%。分省来看，重庆、四川、贵州和云南传统农户的数量分别为 118 户、260 户、83 户和 106 户，新型农业经营主体数量分别为 27 户、118 户、45 户和 46 户。样本农户类型构成的详细情况如表 4.3 所示。

表 4.2　　　　　　　　　　调研问卷的发放与回收情况

省份	发放问卷（份）		回收有效问卷（份）		回收率（%）	
	农户	村支书	农户	村支书	农户	村支书
重庆	155	9	145	9	93.548	100
四川	401	35	378	35	94.264	100
贵州	131	18	128	18	97.710	100
云南	153	10	152	10	99.346	100
小计	840	72	803	72	95.595	100

资料来源：根据调查数据所得。

表 4.3　　　　　　　　　　有效问卷的农户构成　　　　　　单位：户

农户类型	重庆	四川	贵州	云南	合计
传统农户	118	260	83	106	567
新型农业经营主体	27	118	45	46	236
合计	145	378	128	152	803

资料来源：根据调查数据所得。

---

① 在前面抽样规模确定公式中，拒访率被设置为10%，即有效率设定的默认值为90%。

4.1.2　研究方法

4.1.2.1　评价方法的选取

评价方法包括单指标和综合指标评价法两种。前者强调从单个指标对发展水平进行反映，适合对具有简单特征的对象进行评价，其重点是选取出最能反映事物特征的关键指标；后者是在建立指标体系的基础上，运用一定的计算方法对所有指标进行综合测算，最终得到一个能全面反映事物发展水平的数值。综合评价法弥补了单指标法因"盲人摸象"产生的片面性问题，能够从不同角度更加全面地对事物发展水平进行测度。

在测度 ICT 与普惠金融发展水平方面，已有研究采用的方法对单指标法和综合评价法均有所涉及。在 ICT 发展水平测度方面，学者们更多的是从信息化这一更加宽泛的角度展开了测度。美国经济学者波拉特最先（Porat，1977）运用信息产业增加值占比和信息劳动力占比两个单指标，对信息化发展水平进行了测度。随着对信息化认识更加全面，学者们开始使用综合评价方法对其进行测度，1965 年日本学者小松崎清介采用线性加权指数法对信息化水平进行测度（邢志强和宋淑凤，2000）。随后，类似的方法开始被大量用于信息化发展水平评价，有代表性的例如信息社会指数法、联合国信息利用潜力评价法、ICT 发展指数等[①]。在农业信息化发展水平评价方面，多数学者同样采用了综合评价方法（黄志文，2009；刘世洪，2007；杨诚，2010；叶华和高咏先，2011）。在普惠金融发展水平测度方面，已有研究采用的评价方法也经历了从单指标法向综合评价法逐渐过渡的过程，由于在文献综述中已对普惠金融水平测度的研究进行了汇总，在此不再赘述。

本书采用单指标和综合指标相结合的评价方法，对 ICT 利用水平和普惠金融发展水平分别展开评价。单指标法能更加具体地体现每一指标的发展水平，也有助于同其他地区或国家水平作出比较。综合评价法又分成三种，分别是简单线性加权、几何指数和逼近理想排序法（technique for order prefer-

---

[①]　其中，信息社会指数法是国际数据公司（IDC）和《世界时代》（*World Times*）全球研究部提出（刘世洪，2008）；联合国信息利用潜力评价由美国加利福尼亚大学图书情报研究院 H. Borko 教授和联合国教科文组织顾问 N. J. Menou 提出（刘世洪，2008）；ICT 发展指数由国际电信联盟在 2009 年提出（ITU，2009）。

ence by similarity to an ideal solution，TOPSIS）（杜栋等，2015）。由于简单线性加权法与几何指数法在计算综合得分时，容易受到极大值和极小值的影响，导致测出的发展水平不准确，而 TOPSIS 评价法通过比较被评价对象的各指标与最优指标和最劣指标之间距离比，进行各对象发展水平的排序，从而规避了极值带来的不利影响。

TOPSIS 评价法由黄和尹（Hwang & Yoon，1981）提出，又被称作优劣解距离法，最早被用于多目标决策分析中，而后被学者们推广到经济社会科学评价的各个领域。其计算过程大致分为三步：确定正、负理想解；确定最优解和最劣解的距离；计算贴近度，其中，贴近度值越高，说明发展水平越高。其具体计算过程如下。

（1）决策矩阵的确立。若有 m 个农户和 n 个指标，则方案集为 $M = (M_1, M_2, \cdots, M_m)$，指标集为 $N = (N_1, N_2, \cdots, N_n)$，方案 M_i 对指标 N_j 的值记作 x_{ij}，由此得到决策矩阵 X 为：

$$
X = \begin{pmatrix}
 & N_1 & N_2 & \cdots & N_n \\
M_1 & x_{11} & x_{12} & \cdots & x_{1n} \\
M_2 & x_{21} & x_{22} & \cdots & x_{2n} \\
\vdots & \vdots & \vdots & \vdots & \vdots \\
M_m & x_{m1} & x_{m2} & \cdots & x_{mn}
\end{pmatrix}
\tag{4.3}
$$

（2）数据标准化处理。为去掉原始数据量纲的不一致性，需根据指标的正逆性分别进行式（4.4）和式（4.5）所示的标准化处理，即：

$$
x_{ij}' = \frac{x_{ij} - x_{j\,min}}{x_{j\,max} - x_{j\,min}}
\tag{4.4}
$$

$$
x_{ij}' = \frac{x_{j\,max} - x_{ij}}{x_{j\,max} - x_{j\,min}}
\tag{4.5}
$$

据此得到标准化矩阵 X' 为：

$$
X' = \begin{pmatrix}
x_{11}' & x_{12}' & \cdots & x_{1n}' \\
x_{21}' & x_{22}' & \cdots & x_{2n}' \\
\vdots & \vdots & \vdots & \vdots \\
x_{m1}' & x_{m2}' & \cdots & x_{mn}'
\end{pmatrix}
\tag{4.6}
$$

（3）确立加权决策矩阵。根据计算的权重计算出加权决策矩阵为：

$$\mathbf{Z} = \begin{pmatrix} z_{11} & z_{12} & \cdots & z_{1n} \\ z_{21} & z_{22} & \cdots & z_{2n} \\ \vdots & \vdots & \vdots & \vdots \\ z_{m1} & z_{m2} & \cdots & z_{mn} \end{pmatrix} \tag{4.7}$$

令第 j 个指标的权重为 ω_j，则 z_{ij} 的计算公式为：

$$z_{ij} = \omega_j \times x'_{ij} \tag{4.8}$$

（4）计算正负理想解。正、负理想解的计算公式如式（4.9）和式（4.10）所示，即：

$$\mathbf{Z}^+ = (z_1^+, z_2^+, \cdots, z_n^+) \tag{4.9}$$

$$\mathbf{Z}^- = (z_1^-, z_2^-, \cdots, z_n^-) \tag{4.10}$$

其中，$z_j^+ = \max(z_{1j}, z_{2j}, \cdots, z_{mj})$，$z_j^- = \min(z_{1j}, z_{2j}, \cdots, z_{mj})$。

（5）采用欧氏距离法计算各农户与正负理想解的距离。用欧氏距离法确定评价对象 i 与正、负理想解之间的距离 sd_i^+ 和 sd_i^-：

$$sd_i^+ = \sqrt{\sum_{j=1}^{n}(z_j^+ - z_{ij})^2} \qquad sd_i^- = \sqrt{\sum_{j=1}^{n}(z_{ij} - z_j^-)^2} \tag{4.11}$$

（6）计算各评价对象的贴进度。通过式（4.12）计算贴进度，并据此进行排序，数值越大，说明发展水平越高，即：

$$\eta_i = \frac{sd_i^-}{sd_{ij}^+ + sd_i^-} \tag{4.12}$$

4.1.2.2　指标权重的确定方法

本书将采用组合赋权法求取指标权重。已有评价指标权重的赋权方法有主观和客观评价法两种。其中，主观评价法主要包括等值赋权法、德尔菲法（Delphi method，又称专家打分法）、层次分析法（analytic hierarchy process，AHP）；客观评价法主要包括变异系数法、熵值法、因子分析法。主观评价可以凭借专家经验确定各指标权重，针对性强且更容易贴近实际，但缺点是受主观影响较大，并对评价领域的专家要求较高；客观评价法主要根据数据特征对各指标赋权，客观性较强，但缺点是由于过度依赖数据特征，而忽视了对现实状况的把握。为了缓解上述问题，本书将采用将主客观赋权法相结合的组合赋权法。在主、客观评价方法计算的权重基础上，按照线性平均加权原则，对所有指标权重进行重新组合计算，即：

$$\omega_j = \frac{\sum_{K=1}^{N} \omega_j^K}{N} \qquad (4.13)$$

其中，ω_j 为第 j 个指标权重；ω_j^K 为第 j 个指标第 K 种赋权方法的权重；N 为赋权方法种类数量。本书中选取的主观赋权法包括等值赋权法、德尔菲法、层次分析法，客观赋权法包括变异系数法、熵值法和因子分析法。在已有研究中，黄志文（2009）、杨诚（2010）在确定农村信息化各指标权重时，采用了等值赋权法；刘世洪（2007）、杨诚（2010）在测度农村信息化水平时，使用了德尔菲法；焦瑾璞等（2015）、张珩等（2017）在计算普惠金融发展水平各指标权重时，采用了 AHP 方法确定权重；宋晓玲和侯金辰（2017）、王修华和陈茜茜（2016）、周斌等（2017）采用了变异系数法确定普惠金融发展指标的权重；还有的学者使用了熵值法和因子分析法确定了 ICT 利用或普惠金融发展指标的权重（陆凤芝等，2017；马彧菲和杜朝运，2017；叶华和高咏先，2011）。各方法的具体计算公式可参见上述研究，在此不再详细展开陈述。

4.2 农户信息通信技术利用水平综合测度指标体系构建

在已有研究中，对于农户 ICT 发展水平的评价较少，多数是针对社会信息化、农业信息化或农村信息化水平进行评价。在社会信息化水平测度体系方面，主要有波拉特评价体系、小松崎清介指数体系、国际数据公司和《世界时代》研究部体系以及国际电信联盟评价体系等[1]；在农业信息化或农村信息化水平评价方面，通过文献梳理发现，多数研究主要从信息化发展的基础设施、信息化装备配置及使用、信息化发展所需要的人力资源状况三个方面构建了相应的指标体系（黄志文，2009；刘世洪，2008；杨诚，2010；叶华和高咏先，2011）。已有研究的详细指标如表 4.4 所示。

---

[1] 详见：http://www.itu.Int/ITU D/ict/publications/idi/2009/material/IDI2009_w5.pdf。

表 4.4　　　　　　　部分学者或机构建立的信息化发展水平评价指标体系

作者或机构	准则层	指标层
波拉特	—	信息产业增加值占比、信息产业就业人员占比
小松清介	信息量	人均年使用函件数、人均年通话次数、每百万人每年报纸发行数、每万人书籍销售网点数
	信息装备率	每百万人电话机数、每百万人电视机数、每百万人计算机数
	通信主体	每百人在校大学生数、第三产业人数百分比
	信息系数	个人消费中除衣食住外杂费所占比重
国际数据公司 &《世界时代》全球研究部	社会基础结构	在校中、小学生人数、阅读报纸人数、新闻自由度
	信息基础结构	电话线数/家庭数、电话故障数/电话线数、人均收音机拥有数、人均电视机拥有数、人均传真机拥有数、人均移动电话拥有数、有线电视及卫星电视覆盖率
	计算机基础结构	人均计算机数、安装计算机家庭数占比、联网计算机比重、人均因特网主机数
国际电信联盟	ICT 可获得性	固定电话渗透率、移动手机渗透率、平均互联网用户带宽、拥有电脑家庭占比、接入互联网家庭占比
	ICT 使用	每百人互联网使用者数量、每百人移动电话注册数
	ICT 技巧掌握程度	成人识字率、中学入学率、高等教育入学率
李道亮	—	信息化基础设施、农业信息技术普及与应用和农村信息化人力资源建设
刘世洪	农村信息资源	农经类广播电视播出率、百万人涉农网站拥有量、人均农业图书馆藏量
	信息基础设施	电话普及率、电视机普及率、长途光缆覆盖率、农村经济信息服务站行政村覆盖率、每百户计算机拥有量和移动电话拥有量
	信息技术应用	互联网用户比例、信息技术研发科研经费占比、科技成果转化率
	农业信息产业	人均邮电业务量、农业信息产业产值占比、信息产业基础设施投资比重
	农村信息人才	农村信息产业从业人员占比、农村信息员数量
	信息化外部环境	农村劳动力文化程度、农村教育经费投入、农村电信投资比重

续表

作者或机构	准则层	指标层
黄志文	经济实力指数	人均 GDP、人均财政收入、农村居民收入水平
	基础设施指数	长途电话与移动电话交换机容量、长途光缆线路长度
	终端设备指数	彩电拥有量、计算机拥有量、移动电话拥有量
	人力指数	成人识字率（15 岁以上）、农村信息服务人员数量
	信息利用指数	农村家庭信息消费支出、农村互联网渗透率
杨诚	—	邮电所乡镇占比、广播电视站乡镇占比、通电话行政村占比、有线电视村占比、有图书室村占比、固定电话拥有率、手机拥有率、计算机拥有率
叶华等	信息技术应用	邮电所乡镇占比，通电话村占比，通广播电视乡镇占比，接收电视节目村占比，安装有线电视村占比，使用 ADSL、LAN 上网村占比
	人力资源建设	职业技术学校乡镇占比、建有图书文化站的乡村占比

本书在借鉴已有研究基础上，按照科学性、可比性、可操作性和定量与定性相结合等原则，从农户 ICT 可及性、ICT 接入及装备水平、ICT 使用状况和 ICT 人力资源水平四个层面选取了 18 个具体指标，展开对农户 ICT 利用水平的综合评价（详细指标见表 4.5）。

在农户 ICT 可及性方面，选取了村是否通互联网、村委会计算机台数、村附近是否有淘宝服务站、村附近移动通信基站数量、农户距最近移动营业厅距离 5 个指标反映。村中开通互联网是农户接触现代化 ICT 的基础，也是进一步推广 ICT 的前提（Ayanso et al.，2014；万宝瑞，2015）；村委会计算机台数以及淘宝服务站可以为农民提供家庭外部接触互联网的机会（崔丽丽等，2014；邱林川，2013）；移动通信基站可以为农民上网或信息通话提供稳定快速的信号支持，满足其即时通信的需求（杨林，2014）；农村移动（电信）营业厅的设立有助于 ICT 的推广（郭锐，2008），同时也提高了农户使用 ICT 的便利程度（何德华和鲁耀斌，2009）。

在农户 ICT 接入及装备水平方面，本书选取了农户是否接入互联网、农户人均计算机拥有量、农户人均智能手机数量、农户是否安装固定电话四个指标。互联网在农村地区的发展已影响农民生产与生活的方方面面，成为农民最受欢迎的信息通信技术之一（金文朝等，2005；万宝瑞，2015）。农户互联网的接入是互联网在农村地区普及效果的具体体现（林立杰等，2015）；

计算机和智能手机是 ICT 发展的重要载体，在已有研究中将其看作重要的 ICT 设备（傅洪勋，2002），在农村信息化测度中用人均电脑和手机拥有量指标反映计算机与手机的普及程度（Batte et al.，1990；黄志文，2009；李道亮，2007）。智能手机打破了只能使用计算机上网的瓶颈，提高了农民上网获取信息的便利程度（宋丽丹，2015）。鉴于此，本书选取了农户人均计算机拥有量与人均智能手机拥有量两个指标。与此同时，已有研究表明固定电话在农民获取信息中的作用依然很大（王建华和李录堂，2013），且多数农户在接入互联网时，需要借助固定电话的线路（刘佳，2015）。

表 4.5 农户 ICT 利用水平综合评价指标体系

目标层	准则层	指标层	指标说明	指标性质
农户 ICT 利用水平	农户 ICT 可及性水平（5 个）	村是否通互联网	包括宽带上网和拨号上网	正
		村委会计算机台数	村委会的计算机拥有量	正
		村附近是否有农村淘宝服务站	若有则取值为 1，否则取值为 0，农民在淘宝服务站可以在别人帮助下从事网购或网络销售产品等活动	正
		村附近移动通信基站数量	村附近的移动通信基站数量	正
		距最近移动（电信）营业厅距离	农户距最近移动（电信）营业厅距离	负
	农户 ICT 装备水平（4 个）	农户家中是否接入互联网	若接入取值为 1，否则为 0，互联网接入形式包括拨号上网和宽带上网	正
		农户人均计算机拥有量	农户家中计算机台数①/家中人口数	正
		农户家中人均智能手机数量	智能手机数量/家中人口数	正
		农户是否安装固定电话	家中是否安装固定电话	正
	农户 ICT 使用状况（6 个）	农户中主事者手机上网套餐流量	套餐流量指的是月套餐流量	正
		农户年人均互联网费用	互联网费用包括一年内家庭中拨号或宽带上网费用	正
		农户中主事者手机包月费用	手机包月费用即每月月初扣除的定额费用	正
		农户中主事者每天上网时间	包括通过各种形式上网的总时间	正

---

①　其中，计算机包括台式计算机、笔记本计算机和平板计算机。

续表

目标层	准则层	指标层	指标说明	指标性质
农户ICT利用水平	农户ICT使用状况（6个）	农户将互联网用于获取生产或销售信息的重要程度	取值1~5，数值越高，程度越高	正
		农户将互联网用于娱乐活动的重要程度	取值1~5，数值越高，程度越高	负
	农户ICT人力资源水平（3个）	农户会上网人数	农户家中具备上网能力的人数，只要会上网的家庭成员都包括在内，而不考虑上网地点	正
		农户中主事者受教育程度	取值1~7①，数值越高，受教育程度越高	正
		农户家庭成员中最高受教育程度	取值1~7，含义同上	正

在农户 ICT 使用状况方面，本书从流量、费用、时间和用途四个方面选取了主事者事者手机上网套餐流量、农户年人均互联网费用、主事者手机包月费用、农户中主事者每天上网时间、农户将互联网用于获取生产或销售信息的重要程度和用于娱乐活动的重要程度六个指标。农户主事者往往把控家中的决策权，并能对其他家庭成员产生影响，通过对主事者 ICT 使用的考察基本能反映出农户 ICT 使用的整体状况。农民根据自己的互联网使用状况，购买相应大小的流量，因此，套餐流量的大小在一定程度上能反映农户 ICT 的使用状况。农户互联网费用与手机包月费用是农户信息消费的重要组成部分（黄志文，2009）。农户的上网时间显然是农户利用互联网程度的直接体现。农户利用互联网获取生产销售等信息，与利用互联网进行娱乐活动，是农民使用互联网的两个主要目的（Zapata et al.，2013；曾亿武等，2016；郭海霞，2010；卢敏等，2010），但反映的却是两个不同的方面。

在农户 ICT 人力资源水平方面，选取了会上网人数、主事者受教育程度和家庭成员中最高受教育程度三个指标。人力资源状况是许多学者在评价信息化时考虑的重要内容（Ayanso et al.，2014；黄志文，2009；李道亮，2007；许爱萍和朱红，2004）。人力资源包括农民受教育程度和对 ICT 的掌握

---

① 其中，1为没上过学，2为小学，3为初中，4为高中，5为中专/职高，6为大专/高职，7为本科及以上。

程度两个方面。较高的受教育程度可使农民更加容易操控 ICT，有助于 ICT 的普及和推广。此外，还选择了农户会上网人数这一指标直接反映农户对 ICT 的掌握程度。

4.3　农户信息通信技术利用水平的单指标测度与讨论

4.3.1　信息通信技术可及性水平评价

4.3.1.1　互联网行政村覆盖率水平较低，内部省份差异较大

在村互联网接触方面，根据调查数据统计，西南地区通互联网的行政村占比为 90.3%，这与国家统计局公布的全国水平相比，低 4.5 个百分点[①]，与到 2020 年实现 98% 的行政村覆盖宽带互联网的目标相比，还差 7.7 个百分点[②]。对于西南地区而言，重庆通互联网行政村占比最高，其值为 100%，云南最低，其值为 80%，比最高的重庆低 20 个百分点，四川与贵州通互联网行政村占比居于其间。可见，西南地区互联网行政村覆盖率水平较低，且内部省份之间差距较大。

4.3.1.2　农户信息通信技术外部接触性较强

村委会计算机配置率和农村淘宝服务站行政村覆盖率均较高，为农民家庭外接触 ICT 提供了便利条件。调查发现，西南地区样本村中，有 56.9% 的村委会配有计算机，平均每个村村委会拥有计算机 1.29 台，表明农村信息化建设取得了显著成果；设有农村淘宝服务站的行政村占比为 40.3%，覆盖率较高，表明阿里巴巴集团实施的"千县万村"计划取得初步成效。分省份来看，四川村委会计算机拥有量最多，平均每村有 1.63 台，贵州最少，平均每村仅为 0.89 台。贵州省农村淘宝服务站的行政村覆盖率最高，为 50%，云南最低，仅为 20%。

---

①　截至 2015 年，中国宽带互联网行政村覆盖率为 94.8%（数据来自 Wind 数据库）。

②　2015 年 10 月 14 日，李克强总理主持召开国务院常务会议，会议决定到 2020 年宽带覆盖 98% 的行政村。

4.3.1.3 移动通信基站建设状况良好

移动通信基站能保证高质量的通信信号供给。在调查的西南地区中，平均每个村附近有移动通信基站 1.32 个，有 20.8% 个村附近无通信基站，表明多数村的通信基站设施建设良好。在各省份中，重庆移动通信基站的行政村覆盖率最高，为 1.56 个/村，云南覆盖率最低，为 1 个/村，贵州和四川分别为 1.50 个/村和 1.26 个/村。总的来看，西南诸省在移动通信基站建设方面差异较小。

4.3.1.4 移动营业网点设置存在严重的地理排斥

移动营业厅在农村的设立，可方便农民进行话费充值和相关信息业务咨询。在样本农户中，到最近移动营业厅的平均距离为 5.48 千米，可见移动营业厅距离农户较远。其中，云南农户到最近移动营业厅的平均距离最远，其值为 6.40 千米，贵州农户到最近移动营业厅的平均距离最近，其值为 4.98 千米，比云南省少 1.43 千米，重庆和四川样本农户的该指标值依次为 5.83 千米和 5.19 千米。

4.3.2 农户信息通信技术接入及装备水平评价

4.3.2.1 西南地区农村互联网入户率较低，传统农户低于新型经营主体

在调查的 803 个样本农户中，共有 363 户接入了互联网，占总样本户数的 45.2%，这与互联网行政村的覆盖率 90.3% 相比，两者相差 45.1 个百分点。表明虽然多数村已联通互联网，但是农户对互联网接入需求依然较低。分地区来看，西南地区四省互联网入户率由高到低依次为四川、重庆、贵州和云南，其值分别为：57.1%、44.0%、34.0%、28.2%。而在不同类型农户入网方面，新型经营主体入网率明显高于传统农户，其中前者入网率为 51.3%，后者为 42.7%，两者相差 8.59 个百分点。表明新型农业经营主体互联网覆盖率高于传统农户，这一结果与 2017 年经济日报中国经济趋势研究院公布的《新型农业经营主体发展指数调查报告（四期）》中的结果一致[①]。

---

① 资料来源：http：//country. cnr. cn/gundong/20170711/t20170711_523844007. shtml？from = timeline。

4.3.2.2　智能手机是主要的信息通信技术终端，计算机拥有量提升空间较大

通过调查发现，西南地区农户的主要 ICT 终端为智能手机，并对固定电话产生了替代作用，计算机拥有量最低。在智能手机拥有量方面，根据调查数据统计，西南地区有 95.6% 的农户拥有智能手机，农户人均智能手机拥有量为 0.65 部，这与中国家庭金融调查与研究中心公布的数据基本一致①，表明西南地区农村智能手机普及水平与全国平均水平持平。分省份来看，重庆农户人均智能手机拥有量最多，为 0.69 部/人，其次为贵州和四川，云南则最少，为 0.59 部/人。

在固定电话安装量方面，西南地区样本农户中，有 21.2% 的农户安装了固定电话，而此值在全国层面为 23%，西南地区低于全国水平。手机使用比固定电话更加灵活方便，农户正在逐渐退出固定电话的使用。其中，重庆安装固定电话的农户占比最多，云南占比最少。就不同类型农户而言，新型经营主体固定电话覆盖率比传统农户高 7.22 个百分点，这是因为新型经营主体互联网覆盖率较高，而当前阶段农村地区上网多数借助固定电话线路，使入网农户家中会保留固定电话。

在农户计算机②拥有量方面，西南地区农户人均计算机拥有量仅为 0.19 台/人，有待进一步提升。以新型经营主体为例，西南地区新型经营主体人均计算机拥有量为 0.21 台/人，与《新型农业经营主体发展指数调查报告（四期)》公布的全国平均水平 0.49 台/人相比，要少 0.28 台/人③，表明计算机拥有量还有一定提升空间。

4.3.3　农户信息通信技术使用状况评价

4.3.3.1　农民手机上网流量较低，且内部存在显著差异

在上网流量方面，以农户中主事者手机上网月套餐流量为考察对象，发

---

① 中国家庭金融调查与研究中心主任甘犁教授在 GPFI2016 年论坛上指出，当前农村智能手机的覆盖率已高达 65.8%。

② 此处的计算机包括台式计算机、笔记本计算机和平板计算机。

③ 此处为保持统计口径一致性，没有将参与农业龙头企业农户的计算机拥有量统计在内。

现月流量均值为 486.95 兆/月，与截至 2016 年 12 月移动互联网接入月户均流量 1087.8 兆[1]相比，少 600.85 兆，差距较为明显。分地区来看，重庆农户主事者月套餐流量均值为 572.5 兆/月，是所在地区的最高值，云南省农户主事者月套餐流量均值水平最低，为 387.62 兆/月。

4.3.3.2 新型农业经营主体上网费用与手机套餐费用高于传统农户

在农户年人均互联网[2]费用方面，样本农户年人均互联网费用为 113.06 元/年/人，其中四川最高，云南最低，重庆和贵州居于期间。值得关注的是，传统农户的年人均互联网费用要比新型经营主体的该项费用低 27.83 元/年/人，进一步印证了新型农业经营主体对互联网的依赖程度高于传统农户的结论，例如家庭农场通过网络拓宽自己销售渠道、偏好利用网络接受培训或获取相应信息等（李磊等，2016）。

在农户主事者手机包月费用方面，样本农户主事者手机月套餐费用均值为 54.37 元/月，其中，四川最高，云南省该值最低，重庆和贵州居于期间。新型农业经营主体的主事者手机包月费用依然高于传统农户，其中，前者手机包月费用为 61.49 元/月，传统农户则为 51.40 元/月，两者相差 10.09 元/月。

4.3.3.3 农户上网时间较短，用途主要以娱乐活动为主

调查发现，农主事者事者平均每天的上网时间为 1.74 小时/天，与全国平均上网时长 3.79 小时/天相比，上网时长较短。其中，重庆农户主事者每天上网平均时长最长，其值为 1.97 小时/天，云南农户主事者平均每天上网时长最短，其值为 1.56 小时/天，而四川和贵州依次居于期间。

在农户互联网用途方面，样本农户中将互联网用于获取生产（销售）信息的重要程度为 2.14[3]，而用于娱乐活动的重要程度为 3.96，表明当前西南地区农户使用互联网用于娱乐活动的重要程度高于用于获取生产（销售）信息的程度。值得一提的是，新型经营主体利用互联网获取生产（经营）信息的重要程度（3.118）远高于传统农户（1.859）。

---

[1] 该数值为全国移动互联网用户月流量的平均水平，数据来源于 Wind 数据库。

[2] 这里的互联网费用不包括手机的移动互联网费用。

[3] 通过 1~5 标度农户将互联网用于获取生产（经营）信息和娱乐活动的重要程度，其值越高说明越重要。

4.3.4 农户信息通信技术人力资源水平评价

4.3.4.1 户均会上网人数各省之间差异较小，新型经营主体多于传统农户

在会上网人数方面，样本农户中平均每户会上网的人数为 1.76 人，其中，重庆每户会上网人数最多，其平均值为 2 人/户，云南每户会上网人数最少，其平均值为 1.39/户，而贵州和四川居于其间。分不同农户类型来看，新型农业经营主体中会上网人数要高于传统农户。前者为 2.03 人/户，后者仅为 1.47 人/户。此外，通过计算发现，西南地区农村互联网普及率为 39.23%，略高于全国平均水平①，如表 4.6 所示。

表 4.6　　　西南地区农户 ICT 利用水平测度体系的单指标描述

指标	西南地区	重庆	四川	贵州	云南	传统农户	新型经营主体
村是否通互联网（否：0；是：1）	0.903	1.000	0.943	0.889	0.800	0.942	0.945
村委会计算机台数（台）	1.292	1.222	1.629	0.889	0.900	1.651	1.898
村是否有淘宝服务站（否：0；是：1）	0.403	0.333	0.429	0.50	0.200	0.425	0.432
村移动通信基站数（个）	1.319	1.556	1.257	1.50	1.000	1.568	1.390
到最近移动营业厅距离（千米）	5.476	5.828	5.189	4.976	6.401	5.705	4.928
是否接入互联网（否：0；是：1）	0.452	0.440	0.571	0.340	0.282	0.427	0.513
人均计算机拥有量（台/人）	0.186	0.263	0.202	0.153	0.122	0.175	0.211
人均智能手机量（部/人）	0.650	0.686	0.654	0.678	0.586	0.642	0.653
是否装固定电话（否：0；是：1）	0.212	0.267	0.246	0.147	0.147	0.190	0.263
主事者手机上网套餐流量（兆/月）	486.949	572.500	513.193	458.529	387.615	473.799	518.542
年人均互联网费用（元/年/人）	113.061	96.079	146.458	89.713	67.663	104.881	132.714
主事者手机包月费用（元/月）	54.366	49.069	64.310	46.993	41.442	51.402	61.487
主事者每天上网时间（小时/天）	1.735	1.970	1.752	1.698	1.556	1.546	2.049
用互联网获取经营信息的重要程度（1~5 打分）	2.141	1.871	2.212	2.163	2.147	1.859	3.118

---

① 根据中国互联网络信息中心公布的数据，全国农村互联网普及率为 33.1%。

续表

指标	西南地区	重庆	四川	贵州	云南	传统农户	新型经营主体
用互联网从事娱乐活动重要程度（1~5打分）	3.956	4.086	4.138	4.072	3.308	3.955	3.958
会上网人数（人/户）	1.760	2.000	1.807	1.843	1.385	1.474	2.025
主事者受教育年限	7.838	7.741	7.981	7.667	7.731	7.757	8.034
家庭成员最高受教育	11.355	10.897	11.534	11.340	11.276	11.413	11.216

注：指标中未标注村的，均以户为考察单位。

4.3.4.2 家庭成员受教育程度较高，为信息通信技术深入推广提供了基础

在家庭成员受教育程度方面，样本农户中家庭成员最高受教育年限的均值为11.355年，即接近于高中或中专学历水平。家庭主事者的受教育年限均值为7.838年，即接近为初中学历。由此可见，家庭成员受教育程度较高，为下一步深入推广ICT提供了基础。此外，无论是主事者受教育年限还是家庭成员最高受教育年限，新型经营主体均高于传统农户，表明相较于传统农户而言，新型经营主体的"精英化"特质更加明显（刘同山等，2015），这为通过新型经营主体推动信息通信技术在农村的发展奠定了基础。

4.4　农户信息通信技术利用水平综合评价结果与讨论

4.4.1　指标权重确定

根据4.1.2节中阐述的权重确定方法，按照组合赋权法计算出各指标的权重（见表4.7）。其中，农户ICT可及性水平、农户ICT接入及装备水平、农户ICT使用状况、农户ICT人力资源水平的权重值分别为0.248、0.283、0.336和0.133。就单指标而言，农户家中是否接入互联网指标的权重最大，其值为0.095；到最近移动或电信营业厅距离指标的权重最小，其值为0.032。

表 4.7　　　　　　　　　西南地区农户 ICT 利用水平评价指标赋权结果

准则层	指标层	等值赋权	德尔菲	层次分析	变异系数	熵值法	因子分析	组合赋权
农户 ICT 可及性水平 0.248	村是否通互联网	0.050	0.065	0.071	0.018	0.008	0.044	0.043
	村委会计算机台数	0.050	0.038	0.026	0.080	0.075	0.003	0.045
	村附近是否有农村淘宝服务站	0.050	0.053	0.051	0.072	0.088	0.238	0.092
	村附近移动通信基站数量	0.050	0.046	0.037	0.049	0.035	0.001	0.036
	距最近移动或电信营业厅距离	0.050	0.042	0.029	0.061	0.003	0.008	0.032
农户 ICT 接入及装备水平 0.283	农户家中是否接入互联网	0.063	0.075	0.076	0.068	0.082	0.218	0.095
	农户人均计算机拥有量	0.063	0.046	0.024	0.087	0.092	0.015	0.055
	农户人均智能手机数量	0.063	0.040	0.019	0.119	0.161	0.159	0.094
	农户是否安装固定电话	0.063	0.066	0.052	0.027	0.012	0.011	0.039
农户 ICT 使用状况 0.336	主事者手机上网套餐流量	0.042	0.051	0.068	0.075	0.063	0.003	0.050
	农户年人均互联网费用	0.042	0.053	0.068	0.091	0.101	0.014	0.062
	农户主事者手机包月费用	0.042	0.045	0.056	0.056	0.031	0.001	0.039
	农户主事者每天上网时间	0.042	0.045	0.052	0.058	0.048	0.009	0.042
	互联网获取生产信息重要性	0.042	0.085	0.175	0.040	0.087	0.100	0.088
	互联网用于娱乐活动重要程度	0.042	0.051	0.063	0.018	0.064	0.089	0.055
ICT 人力资源水平 0.133	农户会上网人数	0.082	0.068	0.055	0.033	0.018	0.006	0.044
	农主事者事者受教育程度	0.082	0.067	0.044	0.024	0.014	0.061	0.049
	农户家庭成员最高受教育程度	0.082	0.064	0.034	0.024	0.018	0.020	0.040
合计		1.000	1.000	1.000	1.000	1.000	1.000	1.000

4.4.2　综合评价结果与讨论

表 4.8 展示的是西南地区农户 ICT 利用水平综合评价的结果。从整体水平来看,四川农户 ICT 利用综合水平最高,其 TOPSIS 值为 0.202,然后为重庆、贵州和云南,其 TOPSIS 值分别为 0.198、0.196 和 0.174。其中,四川、重庆和贵州相差不大,且 TOPSIS 在整体平均水平以上,云南与其他三省在农户 ICT 利用水平方面有所差距,其值也在西南地区平均水平以下。这是因为云南地处边疆、山区和少数民族聚集区域,自然和经济环境较为恶劣,关乎 ICT 发展的基础设施建设难度较大,当地信息服务人员技术水平较低,且乡

镇以下服务人员流动性较大，对 ICT 的推广普及带来障碍（付吉才，2007；吕红伟，2013）。这一整体排名与李道亮（2007）通过指数法测算的结果基本一致，唯一有区别的是贵州和云南的排名与本书研究相反。这是由两个方面的原因造成的，一方面两个评价指标体系存有一定差异，李道亮（2007）的研究没有考虑互联网这一现代化的信息通信技术，而通过调查和已有宏观数据显示，贵州农村互联网普及率明显高于云南；另一方面是时间的因素。本书是基于 2016 年底的调查得到的数据，时效性强于李道亮在 2007 年进行的研究，因此，本书更能够反映西南地区农户 ICT 发展现状。

就不同维度而言，贵州省农户 ICT 可及性水平最高，其 TOPSIS 值达 0.298，云南省该值最低，其值为 0.222，两者相差 0.076，重庆和四川分居第二、第三位。通过单指标分析发现，具有贵州农村淘宝服务站的行政村占比要远高于其他三省，而淘宝服务站的功能，除了依据当地农业禀赋开展农村电子商务外（郭承龙，2015），最大功能就是增加了农民接触互联网的机会。对于农户 ICT 接入及装备水平而言，重庆发展水平最高，其 TOPSIS 值为 0.273，云南最低，其 TOPSIS 值为 0.188；在 ICT 使用状况方面，四川农户 ICT 使用程度最高，TOPSIS 值为 0.130，该值比农户 ICT 使用程度最低的贵州高 0.019；在 ICT 人力资源水平方面，贵州农户的 ICT 人力资源水平最高，其 TOPSIS 值为 0.312，而云南在该方面水平最低，其 TOPSIS 值为 0.281。四川和重庆相差不大，排名在第二、第三位。这一结果与韩海彬和张莉（2015）的研究有所差异，他们在通过计算农村人力资本和农村信息化的耦合度之后，发现农村 ICT 人力资源水平由高到低依次为四川、重庆、云南和贵州。之所以出现如此大的差异，是因为在他们的研究中仅从农民受教育程度间接反映 ICT 人力资源水平，而没有选取"会上网人数"等直接反映农户 ICT 掌握程度的指标，由于现代化 ICT 的掌握对教育水平要求不高，仅以受教育水平作为指标，会低估农户 ICT 的人力资源发展水平。

通过对不同农户类型的比较发现，新型农业经营主体的 ICT 整体发展水平要高于传统农户。而在 ICT 发展的不同维度中，均是新型经营主体的发展水平高于传统农户。其中，两类型农户在 ICT 使用状况方面的差距最大，新型农业经营主体要比传统农户的 TOPSIS 评价值高 0.029。在 ICT 人力资源水平方面差距最小，两者仅差 0.005。

表 4.8　　　　　　　　西南地区农户 ICT 发展水平 TOPSIS 评价结果

指标	西南地区	重庆	四川	贵州	云南	传统农户	新型经营主体
整体水平	0.195	0.198	0.202	0.196	0.174	0.190	0.208
ICT 可及性水平	0.247	0.245	0.238	0.298	0.222	0.244	0.255
ICT 接入及装备水平	0.241	0.273	0.265	0.209	0.188	0.233	0.259
ICT 使用状况	0.123	0.119	0.130	0.111	0.118	0.114	0.143
ICT 人力资源水平	0.303	0.302	0.309	0.312	0.281	0.300	0.305

4.5　农户普惠金融发展水平指标体系构建

在借鉴已有研究的基础上，结合本书对普惠金融内涵的界定，本书将从金融服务可及性和可得性两个层面构建农户普惠金融发展水平的评价指标体系。其中，金融服务可及性从银行服务可及性和保险服务可及性两个方面考察，而金融服务可得性又进一步细分为储蓄服务、信贷服务、保险服务、转账支付服务和投资理财服务可得性五个具体的方面。详细指标及各指标的正逆性如表 4.9 所示。

表 4.9　　　　　　　　　农户普惠金融发展水平评价指标体系

一级指标	二级指标	三级指标	指标解释及说明	性质
金融服务可及性（6 个）	银行服务可及性（4 个）	距最近网点距离	农户到最近银行网点的距离	负
		金融联络员数量	村金融联络员指的是金融机构从本村中选出的辅助银行办理相关业务的村民	正
		村是否有助农取款服务点或金融综合服务站	服务点可通过刷银行卡进行小额取现。农村金融综合服务站是助农取款服务点的升级版，除了取现外，还从事转账、汇款、生活缴费、金融知识宣传等服务	正
		距最近 ATM 距离	农户到最近 ATM 机的距离	负
	保险服务可及性（2 个）	距保险公司距离	农户到最近保险公司的距离	负
		保险代理员数量	村保险代理员是可辅助村民办理相关保险业务的人员	正

续表

一级指标	二级指标	三级指标	指标解释及说明	性质
金融服务可得性（12个）	储蓄服务（3个）	人均银行卡拥有量	农户拥有银行卡总数/18 岁以上家庭人口数	正
		农户储蓄余额范围	无存款 = 0，2000 元以下 = 1，2000 ~ 5000 元 = 2，5000 元 ~ 2 万元 = 3，2 万 ~ 5 万元 = 4，5 万 ~ 10 万元 = 5，10 万 ~ 50 万元 = 6，50 万元以上 = 7	正
		农户定期存款占比	农户定期存款数额/（活期存款数额 + 定期存款数额）	正
	支付转账（2个）	非现金支付方式	农户使用过的非现金支付方式种类	正
		转账方式种类	农户使用过的转账方式种类	正
	信贷服务（3个）	农户是否获得贷款	农户是否获得过贷款	正
		农户信贷满足程度	农户获批信贷资金数额占申请贷款的比例	正
		非正规借款占比	非正规渠道借款金额/（银行信贷获得额 + 非正规渠道借款额）	负
	投资理财可得性（2个）	是否购买过理财	农户是否购买过理财产品	正
		投资产品种类	农户投资产品包括股票、基金、债券等	正
	保险服务（2个）	购买的保险种类	农户家中投保的保险种类	正
		年人均保费金额	农户过去一年缴纳的保险保费/家庭人口数	正

在金融服务可及性方面，选取了六个指标，具体包括距最近银行营业网点距离、村金融联络员数量、村是否有助农取款服务点或金融综合服务站、农户到最近 ATM 机距离、到最近保险公司距离与村保险代理员数量。金融服务可及性体现的是农民接触正规金融服务的机会（徐光顺和蒋远胜，2017）。银行营业网点、ATM 机、助农取款服务点或金融综合服务站在农村地区的设置，为农民获取金融服务提供了方便，是农民金融服务可及性的直接体现（蔡洋萍，2015；焦瑾璞等，2015）。村金融联络员和保险代理员的设置，使农户有信贷或保险服务需求时，可向其咨询相关业务流程等信息，是金融服务可及性的具体体现。

在金融服务可得性方面，共选取了 12 个指标。其中，在储蓄服务可得性方面构建了农户人均银行卡拥有量、农户存款余额范围、农户定期存款占存款的比例 3 个指标。银行卡开户需要缴纳一定的费用，只有这一费用在农户可接受的范围内，农户才会选择开户，因此，银行卡拥有量可反映农户储蓄服务的可得性（Beck et al.，2007；Rowlingson & McKay，2015）。农户存款范围及定期存款占所有存款的比重，可反映出金融机构设计的定期储蓄类产品对农户的合适程度；在支付转账可得性方面，选取了农户使用非现金支付方式种类、农户使用过的转账方式种类两个指标。非现金支付方式可以避免找零或收到虚假货币的麻烦，是金融支付功能的具体体现，非现金支付方式包括 ATM 机和 POS 机等。转账强调两个账户之间的资金往来，农户转账的方式选择更加多元，是金融机构产品功能多样化的体现（陈银娥等，2015），转账方式包括银行柜台、自助银行、转账电话等；在信贷服务可得性方面，参照已有研究（王曙光和王东宾，2011；王修华和陈茜茜，2016），选取了农户是否获得贷款、农户信贷满足程度以及农户从非正规渠道借款数额占比 3 个指标；在投资理财服务可得性方面，选择了农户是否购买过理财产品和农户投资产品种类 2 个指标。伴随着经济发展，农民对投资理财服务的需求也在不断增加，在已有测度农户普惠金融发展水平的研究中，也有学者把是否有投资理财行为作为指标之一反映金融普惠水平（何晓夏和刘妍杉，2014；王修华和陈茜茜，2016）；在保险服务可得性方面，从保险种类和保险费金额两个方面，选择了农户获得保险种类、农户人均保费金额 2 个指标。在已有研究中，有学者将农户是否购买保险作为农户保险服务的评价指标（Rowlingson & McKay，2015；王修华和陈茜茜，2016），有的学者从保险深度和保险密度方面考察一个地区或国家的农村保险服务水平（焦瑾璞等，2015；马彧菲和杜朝运，2017）。本书选取农户获得保险种类与人均保费金额两个指标，以丰富现有的评价体系。

4.6　农户普惠金融发展水平的单指标评价与讨论

4.6.1　农户金融服务可及性评价

4.6.1.1　银行网点距农户较远，但助农取款服务点覆盖率较高

西南地区农户距离银行人工网点或自助银行网点均较远。对于到最近银

行营业网点的距离而言，西南地区农户到离家最近有人工服务人员银行网点的平均距离为 3.576 千米，通过对调查数据的进一步分析发现，西南地区农户到最近银行网点距离在 1 千米以下、1～3 千米、3～5 千米以及 5 千米以上的农户占比分别为 17.68%、31.63%、21.42% 和 29.27%，而根据王修华和陈茜茜（2016）的研究结果，相同距离范围内东中部农户的相应占比分别为 37.73%、32.41%、15.19% 和 13.67%。由此可见，西南地区农户到最近银行网点的距离要远于东部和中部地区。类似地，西南地区农户到最近 ATM 机距离在 1 千米以下、1～3 千米、3～5 千米以及 5 千米以上的农户占比分别为 12.453%、23.039%、22.042% 和 42.466%。而对应区间内，东部和中部地区农户据最近 ATM 距离分别为 35.06%、29.49%、14.43% 和 21.01%，由此可见，西部地区农户距最近 ATM 的距离仍远于东部和中部地区。ATM 机的购置成本较高，再加之西南地区地形复杂，后期的维护成本或运行成本远高于东部平原地区，银行布放的 ATM 机数量有限（郭兴平，2010），从而导致西南地区农村金融的地理排斥十分严重。

助农取款服务点实现了行政村的全覆盖，但自然村的覆盖率仍有待提高。据调查数据得知，西南地区有 57.7% 的自然村设有助农取款服务点或金融综合服务站。其中贵州自然村覆盖率最高，其值为 63.4%，而云南最低，其值仅为 53.2%，四川和重庆居于期间，助农取款自然村覆盖率依次为 57.4% 和 56.9%。总体来看，西南地区有一半以上的自然村设有助农取款服务点，西南地区地形以丘陵、山地或高原为主，导致农村交通不便，且人口居住较为分散，银行营业网点设立成本较高，而助农取款服务点的设置既可以降低成本，又能满足偏远地区农民的取款等金融需求，从而受到农民青睐和政府的大力支持。

4.6.1.2 保险服务可及性水平明显低于全国平均水平

西南地区农户距最近保险机构的距离较远，且农村保险代理员覆盖率较低。在保险服务可及性方面，农户到最近保险机构的平均距离为 11.913 千米，其中，贵州省农户距最近保险机构的平均距离最远，为 12.587 千米，重庆农户距最近保险机构的距离最近，其值为 9.888 千米，两者相差 2.699 千米，云南和四川居于其间，其到最近保险机构距离分别为 12.461 千米和 11.248 千米。在村保险代理员覆盖率方面，西南地区村保险代理员的数量均值为 0.864 人，按村统计口径计算，有保险代理员的村占所调查村的 33.333%，根据中国人民银行公布的数据，2014 年全国有 48% 的行政村建有保险服务点，显然高于西南地区的覆盖率。就不同省份而言，四川每个村保险代理员数量最多，均值为 1.008，贵州平均每个村保险代理员数量为 0.948人，重庆地区该值为 0.862，而云南省平均每个村的保险代理员数量最少，仅为 0.436 人。

4.6.2　农户金融服务可得性评价

4.6.2.1　人均银行卡拥有量低于全国平均水平

西南地区农民人均银行卡拥有量较少。调查数据显示，西南地区农户人均银行卡拥有量为 0.754 张，远低于中国人民银行公布的全国平均水平（2.8张/人）[①]。分地区来看，重庆农户的人均银行卡拥有量最多，为 1.053 张，然后是四川农户人均银行卡拥有量为 0.750 张，贵州地区该值为 0.668 张，位居第三位，而云南农户人均银行卡拥有量最低，仅为 0.629 张。

4.6.2.2　支付方式以现金为主，但非现金支付正受到青睐

农民在消费购物时，多数以现金方式支付。西南地区农户在消费购物时，多数家庭主要以现金支付为主，有 85.8% 的农户在购物时通常以现金支付。根据西南财经大学中国家庭金融调查与研究中心公布的 2013 年数据显示，97.3% 的农村家庭购物时通常使用现金支付。由此推算出，西南地区选择非现金支付的农村家庭占比略高于全国平均水平，这表明随着时间推移，农民消费时的支付习惯正在发生悄然改变，非现金消费支付方式正在慢慢推广，这主要是因为随着城镇化建设的推进，农村金融服务基础设施正在逐步完善，农民也会像城镇居民一样选择非现金支付方式进行消费。

4.6.2.3　西南农户信贷可得性较低，新型经营主体高于传统农户

在信贷服务可得性方面，西南地区获得过银行贷款的农户占比为 20.20%，这比王修华和陈茜茜（2016）的调查结果低 8.66 个百分点。从非正规渠道借款占比来看，西南地区农户从非正规渠道获得借款占所有借款的比重为 44.1%，更详细的统计显示，有 55.04% 的农户从银行外非正规渠道

---

① 根据《中国农村金融服务报告 2016》的数据显示，截至 2016 年底，我国农村地区人均持卡 2.8 张。

借过钱，这从侧面反映出农户正规信贷可得性较低。就不同类型农户而言，新型农业经营主体获得贷款的比例为 32.6%，比传统农户获得贷款的占比高 17.6 个百分点，这是因为新型农业经营主体规模效应明显，且可抵押资产高于一般小农户，在申请贷款时更容易获得银行的授信。

4.6.2.4　新型经营主体的信贷满足程度低于传统农户

就不同类型农户而言，新型农业经营主体的信贷满足程度仅为 36.1%，而传统农户的信贷满足程度则高达 96.3%，两者相差 60.2 个百分点。这是因为新型经营主体（家庭农场和专业大户）经营规模较大，资金需求大，短期内收益较少。此外，整个生产周期还要面临严峻的价格风险与自然风险的考验，银行为规避风险产生了一定的"惜贷"现象（兰勇等，2015）。

4.6.2.5　投资理财服务可得性较低

西南地区农户投资理财服务可得性较低，新型经营主体可得性高于传统农户。西南地区农户购买过理财的农户占比仅为 12.3%，这主要是因为理财产品往往设置的起购门槛较高，农民往往缺少充裕的闲置资金购买理财。西南四省购买过理财的农户占比由高到低依次为四川、重庆、云南和贵州，其购买过理财农户的占比分别为 15.1%、13.8%、9.0% 和 7.8%，这一排序与粟勤和肖晶（2015）研究所得排序一致，但其测度的值要低于本书，原因是该研究为 2011 年的数据，而本书是 2016 年的调查数据，这也在一定程度上，从时间维度证明了西南地区农户理财服务可得性有所提升的结论。就不同类型农户而言，新型农业经营主体购买过理财的占比为 15.7%，而传统农户中此值仅为 10.9%。

4.6.2.6　各省农户获取的保险服务种类差别不大，但保费支出差异明显

在保险服务可得性方面，西南地区农户平均购买的保险种类为 2.253 种，西南四省份之间在保险购买种类方面相差不大，其中四川农户购买的保险种类最多其值为 2.376 种，重庆农户购买的保险种类最少，其值为 2.017 种，上述两省之间仅差 0.359 种。从农户人均缴纳的保费状况来看，整个西南地区农户中平均每人缴纳的保费为 205.799 元，其中，重庆农户人均保费金额最高，达到 222.801 元，贵州农户人均保费金额最低，其值为 166.532 元，四川和云南农户人均保费金额位于上述两省之间。相比于保险服务种类的差异，保费支出差异更大，如表 4.10 所示。

表 4.10　　　　　　　西南地区农户普惠金融测度体系单指标描述

指标	西南地区	重庆	四川	贵州	云南	传统农户	新型经营主体
距最近银行网点距离（千米）	3.576	3.292	3.141	3.207	5.205	3.734	3.198
村金融联络员数量（人）	0.555	0.448	0.463	0.954	0.468	0.547	0.576
村是否有助农取款服务点或金融综合服务站（个）	0.577	0.569	0.574	0.634	0.532	0.547	0.648
距最近 ATM 机距离（千米）	5.811	5.261	5.279	6.546	6.787	5.960	5.454
距最近保险公司距离（千米）	11.913	9.888	11.248	12.587	12.461	11.472	12.974
村保险代理员数量（人）	0.864	0.862	1.008	0.948	0.436	0.845	0.911
农户人均银行卡拥有量（张）	0.754	1.053	0.750	0.668	0.629	0.718	0.842
农户储蓄余额范围	3.569	3.853	3.565	3.412	3.523	3.515	3.699
农户定期存款占存款的比例	0.297	0.367	0.304	0.247	0.279	0.286	0.325
非现金支付方式种类	0.928	1.147	0.839	1.144	0.769	0.861	1.089
转账方式种类	2.029	2.638	1.939	2.02	1.801	1.966	2.178
农户是否获得过贷款	0.202	0.155	0.212	0.170	0.244	0.150	0.326
农户信贷满足程度	0.748	0.667	0.782	0.751	0.741	0.963	0.361
从非正规渠道借款数额占比	0.441	0.358	0.428	0.468	0.507	0.447	0.427
农户是否购买过理财产品	0.123	0.138	0.151	0.078	0.090	0.109	0.157
农户的投资产品种类	0.252	0.267	0.249	0.268	0.231	0.236	0.288
农户获得的保险种类	2.253	2.017	2.376	2.163	2.218	2.183	2.419
农户年人均保费金额（元）	205.799	222.801	218.843	166.532	200.065	195.864	209.935

4.7　农户普惠金融发展水平综合评价结果与讨论

4.7.1　指标权重确定

根据 4.1.2 节中阐述的权重确定方法，本小节对农户普惠金融发展水平评价体系中各指标的权重进行计算。计算结果如表 4.11 所示。其中，村是否有助农取款服务点（金融服务站）和信贷满足程度两个指标的权重最高，其值均为 0.089，然后为是否购买过理财产品、是否获得贷款、使用过的非现金支付方式种类，其权重依次为 0.082、0.079、0.068。权重最小的为储蓄余额范围指标，其权重值为 0.029，此外，获得保险种类、年人均保费金额、人均银行卡拥有量指标的权重也较小，其权重值分别为 0.039、0.039 和 0.031。

表 4.11　　　　西南地区农户普惠金融发展水平评价指标赋权结果

准则层	指标层	等值赋权	德尔菲	层次分析	变异系数	熵值法	因子分析	组合赋权
银行服务可及性 (0.221)	到银行营业网点距离	0.036	0.066	0.084	0.030	0.009	0.023	0.041
	金融联络员数量	0.036	0.049	0.040	0.065	0.085	0.013	0.048
	村是否有助农取款服务点	0.036	0.065	0.087	0.047	0.066	0.236	0.089
	到最近 ATM 机距离	0.036	0.056	0.057	0.102	0.002	0.002	0.043
保险服务可及性 (0.109)	到最近保险公司距离	0.071	0.062	0.065	0.081	0.002	0.003	0.047
	村保险代理员数量	0.071	0.055	0.049	0.080	0.105	0.013	0.062
储蓄服务可得性 (0.099)	人均银行卡拥有量	0.048	0.050	0.039	0.028	0.017	0.003	0.031
	储蓄余额范围	0.048	0.046	0.037	0.016	0.008	0.016	0.029
	定期存款占存款的比例	0.048	0.047	0.036	0.037	0.041	0.025	0.039
支付转账可得性 (0.112)	非现金支付方式种类	0.071	0.062	0.069	0.047	0.065	0.096	0.068
	使用过的转账方式种类	0.071	0.059	0.061	0.026	0.018	0.030	0.044
贷款服务可得性 (0.235)	是否获得过贷款	0.048	0.054	0.047	0.065	0.100	0.160	0.079
	信贷满足程度	0.048	0.065	0.081	0.082	0.128	0.128	0.089
	非正规渠道借款数额占比	0.048	0.056	0.054	0.045	0.042	0.157	0.067
投资理财可得性 (0.146)	是否购买理财产品	0.071	0.049	0.038	0.112	0.169	0.052	0.082
	投资产品种类	0.071	0.049	0.042	0.075	0.114	0.032	0.064
保险服务可得性 (0.078)	获得的保险种类	0.071	0.061	0.071	0.017	0.007	0.009	0.039
	年人均保费金额	0.071	0.049	0.043	0.045	0.022	0.002	0.039
合计		1.000	1.000	1.000	1.000	1.000	1.000	1.000

4.7.2　综合评价结果与讨论

表 4.12 呈现了西南地区农户普惠金融发展水平的评价结果，从整体水平来看，西南地区农户普惠金融发展水平的 TOPSIS[①] 均值为 0.177，其中，重庆市农户普惠金融发展水平最高，其 TOPSIS 值为 0.193，而云南省农户普惠金融发展水平在西南地区最低，其 TOPSIS 值为 0.163。四川和贵州居于期间，其值依次为 0.181 和 0.168。对于不同经营主体而言，新型农业经营主体整体普惠金融发展水平要高于传统农户，这是因为一方面受政策导向影响，农村金融机构对新型经营主体的支持力度较大（汪艳涛等，2014）；另一方面新型经营主体资源禀赋优于传统小农户，从而容易获得金融服务。

表 4.12　西南地区农户普惠金融发展水平 TOPSIS 综合评价结果

指标	西南地区	重庆	四川	贵州	云南	传统农户	新型经营主体
整体水平	0.177	0.193	0.181	0.168	0.163	0.172	0.188
银行服务可及性	0.149	0.165	0.160	0.119	0.140	0.144	0.162
保险服务可及性	0.059	0.061	0.082	0.025	0.039	0.059	0.062
储蓄服务可得性	0.227	0.277	0.227	0.205	0.208	0.220	0.243
转账支付可得性	0.340	0.423	0.318	0.375	0.296	0.325	0.376
信贷可得性	0.281	0.295	0.278	0.276	0.282	0.258	0.336
投资理财可得性	0.132	0.131	0.141	0.121	0.119	0.124	0.151
保险服务可得性	0.093	0.091	0.098	0.083	0.090	0.092	0.094

从普惠金融发展的不同内容来看，在银行服务可及性方面，重庆可及性最高，其 TOPSIS 值为 0.165，贵州最低，其 TOPSIS 值为 0.119；在保险服务可及性方面，四川可及性水平最高，其 TOPSIS 值为 0.082，贵州省依然水平最低，其 TOPSIS 值仅为 0.025。由此可见，不同省份之间，保险服务可及性差异比银行服务可及性差异更显著。此外，新型农业经营主体和传统农户，在银行服务可及性和保险服务可及性水平方面差别不大，新型农业经营主体高于保险服务可及性。

---

① TOPSIS 值表示与最优解的贴近度，其值越大，表明发展水平越高。

就金融服务可得性而言,在储蓄服务可得性方面,水平由高到低依次为重庆、四川、云南和贵州;在转账支付可得性方面,水平由高到低依次为重庆、贵州、四川和云南,其值依次为0.423、0.375、0.318和0.296,新型农业经营主体在转账支付可得性方面要高于传统农户,这是因为新型农业经营主体对电子化金融支付方式接受程度较高。例如,周杉等(2017)研究发现,新型职业农民经培训后,对新事物更容易理解和接受,间接提高了转账支付的可得性。

在信贷可得性方面,水平由高到低依次为重庆、云南、四川和贵州,其TOPSIS评价值分别为0.295、0.282、0.278和0.276。新型农业经营主体的信贷可得性要高于传统农户;在投资理财可得性方面,四川农户的可得性水平最高,其TOPSIS值为0.141,而云南农户的投资理财服务可得性最低,其TOPSIS值为0.119。新型农业经营主体的投资理财可得性要比传统农户高,这是因为一方面新型农业经营主体投资理财意识高于传统农户;另一方面新型农业经营主体的资金拥有量多于传统农户,更适合当前投资理财产品的起购点。

在保险服务可得性方面,西南地区农户保险服务可得性水平由高到低依次为四川、重庆、云南和贵州,四川开展了大量农业指数保险的试点工作,又有像中航安盟具有国际先进经验的农业保险公司从事相关农业保险的推广和设计工作,使得四川在西南地区农业保险发展居于较高水平。对不同类型农户而言,新型农业经营主体的农业经营规模大于传统农户,所产生的服务成本要低于一般的散户,从而更愿意为新型农业经营主体提供相应服务,使其保险服务可得性高于传统农户,如表4.12所示。

进一步地为便于同其他研究进行比较,本书根据国内外学者均使用过的Sarma指数重新测度了农户普惠金融发展水平[①]。萨尔玛(Sarma)在提出该计算方法的同时,还根据不同的指数取值大小定义了普惠金融发展程度的评价标准。其中,Sarma指数在0.0~0.3为低发展水平,在0.3~0.5为中等水平,在0.5~1.0为高等发展水平。根据调查数据,通过计算得到西南地区农户的Sarma指数均值为0.436,即整体处于中等水平。通过不同Sarma指数范围画出西南地区农户的频数分布直方图(见图4.1),可发现,农户分布呈现出偏左的偏态分布,其中,西南地区样本农户普惠金融发展水平处于低、中、高的农户占比分别9.340%、66.376%、24.284%。

---

① 本书采用了王修华和陈茜茜(2016)改进后的Sarma指数,具体公式参见其文章。

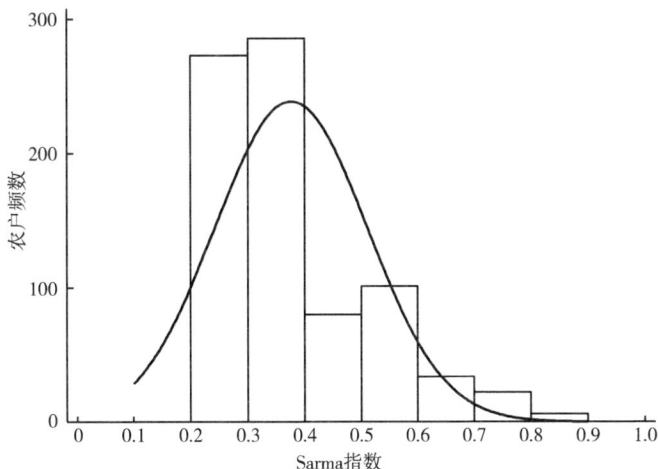

图 4.1　西南地区农户普惠金融发展水平 Sarma 指数分布

4.8　小　　结

本章在借鉴相关理论和已有研究的基础上，构建出针对农户 ICT 与普惠金融发展水平进行测度的指标体系。通过运用单指标法和 TOPSIS 综合评价法，对西南地区农户 ICT 与普惠金融发展水平进行了测度与分析，并将本书测度结果和已有研究结果进行了讨论。通过研究发现：

（1）与全国农户 ICT 发展平均水平相比，西南地区农户的 ICT 发展水平依然较低。尽管在某些指标方面西南地区高于全国平均水平，例如智能手机拥有量等指标。但在多数指标上与全国平均仍存在很大差距，例如互联网行政村覆盖率、互联网的入户率等指标均低于全国平均水平。

（2）就西南地区内部各省份农户 ICT 发展水平差异而言，在整体发展水平上，四川发展水平最高，随后依次为重庆、贵州和云南。就不同农户类型来看，无论是 ICT 整体水平还是各维度发展水平，新型经营主体的 ICT 发展水平均高于传统农户。但需注意的是，与全国新型农业经营主体 ICT 发展水平相比，西南地区新型农业经营主体的 ICT 发展水平要低于全国平均水平。

（3）西南地区农户普惠金融发展整体处于中等水平。其中，在整体发展水平上，西南各省农户普惠金融发展水平由高到低依次为重庆、四川、贵州和云南。就不同类型农户在普惠金融发展水平上的差异而言，新型农业经营主体的普惠金融整体发展水平高于传统农户。

第5章 信息通信技术、普惠金融对农民收入水平的影响分析

如第 2 章的理论分析所言，ICT、普惠金融及两者的交互作用均会对农民收入产生正向影响，那么现实中它们之间的关系是否真的如此，需要通过计量分析进行实证检验。与此同时，通过前面对农户 ICT 利用水平、普惠金融发展水平的测度，可以发现，不同地区、不同类型农户之间 ICT 利用水平和普惠金融发展程度存在显著的差异，本章将基于此，运用相应的计量模型，探析不同发展水平的 ICT 和普惠金融，会对农民收入水平产生何种影响。

5.1 数据来源与研究方法

5.1.1 数据来源

本章微观数据主要来自对西南地区农户 ICT、普惠金融与收入状况的调查，关于问卷的设计、样本的抽取等详细内容，已在 4.1.1 节进行了阐述，在此不再赘述。此外，为控制经济环境对农民收入的影响，还选取了样本农户所在县的人均 GDP 变量，其数据来自西南地区各省《2016 年统计年鉴》。

5.1.2 研究方法

本章用到的方法主要包括独立样本 T 检验、方差分析（analysis of variance，ANOVA）、普通最小二乘法、分位数回归方法、工具变量法、处理效应方法与无条件内生分位数处理效应方法。

5.1.2.1　独立样本 T 检验法

两独立样本 T 检验用于检验来自两个总体独立样本的同一变量，是否存在显著差异。当两样本方差相等时参照式（5.1）计算，否则参照式（5.2）计算。本章借助两独立样本 T 检验方法，考察不同分组农户之间收入水平的差异显著性，即：

$$t = \frac{\overline{x}_1 - \overline{x}_2 - (\mu_1 - \mu_2)}{s_\omega \sqrt{\dfrac{1}{n_1} + \dfrac{1}{n_2}}} \tag{5.1}$$

$$t = \frac{\overline{x}_1 - \overline{x}_2 - (\mu_1 - \mu_2)}{\sqrt{\dfrac{S_1^2}{n_1} + \dfrac{S_2^2}{n_2}}} \tag{5.2}$$

其中，$S_\omega^2 = \dfrac{(n_1 - 1)S_1^2 + (n_2 - 1)S_2^2}{n_1 + n_2 - 2}$，$S_1$ 和 S_2 为两个样本的标准差；μ_1 和 μ_2 分别为两总体的均值，原假设为两均值相等。

5.1.2.2　方差分析法

方差分析法主要用于研究不同控制变量水平（多于两个）对观测变量的影响。本书在分析 ICT 与普惠金融交互作用对农民收入水平的影响时，将农户分为低 ICT 水平低普惠金融水平组、低 ICT 水平高普惠金融水平组、高 ICT 水平低普惠金融水平组和高 ICT 水平高普惠金融水平组，由于水平分组较多，适合运用方差分析法对不同分组之间的人均纯收入水平进行比较。方差分析法中，进行组间差异推断的方法为 F 检验法。其计算公式为：

$$SST = SSA + SSE \tag{5.3}$$

$$SSA = \sum_{i=1}^{k} n_i (\overline{x}_i - \overline{x})^2 \tag{5.4}$$

$$F = \frac{SSA/(k-1)}{SSE/(n-k)} \tag{5.5}$$

其中，SST 表示总变异平方和；SSA 是由控制变量引起的变异部分；SSE 则是随机变量引起的变化；k 为水平个数；n_i 为第 i 个水平下的样本容量；$\overline{x}_i$ 为第 i 个水平中观测变量均值；$\overline{x}$ 为整体观测变量均值；x_{ij} 为控制变量第 i 水平下第 j 个样本的观测值。

5.1.2.3 普通最小二乘法

普通最小二乘法用于估计多元线性回归方程的系数。普通最小二乘法的原理是最小化式（5.6）中的 Q 值。要想实现此目的，只需求 Q 对待估参数 $\hat{\beta}$ 的偏导数，并令其等于 0 即可。由此便推导出计算待估参数的方程（如式 5.7 所示）。将其转化为矩阵形式，则可得到式（5.8），若令矩阵 **X** 为式（5.9），则可求出待估的参数矩阵 $\hat{\beta}$（见式（5.10）），即：

$$Q = \sum_{i=1}^{n} e_i^2 = \sum_{i=1}^{n} (Y_i - \hat{Y})^2 = \sum_{i=1}^{n} [Y_i - (\hat{\beta}_0 + \hat{\beta}_1 X_{i1} + \hat{\beta}_2 X_{i2} + \cdots + \hat{\beta}_k X_{ik})]^2 \tag{5.6}$$

$$\begin{cases} \sum (\hat{\beta}_0 + \hat{\beta}_1 X_{i1} + \hat{\beta}_2 X_{i2} + \cdots + \hat{\beta}_k X_{ik}) = \sum Y_i \\ \sum (\hat{\beta}_0 + \hat{\beta}_1 X_{i1} + \hat{\beta}_2 X_{i2} + \cdots + \hat{\beta}_k X_{ik}) X_{i1} = \sum Y_i X_{i1} \\ \sum (\hat{\beta}_0 + \hat{\beta}_1 X_{i1} + \hat{\beta}_2 X_{i2} + \cdots + \hat{\beta}_k X_{ik}) X_{i2} = \sum Y_i X_{i2} \\ \qquad\qquad\qquad \cdots\cdots \\ \sum (\hat{\beta}_0 + \hat{\beta}_1 X_{i1} + \hat{\beta}_2 X_{i2} + \cdots + \hat{\beta}_k X_{ik}) X_{ik} = \sum Y_i X_{ik} \end{cases} \tag{5.7}$$

$$\begin{pmatrix} n & \sum X_{i1} & \cdots & \sum X_{i1k} \\ \sum X_{i1} & \sum X_{i1}^2 & \cdots & \sum X_{i1} X_{ik} \\ \vdots & \vdots & \vdots & \vdots \\ \sum X_{i1k} & \sum X_{ik} X_{i1} & \cdots & \sum X_{ik}^2 \end{pmatrix} \begin{pmatrix} \hat{\beta}_0 \\ \hat{\beta}_1 \\ \vdots \\ \hat{\beta}_k \end{pmatrix} = \begin{pmatrix} 1 & 1 & \cdots & 1 \\ X_{11} & X_{21} & \cdots & X_{n1} \\ \vdots & \vdots & \vdots & \vdots \\ X_{1k} & X_{2k} & \cdots & X_{nk} \end{pmatrix} \begin{pmatrix} Y_1 \\ Y_2 \\ \vdots \\ Y_n \end{pmatrix} \tag{5.8}$$

$$\mathbf{X} = \begin{pmatrix} 1 & X_{11} & \cdots & X_{1k} \\ 1 & X_{21} & \cdots & X_{2k} \\ \vdots & \vdots & \vdots & \vdots \\ 1 & X_{n1} & \cdots & X_{nk} \end{pmatrix} \tag{5.9}$$

$$\hat{\beta} = (\mathbf{X}'\mathbf{X})^{-1} \mathbf{X}'\mathbf{Y} \tag{5.10}$$

5.1.2.4 分位数回归法

分位数回归方法用于考察处于因变量不同分位数水平上，各自变量带来的影响差异。可有效缓解因极值问题对变量系数估计产生的不利影响。该方法最早由肯克和巴西特（Koenker & Bassett，1978）提出。其表达式为：

$$y_q(x_i) = x_i' \beta_q \qquad (5.11)$$

其中，β_q 为 q 分位数回归系数。其估计值可由式 5.12 求出，即：

$$\min_{\beta_q} \sum_{i:y_i \geqslant x_i' \beta_q}^{n} q \, | \, y_i - x_i' \beta_q \, | \, + \sum_{i:y_i < x_i' \beta_q}^{n} (1 - q) \, | \, y_i - x_i' \beta_q \, | \qquad (5.12)$$

5.1.2.5　工具变量法

工具变量法可有效解决内生性问题（李子奈和潘文卿，2010）。在以式 (5.13) 为代表的多元线性回归模型矩阵中，若假设 $\mathbf{X}_2$ 为内生解释变量，其工具变量矩阵为 $\mathbf{Z}$，如式 (5.14) 所示，根据工具变量法便得到正规方程组，如式 (5.15) 所示，据此可得到解释变量的估计系数矩阵，如式 (5.16) 所示，即：

$$\mathbf{Y} = \mathbf{X} \boldsymbol{\beta} + \boldsymbol{\mu} \qquad (5.13)$$

$$\mathbf{Z} = \begin{pmatrix} 1 & X_{11} & Z_1 & \cdots & X_{1k} \\ 1 & X_{21} & Z_2 & \cdots & X_{2k} \\ \vdots & \vdots & \vdots & & \vdots \\ 1 & X_{n1} & Z_n & \cdots & X_{nk} \end{pmatrix} \qquad (5.14)$$

$$\mathbf{Z}'\mathbf{Y} = \mathbf{Z}'\mathbf{X}\boldsymbol{\beta} \qquad (5.15)$$

$$\hat{\boldsymbol{\beta}} = (\mathbf{Z}'\mathbf{X})^{-1}\mathbf{Z}'\mathbf{Y} \qquad (5.16)$$

5.1.2.6　处理效应法

处理效应方法（模型）主要解决样本选择的非随机性问题（即样本选择偏差问题）。样本农户在采取某一行为时，会通过预期收益作出是否参与的决策，这是他们进行自我选择的结果。而调查是在农户作出决策之后进行的，由于初始条件的不同，势必会带来选择偏差问题，造成调查结果与事实之间出现脱节，即所谓的眼见不一定为真的现象。解决此问题的方法有两种：一种通过事前的随机分组；另一种是基于鲁宾（Rubin，1974）的反事实框架进行处理效应分析。由于本书是对事后进行的调查，故前一种方法不适合本书研究，为此，选择后一种方法。在第二种方法中，又进一步细分为两种假设：依可测变量选择是否参与项目与依不可测变量选择是否参与项目。本章选取的是依不可测变量假设下的处理效应方法。该方法依不可测变量对处理变量进行结构建模，可弥补依可测变量方法（如倾向得分匹配方法）产生的隐性偏差问题的不足，且对大样本容量的要求较低（Maddala，1983）。其基本原理如式（5.17）～式（5.19）所示，通过最大似然估计法估计出 γ 值，即为在随机指派下某一样本参与某项目的平均处理效应，即：

$$y_i = \mathbf{X}_i'\boldsymbol{\beta} + \gamma D_i + \boldsymbol{\varepsilon}_i \tag{5.17}$$

$$D_i = I\left(\mathbf{z}_i'\boldsymbol{\delta} + \mu_i\right) \tag{5.18}$$

$$E(y_i \mid \mathbf{x}_i, \mathbf{z}_i) = \mathbf{x}_i'\boldsymbol{\beta} + \gamma D_i + \rho\sigma_\varepsilon\lambda_i \tag{5.19}$$

其中，$I(\cdot)$ 为示性函数，$\mathbf{z}_i$ 为影响 i 是否参与项目的变量矩阵，可以与 $\mathbf{X}_i$ 有重叠部分，但必须保证至少有一个变量不与其重叠，且此变量只对 D_i 产生影响，不会影响 y_i。ρ 为 ε_i 与 μ_i 的相关系数。

5.1.2.7 无条件内生分位数处理效应法

无条件内生分位数处理效应模型主要通过以下步骤进行系数估计。

第一步，根据弗勒利希和梅利（Frolich & Melly，2013）采用的再赋权（reweighting）分位点回归的算法定义权重函数 W，即：

$$W = \frac{Z - p(X)}{p(X)(1 - p(X))}(2D - 1) \tag{5.20}$$

其中，Z 为处理状态 D 的工具变量，$p(X) = E(D = 1 \mid X)$。

第二步，确定样本农户在不同处理状态（即 D = 1 和 D = 0）下各自收入的分布函数 F_{Y_1} 和 F_{Y_0}。

$$F_{Y_1}(u) = \frac{\int \{E(1(Y \leq u)(D - 1) \mid X, Z = 1) - E(1(Y \leq u)(D - 1) \mid X, Z = 0)\}dF_X}{\int \{E(D \mid X, Z = 1) - E(D \mid X, Z = 0)\}dF_X} \tag{5.21}$$

$$F_{Y_0}(u) = \frac{\int \{E(1(Y \leq u)(D - 1) \mid X, Z = 1) - E(1(Y \leq u)(D - 1) \mid X, Z = 0)\}dF_X}{\int \{E(D \mid X, Z = 1) - E(D \mid X, Z = 0)\}dF_X} \tag{5.22}$$

通过权重 W，可以将式（5.21）和式（5.22）转换为式（5.23）和式（5.24），即：

$$F_{Y_1}(u) = \frac{E(1(Y < u)DW)}{E(DW)} \tag{5.23}$$

$$F_{Y_0}(u) = \frac{E(1(Y < u)(1 - D)W)}{E(DW)} \tag{5.24}$$

第三步，令式（5.23）和式（5.24）等号左边都等于分位数值 τ，得到式（5.25）和式（5.26），即：

$$E(\{1(Y < q_\tau(Y_1)) - \tau\}DW) = 0 \tag{5.25}$$

$$E(\{1(Y < q_\tau(Y_0)) - \tau\} - (1 - D)W) = 0 \tag{5.26}$$

第四步，计算在第三步基础上，计算式（5.27）所示的加权线性分位点回归的解，估计出处理状态 D 的系数 b：

$$(a,b) = \arg \min_{a,b} E(\rho_\tau(Y - a - bD) \cdot W) \tag{5.27}$$

其中，$\rho_\tau(u) = u(\tau - 1(u < 0))$。具体来讲，该估算过程需要通过三步实现：一是获得得分倾向 $p(X)$ 的非参数估计 $\hat{p}(\cdot)$；二是将其代入 W 的表达式获得 W 的一致估计，如式 5.28 所示；三是通过对式（5.29）的最小化处理，得出无条件分位数处理效应，即：

$$\hat{w}_i = \frac{z_i - \hat{p}(x_i)}{\hat{p}(x_i)(1 - \hat{p}(x_i))}(2d_i - 1) \tag{5.28}$$

$$\frac{1}{n} \sum_{i=1}^{n} (\rho_t(y_i - a - bd_i) \cdot \hat{w}_i) \tag{5.29}$$

5.2　研究假设与计量模型构建

根据第 2 章的理论分析，在关于 ICT、普惠金融对农民收入水平的影响方面可提出四个研究假设（见表5.1），即：

假设 H_1：ICT 对农户人均纯收入水平带来正向影响。

假设 H_2：普惠金融会对农户人均纯收入产生正向促进作用。

假设 H_3：ICT 与普惠金融的交互作用会给农户人均纯收入带来正向影响。

假设 H_4：ICT 与普惠金融交互作用更有利于低收入农户增收。

表 5.1 农户收入水平影响因素的研究假设

假设编号	假设内容	预期结果
H_1	ICT 对人均纯收入水平的影响	ICT 会促进人均纯收入水平的提高
H_2	普惠金融对人均纯收入水平的影响	普惠金融的发展会提高农户的人均纯收入水平
H_3	ICT 与普惠金融交互作用对农户人均纯收入水平的影响	交互作用会给农户人均纯收入水平带来正向影响
H4	ICT 与普惠金融交互作用的益贫性	ICT 与普惠金融交互作用更有利于低收入农户增收

根据研究假设及变量特征，本章节将使用多元线性回归模型作为基本计量模型，并将其基本形式定义为式（5.30）。其中，income 代表农户的人均收入水平；ICT 表示农户的 ICT 发展水平；IF 表示农户普惠金融水平。为计算 ICT 与普惠金融对农户收入水平的贡献弹性，分别对上述变量取了对数，此外，为了考察 ICT 与普惠金融交互作用对农民收入水平的影响，在模型中加入了交互项 $\ln ICT \otimes \ln IF$，$\boldsymbol{\beta}_{other}$ 代表影响农户收入水平的其他控制变量的系数矩阵，x_{other} 表示其他控制变量的矩阵。需注意的是，后文不仅将 ICT 和普惠金融的综合发展水平作为 ICT 和普惠金融发展水平的直接代理变量，还运用了反映 ICT 和普惠金融发展水平的单指标作为代理变量，为简便起见，式（5.30）中 ICT 和 IF 既包含综合指标也包含单指标，即：

$$\ln income = \beta_0 + \beta_1 \ln ICT + \beta_2 \ln IF + \beta_3 \ln ICF \otimes \ln IF + \boldsymbol{\beta}_{other} \mathbf{x}_{other} + \varepsilon \quad (5.30)$$

5.3 信息通信技术、普惠金融与收入水平关系的 T 检验及方差分析

5.3.1 信息通信技术与农民收入水平关系分析

为了初步探讨农户 ICT 发展水平与农民收入水平之间的关系，在前面章节对农户 ICT 发展水平测度的基础上，以第 4 章测度的 ICT 综合利用水平的均值为划分依据，将样本户分为两组，然后运用 T 检验，比较不同组的农户在收入水平方面的差异。表 5.2 展示了 T 检验的结果。

表 5.2　　　　　　　　　　农户 ICT 与农民收入关系的 T 检验

观察项	测度含义	样本量	农户人均纯收入（万元）	标准差	T 检验
ICT 利用水平（TOPSIS 值）	≤0.195	428	0.882	0.691	-4.612***
	>0.195	375	1.136	0.850	
ICT 可及性水平（TOPSIS 值）	≤0.247	357	0.982	0.791	0.758
	>0.247	446	1.024	0.770	
ICT 装备水平（TOPSIS 值）	≤0.241	377	0.893	0.678	-3.766***
	>0.241	426	1.096	0.849	
ICT 使用程度（TOPSIS 值）	≤0.123	402	0.887	0.688	-4.182***
	>0.123	401	1.115	0.846	
ICT 人力资源水平（TOPSIS 值）	≤0.303	375	0.904	0.790	-3.306***
	>0.303	428	1.085	0.760	
家中是否接入互联网（实际值）	未入网	440	0.931	0.726	-2.768***
	入网	363	1.085	0.833	
人均智能手机数量（实际值）	≤0.650	387	0.766	0.565	-8.733***
	>0.650	416	1.219	0.882	

注：*** 表示在 1% 的显著性水平上拒绝原假设。

　　在农户 ICT 利用水平对农民收入的影响方面，根据西南地区农户 ICT 利用水平平均值 0.195 为界，将所有样本农户分为低 ICT 发展水平组和高 ICT 发展水平组，其中低水平组 428 个农户人均纯收入的均值为 0.882 万元，高水平组 375 个农户的人均纯收入均值为 1.136 万元，T 值在 1% 的水平上显著拒绝原假设。说明具备高 ICT 利用水平农户的人均纯收入显著高于低水平组的农户，其差值为 0.254 万元。

　　在拥有不同 ICT 可及性水平的农户之间，高水平组农户的人均纯收入均值大于低水平组。其中，水平较高组农户的人均纯收入为 1.024 万元，水平较低组农户的人均纯收入为 0.982 万元，两者相差 0.042 万元。但是通过 T 检验发现，两者之间的均值并未形成显著差异，表明农户的人均收入在不同 ICT 接触性水平的农户之间并未出现明显的不一致。这是因为，ICT 可及性水平主要通过政府推动提高，例如宽带和光纤村村通工程等，具有一定的普适性，例如在调查的村中，通互联网的村占比为 94.3%，这样一来，无论高收入农户还是低收入农户均有接触 ICT 的机会，体现不出应有的异质性。

就拥有不同 ICT 装备水平的农户而言，低于均值水平的农户人均纯收入为 0.893 万元，而高于均值水平的农户为 1.096 万元，两者相差 0.203 万元。通过 T 检验发现 t 值为 -3.766，且在 1% 的显著性水平上拒绝两组所代表的总体农民收入水平相等的原假设，即拥有高 ICT 装备水平的农户，其人均纯收入水平高于低水平的农户。农户 ICT 装备水平的提高，尤其是智能手机在农民中的推广，增加了农民通话与浏览网上信息的便利程度，只要在有移动信号的地方，农民便可以上网浏览与生产经营相关的信息，获得信息带来的增收红利。

通过比较不同 ICT 使用程度农户之间的收入状况可发现，高 ICT 使用程度农户的人均纯收入为 1.115 万元，比低 ICT 使用程度农户的人均纯收入高 0.228 万元，且通过 T 检验发现，这一差异在 1% 的水平上非常显著。这在一定程度上表明，ICT 使用程度高的农户，可以将 ICT 用于获取生产销售等有用信息，而不仅仅用于游戏等娱乐休闲活动，让 ICT 为提高自身收入水平服务。

在 ICT 人力资源水平不同的农户中，拥有较高 ICT 人力资源水平样本农户的人均收入为 1.085 万元，而低 ICT 人力资源水平农户的人均收入为 0.904 万元，前者比后者高 0.181 万元。通过 T 检验发现，两者所代表的总体样本之间的这一差异，在 1% 水平上较为显著。一定程度上表明 ICT 人力资源水平的提高，一方面增加了农户对 ICT 的使用频率；另一方面也会提高 ICT 的使用效率，ICT 人力资源水平高的农户，往往对真实有用信息的甄别能力更强，从而有利于排除不良信息产生的"噪声"，进一步为提高其收入水平所服务。

此外，我们还选取了农户是否入网与农户人均智能手机拥有量两个单指标，初步探析了它们与农户人均纯收入之间的关系。从 T 检验结果来看，样本农户中有 440 户还未接入宽带或拨号形式的互联网，在这一类的农户中，人均纯收入水平均值为 0.931 万元，与此同时，样本农户中有 363 户已接入互联网，而这部分农户的人均收入水平为 1.085 万元，通过 T 检验后发现，前者代表的总体农户的收入水平显著低于后者所代表的农户总体收入水平。初步表明接入互联网的农户会有利于收入水平的增加。与此类似，人均拥有智能手机数量较多农户的人均纯收入高于人均智能手机拥有量少的农户，通过 T 检验发现，两者在 1% 的显著性水平上相差 0.453 万元（见表 5.2）。

5.3.2 普惠金融与农民收入水平关系分析

根据前面计算的农户普惠金融发展水平的 TOPSIS 综合评价值，以其均值为分界线，将样本农户分为低普惠金融发展水平组和高普惠金融发展水平组。通过比较两组样本农户之间的农户人均纯收入水平差异，初步推断出总体具有不同普惠金融发展水平农户之间的收入差异是否显著。

就普惠金融整体发展水平而言，样本农户中共有 401 户属于低普惠金融发展水平组，其农户人均纯收入为 0.617 万元。有 402 户属于高发展水平组，他们的人均纯收入水平为 0.883 万元，比低发展水平组高 0.266 万元。通过两者样本均值的 T 检验发现，均值检验的 t 值为 -6.265，在 1% 的显著性水平上拒绝两组农户人均纯收入不存在显著差异的原假设，换言之，高普惠金融发展水平组农户的收入显著高于低发展水平组。

从普惠金融发展的不同维度来看，在金融服务可及性方面，低金融服务可及性水平组样本农户有 437 户，其人均纯收入为 0.985 万元，高金融服务可及性水平组有 366 户，其人均纯收入为 1.019 万元，T 检验揭示两组农户的收入水平并不存在显著差异。在金融服务可得性方面，低金融服务可得性水平组农户的人均纯收入，显著低于高水平组农户。具体来看，样本农户中有 410 户属于低金融服务可得性水平组，该组农户人均纯收入为 0.821 万元，有 393 户属于高金融服务可得性水平组，其农户人均收入为 1.188 万元，两者相差 0.367 万元，T 检验表明在 1% 的显著性水平上，高金融服务可得性水平组农户的收入显著高于低金融服务可得性水平组农户。

进一步地从银行服务可及性与保险服务可及性来看，银行服务可及性程度高的农户与程度低的农户之间，人均纯收入并未表现出明显差异。其中，具有较高银行服务可及性的样本农户有 439 户，具有较低银行服务可及性的样本农户有 364 户，前者农户人均纯收入为 1.015 万元，后者为 0.989 万元，但通过 T 检验发现两者的差异并不明显。一方面西南地区银行服务可及性水平仍然较低；另一方面西南地区农民金融素养不高，会导致需求型金融服务约束的产生。在保险服务可及性方面，调查的西南地区农户样本中，有 537 户属于低保险服务可及性农户，而高保险服务可及性农户的数量仅为 266 户，说明西南地区农户的保险服务可及性水平普遍偏低。通过统计发现，低保险服务可及性水平农户的人均纯收入为 0.964 万元，高保险服务可及性水平农户的人均纯收入为 1.075 万元，比前者高 0.111 万元，这一差距在 10% 的显著性水平上显著。

从金融服务可得性的不同维度来看，储蓄服务可得性水平较低的农户，其人均纯收入为 0.747 万元，储蓄服务可得性水平较高农户的人均纯收入则高达 1.250 万元，通过 T 检验发现，储蓄服务可得性水平较高的农户，其收入水平显著高于储蓄服务可得性较低的农户。类似地，在转账支付可得性、信贷服务可得性、投资理财服务可得性以及保险服务可得性方面，均呈现出高水平组农户的收入水平显著高于低水平组农户的特征①，其高出的农户人均纯收入均值依次为 0.318 万元、0.134 万元、0.377 万元和 0.340 万元（见表 5.3）。

表 5.3　　　　　　　　普惠金融发展水平与农民收入关系的 T 检验

观察项	测度含义	样本量	农户人均收入（万元）	标准差	T 检验
普惠金融发展水平	≤0.177	401	0.617	0.031	-6.265***
	>0.177	402	0.883	0.044	
金融服务可及性	≤0.117	437	0.985	0.765	-0.608
	>0.117	366	1.019	0.797	
金融服务可得性	≤0.199	410	0.821	0.595	-6.798***
	>0.199	393	1.188	0.897	
银行服务可及性	≤0.149	364	0.989	0.791	0.467
	>0.149	439	1.015	0.770	
保险服务可及性	≤0.059	537	0.964	0.759	-1.861*
	>0.059	266	1.075	0.816	
储蓄服务可得性	≤0.227	398	0.747	0.508	-9.704***
	>0.227	405	1.250	0.909	
转账支付可得性	≤0.340	440	0.857	0.665	-5.742***
	>0.340	363	1.175	0.868	
信贷服务可得性	≤0.281	308	0.918	0.700	-2.469**
	>0.281	495	1.052	0.821	

① 显著性水平分别为 1%、5%、1% 和 1%。

续表

观察项	测度含义	样本量	农户人均收入 （万元）	标准差	T 检验
投资理财 可得性	≤0.132	562	0.888	0.711	−5.969***
	>0.132	241	1.265	0.864	
保险服务 可得性	≤0.093	476	0.862	0.642	−5.845***
	>0.093	327	1.202	0.908	

注：***、**、*分别表示在 1%、5%、10%的显著性水平上拒绝原假设。

5.3.3　交互作用与农民收入水平关系分析

根据交互作用的内涵，在前面章节测度出来的农户 ICT 利用水平以及普惠金融发展水平的基础上，将样本农户分为四组：低 ICT 利用水平与低普惠金融发展水平组（低 ICT 低 IF）、低 ICT 利用水平与高普惠金融发展水平组（低 ICT 高 IF）、高 ICT 利用水平与低普惠金融发展水平组（高 ICT 低 IF）、高 ICT 利用水平与高普惠金融发展水平组（高 ICT 高 IF）。通过对不同组农户人均纯收入均值的比较，便可初步统计出 ICT 与普惠金融交互作用对农民收入水平差异的影响。

由于组别多于两种，为了比较不同组之间对农民收入水平的影响，需要运用单因素方差分析（ANOVA）方法。首先，对不同分组农户的人均收入进行方差齐次性检验，通过检验后发现 Levene 统计量的值为 8.695，在 1%的显著水平上拒绝方差具有齐次性的原假设，因而需要选择方差不齐假设下的比较均值的方法；其次，进行组间均值差异显著性检验。通过表 5.4 可知组间平方和为 28.659，自由度为 3，均方为 9.553，F 统计量为 16.655，组间比较的相伴概率 Sig. =0.000<0.05，因而拒绝四种分组农户收入水平不存在显著差异的原假设，即不同交互作用大小的农户之间收入水平存在差异；最后，对四组农户的人均收入水平进行均值的多重比较，最终结果如表 5.5 和图 5.1 所示。通过比较结果可发现，四组农户人均纯收入水平由大到小的排序为：高 ICT 高 IF 组 > 低 ICT 高 IF 组 > 高 ICT 低 IF 组 > 低 ICT 低 IF 组。通过绘制的不同组的农户人均纯收入均值折线图，也可更形象地看出不同组之间农户收入水平的差距较为显著。即可以初步判断出两者的交互作用会对农民人均纯收入产生正向影响。

表5.4 ICT 与普惠金融交互作用方差分析（ANOVA）结果

项目	平方和	自由度	均方	F 值	Sig.
组间	28.659	3	9.553	16.655	0.000
组内	458.304	799	0.574		
总计	486.963	802	—	—	—
方差齐性检验	Levene 统计量：8.695***				

表5.5 不同 ICT 利用水平与普惠金融发展水平分组下的多重比较结果

分组 I	分组 II	均值差 （分组 I － 分组 II）	标准差	显著性
低 ICT 低 IF	低 ICT 高 IF	− 0.239***	0.075	0.010
	高 ICT 低 IF	− 0.116	0.069	0.447
	高 ICT 高 IF	− 0.461***	0.068	0.000
低 ICT 高 IF	低 ICT 低 IF	0.239***	0.075	0.010
	高 ICT 低 IF	0.122	0.089	0.673
	高 ICT 高 IF	− 0.222*	0.088	0.070
高 ICT 低 IF	低 ICT 低 IF	0.116	0.069	0.447
	低 ICT 高 IF	− 0.122	0.089	0.673
	高 ICT 高 IF	− 0.344***	0.083	0.000
高 ICT 高 IF	低 ICT 低 IF	0.461***	0.068	0.000
	低 ICT 高 IF	0.222*	0.088	0.070
	高 ICT 低 IF	0.344***	0.083	0.000

注：***、*分别表示在1%、10%的显著性水平上显著。

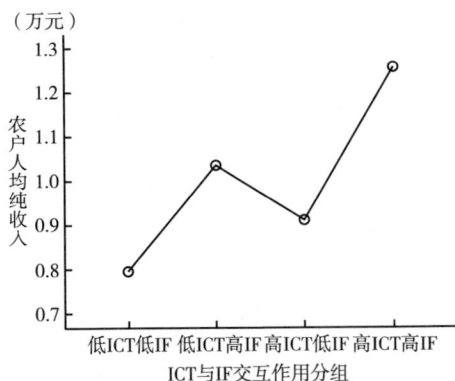

图5.1 不同 ICT 与 IF 交互作用分组农户的人均收入均值折线

5.4 信息通信技术、普惠金融对农民收入水平影响的回归分析

通过 5.3 的初步分析，可以得知 ICT、普惠金融及两者交互作用会对农民收入产生正向影响，但由于未控制其他变量，初步分析的结果有待进一步验证。本章将在控制其他变量的情况下，分析 ICT、普惠金融及交互作用对农民收入的影响。

5.4.1 变量的选取

在被解释变量选取方面，本章主要对农民收入水平的影响因素展开分析，借鉴以往研究（温涛等，2005），选取了农户人均纯收入作为农民收入水平的代理变量。如前面理论所述，ICT 和普惠金融主要对经营性收入、工资性收入和财产性收入这三类收入产生影响，本章在计算人均纯收入时，是在这三类收入的基础上计算的。具体而言，用农户三类收入（即经营性收入、工资性收入和财产性收入）的总和减去生产经营成本，得到纯收入，然后除以家庭人口规模，得到包含上述三类收入的农村居民家庭人均纯收入。

在核心解释变量的选取上，除了选取第 4 章计算出来的农户 ICT 利用水平 TOPSIS 综合评价值与普惠金融发展 TOPSIS 综合评价值，还从评价指标体系的不同维度选取评价值，同时参照已有文献（Cortignani & Severini，2012；Tsai，2001；Zhao et al.，2016；范香梅和张晓云，2012；周洋和华语音，2017）的基础上，也选取了家庭是否入网、人均智能手机数量、会上网人数、农户是否获得贷款、农户贷款获得额、农户人均保险保费支出等核心变量从单指标角度反映农户的 ICT 和普惠金融发展水平。

在控制变量选取方面，参照已有关于农民收入水平的研究文献（Cunguara & Darnhofer，2011；Kassie et al.，2011；Yang，2004；褚保金和丁云芬，2003；丁忠民等，2017；王小华和温涛等，2014；朱建军和胡继连，2015），本书加入物质资本变量（人均承包土地面积、人均农业生产投入）、人力资本变量（劳动力数量、主事者教育程度、外出务工人数）、其他家庭特征变量（家庭规模、是否干部户、主事者年龄、主事者性别、是否租入土

地、是否租出土地、是否参与新型农业经营主体、有无从事非农经营活动)、村庄变量(村庄地形、是否少数民族聚居区、距最近乡镇距离),同时为控制外部经济环境以及省份固定效应,加入了所在地区 GDP 和省份虚拟变量。

5.4.2 变量的描述性统计分析

表 5.6 展示了选取的各变量的描述性统计结果。从表 5.6 中可以看出,在调研的 803 户农村家庭中,以三类收入计算的家庭人均纯收入均值为0.891 万元。根据国家统计局和西南各省(市)公布的数据进行推算,2016年西南地区以三类收入计算的家庭人均纯收入为 0.848 万元①,与本次调查所得数据基本一致,表明本次所抽样本具有较高的代表性;在农户信息通信技术 TOPSIS 综合评价值和农户普惠金融 TOPSIS 综合评价值方面,正如前面章节所言,样本农户中,信息通信技术 TOPSIS 综合评价值的均值、最小值、最大值和标准差依次为 0.195、0.027、0.505 和 0.065,代表农户普惠金融发展水平的 TOPSIS 值均值为 0.177,最小值和最大值分别为 0.024 和 0.508,标准差为 0.066。分不同维度来看,农户金融服务可及性水平 TOPSIS 评价值均值为 0.117,最小值为 0.003,最大值为 0.5,标准差为 0.093。农户金融服务可得性水平评价均值为 0.199,其最小值、最大值和标准差依次为0.027、0.616 和 0.081,金融可得性之间的差异要略小于金融服务可及性。进一步地,从储蓄、转账支付、信贷、投资理财和保险服务可得性水平来看,差异较大的是信贷可得性水平,其与服务的差异由大到小依次为转账支付、投资理财、储蓄和保险服务;在体现农户 ICT 利用水平的单指标方面,家中接入互联网的农户有 363 户,占所有样本农户的比例为 45.2%。样本农户人均智能手机拥有量为 0.650 部,智能手机拥有量最少的农户为 0,最多的接近 2 部。平均每户样本农户中有 1.760 人会上网,其中,会上网人数最多的家庭中有 6 人会上网,最少的为 0,即无人会上网;在体现农户普惠金融发展水平的单指标方面,获得过贷款服务的农户有 235 户,占所有样本户的比例为 29.3%,多数农户并未获得过贷款服务。根据中国家庭金融调查的数据

---

① 由于我国农民收入统计口径发生变化,从 2014 年开始不再公布人均纯收入,取而代之的是人均可支配收入,因此,导致宏观层面 2016 年农民人均纯收入数据缺失。而本书调查得到的数据为2016 年人均纯收入。为便于同宏观数据比较,本书在国家统计局公布的 2013 年农民人均纯收入基础上,利用农民人均可支配收入年均增长率,估算出了 2016 年宏观层面的农民人均纯收入水平。

显示，2013 年农村有贷款的家庭占比为 14.9%，远低于本书调查的数值。这是因为本书调查的是获得过贷款的农户，而并非当前有贷款的农户，有一部分农户曾经获得过贷款，但当前已还清，这部分农户仍旧享受到了普惠金融服务。农户贷款获得额的平均水平为 0.751 万元，其中，最小的为 0，最大的为 20 万元，之所以差距如此之大，是因为有些新型经营主体因经营规模较大，获得的贷款数额远高于传统农户。对于样本农户获得的保险服务而言，人均保费金额均值为 205.80 元，其中，缴纳保费金额最多的农村家庭人均保费高达 3700 元，最少的为 0。

从控制变量的描述性统计结果来看，在物质资本方面，样本农户中人均从村集体承包的土地面积均值为 1.012 亩，承包土地面积最小农户为 0.060 亩，最多的为 2.667 亩；在人均农业生产性投入方面，样本均值为 3185.968 元，最少的农户为 0，最多的为 80800 元，之所以差距如此之大，是因为有的农户为新型农业经营主体，例如家庭农场等农业生产投入远大于传统农户；在人力资本方面，就劳动力①（16～60 周岁）数量而言，平均每个样本农户中劳动力数量为 3.3 人。就文化程度来看，用 1～7 表示主事者受教育程度的高低，发现家中主事者的平均受教育程度为初中；在家庭特征方面，平均每个家庭有 1.259 人外出务工。家庭人口规模②均值为 4.489 人，接近 5 人／户。样本户中有家庭成员为干部的农户有 84 户，其占比为 10.5%。家庭中主事者的年龄在 21～82 岁，平均年龄为 48 岁。主事者中以男性为主，占比高达 86.2%。在土地流转决策方面，样本农户中有土地流转行为的农户有 405 户，占所有样本农户的 50.44%，其中，租入土地的农户 177 户，租出土地的农户为 228 户。有 29.4% 的样本农户为新型农业经营主体，有 44.8% 的农户从事非农生产经营活动；在村级变量方面，有 32.5% 的样本农户所在的村为少数民族聚居村。样本农户距最近乡镇距离的平均值为 5.417 千米，最远的为 17.5 千米，最近的为 0；在省级控制变量方面，样本农户所在县的人均 GDP 均值为 3.166 万元，最少的为 0.663 万元，最多的为 8.062 万元。

---

① 根据《中华人民共和国劳动法》《中华人民共和国劳动合同法》《中华人民共和国就业促进法》的规定以及《中国统计年鉴》中对指标的解释，16 周岁至退休年龄为劳动力年龄，学术界一般将 16～60 周岁作为劳动力的年龄（刘景景，2017；秦雪征和郑直，2011）。

② 家庭人口规模的统计口径为，在一个户口簿上且排除 1 年以上不在家的成员之后的家庭人口数量。

表5.6   变量说明及描述性统计

变量类型及名称	定义	均值	最小值	最大值	标准差
被解释变量:					
农户人均纯收入	万元	0.891	0.000	5.675	0.713
解释变量:					
ICT利用水平	TOPSIS评价值	0.195	0.027	0.505	0.065
普惠金融发展水平	TOPSIS评价值	0.177	0.024	0.508	0.066
金融服务可及性水平	TOPSIS评价值	0.117	0.003	0.500	0.093
金融服务可得性水平	TOPSIS评价值	0.199	0.027	0.616	0.081
储蓄服务可得性水平	TOPSIS评价值	0.227	0.000	0.780	0.098
转账支付服务可得性水平	TOPSIS评价值	0.340	0.000	1.000	0.245
信贷可得性水平	TOPSIS评价值	0.281	0.000	1.000	0.287
投资理财可得性水平	TOPSIS评价值	0.132	0.000	1.000	0.215
保险服务可得性水平	TOPSIS评价值	0.093	0.000	0.908	0.058
农户是否入网:	0=未入网, 1=入网	0.452	0	1	0.498
农户人均智能手机拥有量	部	0.65	0	1.667	0.288
会上网人数	人	1.760	0	6	0.873
农户是否获得过贷款:	0=否, 1=是	0.293	0	1	0.455
农户贷款获得额	万元	0.751	0	20	2.055
农户人均保费金额	元	205.799	0	3700	220.677
控制变量:					
物质资本:					
人均承包地面积	亩	1.012	0.060	2.667	0.460
人均农业生产性投入	元	3185.968	0	80800	5950.988
人力资本:					
劳动力数量	人	3.301	0	8	1.172
主事者文化程度	标度1~7[①]	3.374	1	7	1.722
家庭特征:					
外出务工人数	人	1.259	0	7	1.218
家庭人口规模	人	4.489	1	11	1.452
是否干部户	否=0, 是=1	0.105	0	1	0.306
主事者年龄	岁	48.377	21	82	9.621
主事者性别	女=0, 男=1	0.862	0	1	0.345
是否租入土地	0=未租入, 1=租入	0.22	0	1	0.415

变量类型及名称	定义	均值	最小值	最大值	标准差
是否租出土地	0 = 未租出，1 = 租出	0.284	0	1	0.451
是否参与新型经营主体	0 = 否，1 = 是	0.294	0	1	0.456
有无从事非农经营活动	0 = 否，1 = 是	0.448	0	1	0.498
村级与省级变量：					
是否少数民族聚居区	0 = 否，1 = 是	0.325	0	1	0.469
距最近乡镇距离	千米	5.417	0	17.5	4.353
县域人均 GDP	万元	3.166	0.663	8.062	1.629
样本量	803				

注：其中，1 表示未上过学，2 表示小学，3 表示初中，4 表示高中，5 表示中专，6 表示大专，7 表示本科及以上。

5.4.3 模型检验及回归结果

多元线性回归模型在进行回归前，需要考虑模型的多重共线性与异方差性。共线性的存在会导致解释变量对被解释变量的单独影响难以区分，为避免此问题，需要进行共线性诊断，用到的方法一般是方差膨胀因子（variance inflation factor，VIF）判别法（陈强，2014），当某一解释变量的 VIF ≥ 10 且所有解释变量的平均方差膨胀因子 > 1 时，表明存在多重共线（胡博，2013）。本书中用到的交互项是引发多重共线的重要原因，为此，在进行交互之前对各交互变量进行了中心化处理。经过处理后发现，所有回归模型中 VIF 最大值为 3.10，远小于 VIF = 10 的临界值，表明共线性问题得以解决。

异方差性的存在会导致高斯—马尔科夫假定下用于检验假设的 t 检验和 F 检验失效。通过怀特检验和 BP 检验后发现，本章模型设定存在异方差现象，在该问题时，采用了既简单又通用的稳健标准误方法（陈强，2014），以得到较为准确的 t 检验和 F 检验值。

在考虑并处理好多重共线性问题与异方差问题后，借助 Stata 15 软件，得到表 5.7 和表 5.8 的计量模型回归结果。其中，表 5.7 中模型 1 考察了农户 ICT 利用水平、农户普惠金融发展水平以及两者交互作用对农民收入的影响，模型 2 与模型 3 分别考察了农户 ICT 与金融服务可及性、金融服务可得性对农民收入水平的影响，模型 4 ~ 模型 8 则分别考察了 ICT 与储蓄服务可得性、转账支付可得性、信贷可得性、投资理财可得性、保险服务可得性对

表 5.7   计量模型回归结果（一）

解释变量	变量代码	lnincome（被解释变量）							
		模型 1	模型 2	模型 3	模型 4	模型 5	模型 6	模型 7	模型 8
ICT	lnict	0.169 ** (0.066)	0.225 *** (0.064)	0.206 *** (0.071)	0.189 *** (0.061)	0.171 ** (0.067)	0.248 *** (0.059)	0.199 *** (0.064)	0.200 *** (0.061)
普惠金融	lnif	0.238 *** (0.063)							
ICT 与普惠金融	lnictif	0.252 ** (0.115)							
金融服务可及性	lnacce		0.037 * (0.022)						
ICT 与金融服务可及性	lnictacce		0.074 (0.048)						
金融服务可得性	lnavai			0.292 *** (0.052)					
ICT 与金融服务可得性	lnictavai			0.426 *** (0.126)					
储蓄服务可得性	lnsave				0.271 *** (0.049)				
ICT 与储蓄服务可得性	lnictsave				0.232 *** (0.090)				
转账支付可得性	lnpay					0.134 *** (0.030)			

续表

解释变量	变量代码	lnincome（被解释变量）							
		模型 1	模型 2	模型 3	模型 4	模型 5	模型 6	模型 7	模型 8
ICT 与转账支付可得性	lnictpay					0.074 (0.064)			
信贷服务可得性	lnloan						0.025 (0.033)		
ICT 与信贷服务可得性	lnictloan						0.186** (0.083)		
投资理财可得性	lninvest							0.184*** (0.045)	
ICT 与投资理财可得性	lnictinvest							0.223* (0.133)	
保险服务可得性	lninsure								0.198*** (0.048)
ICT 与保险服务可得性	lnictinsure								0.051 (0.133)
人均承包地面积	lnground	0.104 (0.104)	0.123 (0.104)	0.096 (0.084)	0.089 (0.101)	0.094 (0.109)	0.127 (0.104)	0.094 (0.103)	0.105 (0.101)
人均农业生产投入	lnproduce	0.311*** (0.079)	0.305*** (0.080)	0.299*** (0.073)	0.264*** (0.078)	0.277*** (0.080)	0.304*** (0.081)	0.303*** (0.079)	0.306*** (0.080)
劳动力数量	labor	0.037 (0.028)	0.034 (0.028)	0.035 (0.027)	0.013 (0.028)	0.021 (0.028)	0.034 (0.028)	0.036 (0.028)	0.024 (0.028)

续表

解释变量	变量代码	模型 1	模型 2	模型 3	模型 4	模型 5	模型 6	模型 7	模型 8
		lnincome（被解释变量）							
主事者文化程度	education	0.015 (0.014)	0.020 (0.014)	0.010 (0.014)	0.011 (0.014)	0.016 (0.014)	0.017 (0.014)	0.014 (0.014)	0.018 (0.014)
务工人数	migr	0.214*** (0.024)	0.218*** (0.024)	0.214*** (0.022)	0.212*** (0.023)	0.221*** (0.024)	0.220*** (0.024)	0.213*** (0.023)	0.221*** (0.024)
家庭规模	size	-0.156*** (0.023)	-0.158*** (0.024)	-0.153*** (0.022)	-0.138*** (0.023)	-0.156*** (0.023)	-0.160*** (0.024)	-0.162*** (0.023)	-0.148*** (0.024)
是否干部户	cadre	0.031 (0.070)	0.044 (0.070)	0.005 (0.072)	0.0001 (0.069)	0.032 (0.071)	0.052 (0.071)	0.023 (0.068)	0.017 (0.070)
主事者年龄	age	0.001 (0.003)	0.001 (0.003)	0.002 (0.003)	0.001 (0.003)	0.004 (0.003)	0.001 (0.003)	0.001 (0.003)	0.001 (0.003)
主事者年龄平方	age^2	-0.0002 (0.000)	-0.0002 (0.000)	-0.0001 (0.000)	-0.0002 (0.000)	-0.0001 (0.000)	-0.0001 (0.000)	-0.0001 (0.000)	-0.0001 (0.000)
主事者性别	gender	0.001 (0.073)	0.017 (0.072)	-0.024 (0.064)	-0.040 (0.068)	-0.015 (0.071)	0.005 (0.071)	-0.017 (0.071)	-0.003 (0.071)
是否租入土地	rentin	0.721*** (0.057)	0.735*** (0.057)	0.696*** (0.061)	0.692*** (0.057)	0.710*** (0.058)	0.740*** (0.057)	0.710*** (0.056)	0.708*** (0.058)
是否租出土地	rentout	0.595*** (0.058)	0.604*** (0.058)	0.576*** (0.061)	0.586*** (0.057)	0.582*** (0.058)	0.604*** (0.058)	0.564*** (0.057)	0.589*** (0.057)
是否新型经营主体	newagr	0.069 (0.053)	0.086 (0.054)	0.042 (0.055)	0.039 (0.053)	0.072 (0.054)	0.086 (0.054)	0.087* (0.053)	0.091* (0.053)

续表

解释变量	变量代码	模型 1	模型 2	模型 3	模型 4	模型 5	模型 6	模型 7	模型 8
		lnincome（被解释变量）							
有无从事非农经营	nonfarm	0.247*** (0.049)	0.258*** (0.049)	0.240*** (0.048)	0.249*** (0.048)	0.249*** (0.049)	0.263*** (0.048)	0.265*** (0.048)	0.251*** (0.048)
是否少数民族聚居	minor	-0.142** (0.071)	-0.127* (0.074)	-0.110 (0.078)	-0.034 (0.069)	-0.090 (0.071)	-0.109 (0.073)	-0.080 (0.071)	-0.097 (0.071)
距最近乡镇距离	lndistance	-0.013 (0.020)	-0.020 (0.021)	-0.013 (0.019)	-0.020 (0.020)	-0.025 (0.020)	-0.018 (0.021)	-0.017 (0.021)	-0.022 (0.021)
人均地区生产总值	lnpergdp	0.169*** (0.052)	0.169*** (0.056)	0.116** (0.052)	0.107** (0.051)	0.118** (0.051)	0.126** (0.052)	0.143*** (0.052)	0.125** (0.051)
常数项	_cons	7.406*** (0.496)	7.064*** (0.542)	8.064*** (0.506)	8.073*** (0.498)	7.626*** (0.495)	7.520*** (0.510)	7.569*** (0.490)	7.878*** (0.526)
拟合优度	R^2	0.460	0.450	0.474	0.476	0.462	0.450	0.467	0.458
F值	F-value	24.74***	22.86***	25.55***	24.83***	24.09***	22.45***	24.45***	24.65***
村庄地形与省份控制		Yes	Yes	Yes	Yes	Yes	Yes	Yes	Yes
样本量	N	803							

注：括号内数值为标准误，*、**、*** 分别表示在10%、5%、1% 的显著性水平上显著。

表5.8　计量模型回归结果（二）

解释变量	变量代码	lnincome（被解释变量）					
		模型9	模型10	模型11	模型12	模型13	模型14
互联网与贷款（参照组为未入网且未贷款）	入网未贷款	0.125** (0.054)					
	未入网贷款	0.034 (0.057)					
	入网贷款	0.258*** (0.068)					
是否入网	internet		0.130*** (0.046)				
人均保费额	lnpremium		0.095*** (0.029)		0.096*** (0.028)		0.105*** (0.029)
入网与保费额交互	interprem		0.085 (0.064)				
人均智能手机拥有量	lnmobile			0.367*** (0.098)	0.330*** (0.095)		
贷款获得额	lnloan			0.034** (0.017)		0.036** (0.017)	
智能手机与贷款	lnmobloan			0.129* (0.073)			

续表

解释变量	变量代码	模型 9	模型 10	模型 11	模型 12	模型 13	模型 14
					lnincome（被解释变量）		
智能手机与保费	lnmobprem				0.220** (0.106)		
会上网人数	num					0.081*** (0.028)	0.086*** (0.029)
上网人数与贷款额	numloan					0.001 (0.023)	
上网人数与保费额	numprem						0.067** (0.030)
其它控制变量		已控制	已控制	已控制	已控制	已控制	已控制
常数项	_cons	6.333*** (0.494)	6.379*** (0.489)	6.708*** (0.509)	5.977*** (0.497)	7.120*** (0.495)	6.302*** (0.492)
拟合优度	R^2	0.455	0.454	0.455	0.461	0.448	0.456
F 值	F-value	24.14***	23.850***	22.96***	23.82***	22.07***	22.83***
样本量	N				803		

注：括号内数值为标准误，**、***分别表示在 5%、1% 的显著性水平上显著。

农民收入的影响。表 5.8 则从单指标视角考察 ICT、普惠金融与农民收入的关系，其中，模型 9 从农户家中是否接入互联网和是否获得贷款角度，探究互联网与信贷服务对农民收入的影响，模型 10 则考察了是否接入互联网与人均保费对农民收入的影响，模型 11 和模型 12 从农户人均智能手机拥有量与贷款获得额、人均保费额对收入水平的影响，模型 13 和模型 14 则从会上网人数的视角，考察 ICT 与农户贷款获得额、人均保费额对农民收入的影响。

5.4.4 回归结果分析

5.4.4.1 信息通信技术对农民收入水平的影响分析

从农户 ICT 的利用水平来看，模型 1～模型 8 的回归结果表明，农户 ICT 利用水平对农民收入水平有显著正向影响，假设 H_1 得到验证。ICT 的普及方便了农民生产、经营等信息的获取，尤其是在远离城镇的偏远地区，农民可凭借现代化的 ICT，可以足不出村，甚至足不出户即可知晓天下事，作为理性人，他们能根据获取的信息合理安排生产、获得产品销售的套利机会（许竹青等，2013），对于务工的农民而言，可以找到适合自己的工作。与此同时，农民可以借助 ICT 搭建的信息交流平台，流转自己的土地，增加租金收入。

从体现农户 ICT 单指标的角度来看，模型 9 与模型 10 的回归结果显示，已接入互联网的农户收入水平显著高于未接入互联网农户的人均纯收入水平，通过模型 9 的系数得知，接入互联网未获得贷款农户比未入网未获得贷款农户的人均纯收入高 12.5%，互联网的增收效果较为显著。互联网的使用可促进农村非农就业，从而丰富了农民的收入来源（周冬，2016）；模型 11 和模型 12 显示了农户人均智能手机拥有量对农户人均纯收入的影响，通过回归发现，随着人均智能手机拥有量的增加，农户人均纯收入也随之增加，且这一效果在 1% 的水平上显著。在控制智能手机与贷款交互作用后，农户智能手机拥有量提高 10%，农户的人均纯收入水平将提高 3.67%；模型 13 与模型 14 则分析了农户会上网人数对农民收入的影响，与前面的结果类似，会上网人数变量同样在 1% 的显著水平上对农户人均纯收入产生正向影响，通过模型 13 得知，在控制交互作用后，当家中会上网人数增加 1 人时，其人均纯收入将增加 8.1 个百分点，这一结果与丁忠民等（2017）的研究结果（8.30%）相比略低，这是因为后者研究中没有考虑 ICT 这一影响因素，致使贷款对收入的贡献中交织了 ICT 的作用，从而放大了贷款对收入的影响。

5.4.4.2　普惠金融对农民收入水平的影响分析

从回归结果不难发现，农户普惠金融发展水平对农户人均纯收入有显著的正向影响。其中，模型 1 从普惠金融发展综合水平角度显示，农户普惠金融发展水平在 1% 的显著性水平上对农户人均纯收入产生正向影响，从而假设 H_2 得到验证。模型 2 ~ 模型 8 从金融服务可及性和可得性以及储蓄服务、转账支付、信贷投资理财以及保险服务可得性角度展示其对收入水平的影响，结果显示上述各普惠金融发展维度均对农户人均纯收入产生正向影响，且除贷款服务可得性影响不显著外，其余均较为显著。普惠金融可通过以下渠道提升农民收入，一是农民可以借助获得的金融服务提升自身的财产性收入，如金融资产的增加可以实现 "钱生钱" 的目的；二是转账汇款服务的获得有助于平滑消费和资金的合理流动，使农民更加从容地安排已有资金进行投资，以实现收入水平提高；三是对于缺少资金的农户来讲，可通过向银行贷款等外源性融资，投资生产经营项目，从中获取利润实现收入增加；四是保险服务的获取为农民节余出风险准备资金，将这部分资金用于生产投资项目会带来收入的增加。当风险真正发生时，又可借助保险金缓冲风险对收入水平带来的影响，起到稳定器的作用（Zeller & Sharma，1998；蒋远胜，2017）。该结果与温涛等（2005）的研究结果相反，这是因为本书主要考察了短期内普惠金融对农民增收的影响。在短期内，农民获取的金融资源主要用于生产经营活动，使得农村金融更好地服务于实体经济，从而带来收入的增加。而前人的研究是从长期视角进行分析。在金融的长期跨期决策中，金融机构会进行投机性投资，将农村金融资源投放到高回报的非农领域，导致农村金融资源流失，让真正需要金融支持的低收入农民无法获得金融服务，从而对整体农民增收产生负向影响。

从单指标的回归结果来看，模型 9、模型 11 和模型 13 显示贷款服务的获得以及贷款获得额的增加均会对农民收入水平产生显著正向影响。其中，同样在未入网的情况下，获得贷款的农户比未获得贷款的农户人均纯收入要高 3.4%，在控制智能手机与贷款的交互作用后，贷款获得额增加 10%，农户人均纯收入水平将提升 0.34 个百分点。若控制住农户会上网人数与贷款的交互作用后，贷款获得额增加 10%，人均纯收入水平将提升 0.36 个百分点。之所以贷款获得额对农民人均纯收入的提升影响较小，是因为有多数农户并未获得过贷款，弱化了贷款对收入提升的作用，与此同时，一些家庭农场等新型经营主体获得的贷款数额远高于传统农户，但相对于新型主体经营规模而言，依然是杯水车薪，且由于生产周期较长，贷款的增收效应还未完全显现出来（兰勇等，2015；汪艳涛等，2014）。

5.4.4.3　交互作用对农民收入水平的影响分析

通过前面分析得知 ICT 和普惠金融发展均对农民收入水平产生正向影响，通过表 5.7 和表 5.8 的回归结果，我们不难发现 ICT 与普惠金融交互项的系数为正，表明 ICT 与普惠金融的交互作用对农民增收产生了正向影响。从而假设 H_3 得到验证。值得一提的是，信息通信技术与普惠金融交互项系数大于信息通信技术和普惠金融的系数，表明信息通信技术与普惠金融交互后对农民增收带来的促进作用，要大于信息通信技术和普惠金融单独对农民增收的促进作用。这是因为信息通信技术与普惠金融交互形成的数字普惠金融，一方面解决了传统农村普惠金融发展面临的交易成本过高和信息不对称的问题，农村金融的增收功能得到充分发挥；另一方面破解了农民仅有项目投资信息，却无初始资金提供支撑的尴尬局面，让信息真正成为农民增收的重要资源。图 5.2 和图 5.3 分别展示了不同普惠金融发展水平下，农户 ICT 的收入边际效应，以及不同 ICT 发展水平下，农户普惠金融的收入边际效应。其中，图 5.2 显示随着农户金融普惠程度的提升，农户 ICT 发展水平对收入的边际效应逐渐增强，类似地，图 5.3 显示随着农户 ICT 水平的提高，农户金融普惠程度带的增收效应也逐渐增强。

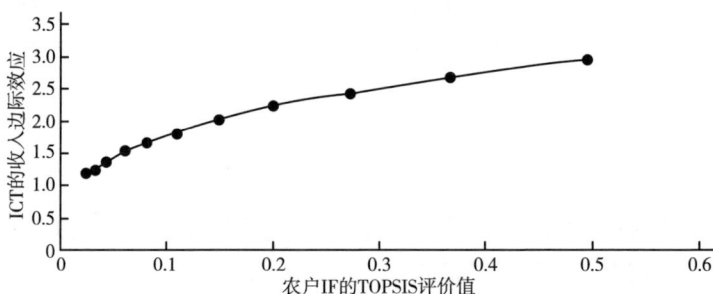

图 5.2　IF 对 ICT 收入效应的调节作用

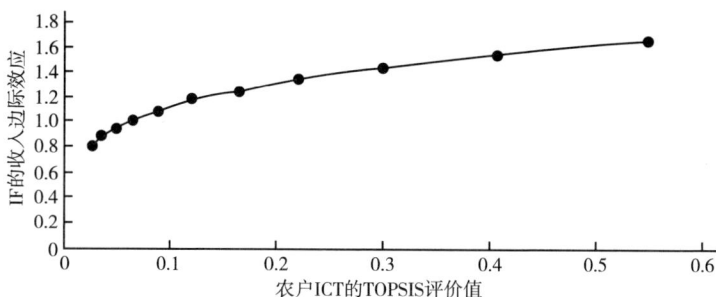

图 5.3　ICT 对 IF 收入效应的调节作用

模型 2 显示 ICT 与金融服务可及性水平交互项系数为 0.074，但并不显著，表明两者融合度还有待进一步提高（宋晓玲，2017）。数字普惠金融为农民获取金融服务提供了便捷，使农民金融服务可及性提高，但由于可及性仅提供了农民获取金融服务的环境，至于如何发挥出农村金融的功能，还与农民的金融素养、金融需求息息相关，从而导致影响并不显著。模型 3 考察了 ICT 与金融服务可得性交互作用对农民收入水平的影响，结果显示两者交互项的系数为 0.426，且在 1% 的水平上显著。农民金融服务获得后，可在互联网、大数据等 ICT 的帮助下快速高效地获取有用信息，优化金融资源配置，提高配置效率，进而为农民增收带来机遇。

通过模型 4～模型 8 的回归结果不难发现，ICT 和储蓄、转账支付、信贷、投资理财和保险服务的交互作用均对农民收入产生正向影响。手机银行、支付宝等数字普惠金融服务的出现，为农户家庭成员之间资金转移提供了便捷，外出务工人员可将务工收入在农忙时节及时汇款到家，保证农业生产的顺利进行，或者家中有较好投资项目时，可以通过数字普惠金融服务，实现资金的迅速集结，抓住投资机遇，为收入提升提供保障。同时，农民可通过手机银行办理贷款申请业务，银行也可利用大数据掌握农户的信用信息，提高授信效率，以支持农民增收；余额宝等金融商业创新模式的出现，提高了农户投资理财服务的可得性，农民可以借助智能手机随时随地学习相关理财知识，为提高财产性收入奠定基础。通过 ICT 一方面农民可以主动搜寻相关保险知识或保险产品信息，发现适合自己的保险品种；另一方面保险公司也可借助 ICT 向农民推销产品，让农民更清楚了解保险的重要性。此外，在通过 ICT 掌握生产经营信息后，投保的农户可将节余出来的风险准备金用于生产或经营，以获得收益。

模型 9～模型 14 从单指标交互作用考察 ICT 与普惠金融交互作用带来的

收入影响。结果显示，入网且获得贷款的农户比未入网未获得贷款的农户人均纯收入水平要高25.8%，且这一作用在1%的水平上显著；是否入网与人均保费额的交互项系数尽管不显著，但符号依然为正，表明在对农民收入水平提升方面，互联网接入和人均保费额之间存在相互之间的正向调节作用；模型11和模型12显示人均智能手机拥有量与农户贷款获得额、人均保费额的交互项系数均为正且分别在10%和5%的水平上显著，这一结果进一步验证了塞克贝拉和加伊姆（Sekabira & Qaim，2017）、科库韦等（Kikulwe et al.，2014）和穆耶艾格儿和松本（Munyegera & Matsumoto，2016）等研究成果的正确性，但需强调的是，本书得到的智能手机与普惠金融交互项系数要小于以往的研究，这是因为之前的研究没有单独分离出智能手机和普惠金融对收入的影响，而是将单独作用与交互作用混为一体加入方程中，从而使得估算出的贡献系数偏大；模型13和模型14回归结果表明，家中会上网人数与贷款获得额交互项对收入影响不显著但作用依然为正，而家中会上网人数与人均保费额的交互作用对农民收入有显著正向影响。以上回归结果进一步验证，交互作用（数字普惠金融）会对农民收入水平产生正向影响。

5.4.4.4 控制变量对农户人均纯收入水平的影响

在控制变量方面，通过表5.7可以发现，农户的人均承包地面积、家庭劳动力数量、主事者文化程度、干部户对农户人均纯收入水平产生不显著的正向影响，人均农业生产投入、务工人数、人均地区生产总值对纯收入水平产生显著正向影响，家庭规模对纯收入水平产生显著负向影响，据最近乡镇距离、主事者性别和年龄对人均纯收入水平的影响并不显著。此外，干部户的人均纯收入水平要高于非干部户，但并不显著。租入土地农户和租出土地农户的人均纯收入水平要明显高于未流转土地的农户。新型经营主体的人均纯收入水平高于传统农户。从事非农经营农户的人均纯收入水平要高于未从事非农经营的农户。少数民族聚居区农户的人均纯收入水平要低于非少数民族聚居区。

5.4.5 差异化视角下农民收入水平的影响因素考察

5.4.5.1 收入水平差异视角下农民收入水平的影响分析

上述回归结果是由ICT与普惠金融对农户人均纯收入的均值回归得出的，并没有体现出不同收入水平上的差异。为了避免异常值对回归结果带来的不利影响，本小节将运用分位数回归方法考察在不同农户人均纯收入水平下，ICT、普惠金融对农民人均纯收入水平的边际报酬贡献率。借鉴已有研究（王小华等，2014），本书将农户人均纯收入水平进行五等划分方法①，分别对应最低收入组、中低收入组、中等收入组、中高收入组和最高收入组。

从分位数回归结果来看（见表5.9），ICT 综合水平的弹性系数在 QR_10、QR_25 和 QR_90 分位点处显著为正，在 QR_50 和 QR_75 分位点处虽不显著但依然为正。通过观察分位数系数变化可知，随着条件分布由低端向高端变动，ICT 综合水平系数呈现出先变小后变大的趋势。这一结果说明农村 ICT 的发展，对处于不同收入层次的农民，其促进作用大小出现差异。在未出现 ICT 或 ICT 发展水平极低的情况下，低收入组农户中因获取信息渠道较为单一，当获取现代化 ICT 以后，对信息的获取能力和处理能力增强的幅度更大，由此带来的收入效应更强，对于收入水平居中的农户来讲，原始信息获取通道相较于低收入组农户来讲要宽泛一些，当 ICT 水平提高后，其对收入水平的贡献率要略小于低收入组农户。对于高收入组农户而言，由于自有资本积累较多，当其掌握 ICT 后，通过其获取的信息将资本投放到高回报率项目后，使得收入水平显著提升，且在所积累的资本的状态下，这一作用效果更加明显。

表5.9　　　　　　　农民收入影响因素的分位数回归结果

解释变量	变量代码	lnincome（被解释变量）				
		QR_10 最低收入	QR_25 中低收入	QR_50 中等收入	QR_75 中高收入	QR_90 最高收入
ICT	lnict	0.869* (0.390)	0.575** (0.262)	0.294 (0.275)	0.386 (0.395)	0.474** (0.426)
普惠金融	lnif	1.074*** (0.386)	0.576** (0.225)	0.245 (0.255)	0.380 (0.380)	0.831** (0.402)
ICT与普惠金融交互项	lnictif	0.388** (0.195)	0.235* (0.125)	0.057 (0.139)	0.094 (0.210)	0.229 (0.215)
常数项	_cons	6.856*** (1.175)	7.928*** (0.780)	8.182*** (0.730)	8.649*** (0.846)	10.654*** (1.126)
拟合优度	R^2	0.306	0.308	0.291	0.278	0.278
其他控制变量	已控制	已控制	已控制	已控制	已控制	已控制
样本量	N	803				

注：括号内数值为标准误。*、**、*** 分别表示在10%、5%、1%的显著性水平上显著。

① 即选取了 QR_10、QR_25、QR_50、QR_75、QR_90 分位数。

在普惠金融对农户人均纯收入的影响方面，在所有分位点处，普惠金融均对收入产生正向影响，且在 QR_10、QR_25 和 QR_90 处影响显著，普惠金融对农户人均纯收入水平的贡献率呈现出"U"型变化趋势，在最低收入组中的贡献率最大。此结果表明农村普惠金融水平的提高，所带来的收入增加效果在不同收入水平的农户中呈现出差异。低收入组农户金融抑制程度高于其他收入水平农户（王定祥等，2011；王小华等，2014），当普惠金融发展水平提高后，由此带来的收入效应提高幅度要大于其他收入水平组的农户，这也是为何当普惠金融水平提升后，贫穷地区要比经济发达地区收入差距缩小幅度更大的原因（王修华和关键，2014）。处于中低收入组农户由于原先自身资本积累能力略高于低收入组农户，因普惠金融水平提高所带来的增收效果略逊于低收入组农户。而高收入组的农户资本积累较多，在金融服务可及性与可得性提高后，原先的闲余资金可以借助相应的金融产品或服务，实现财产性收入的提高，让金融资产的"雪球"越滚越大，同时因普惠金融水平的提高，借助金融机构的外源融资能力进一步加强，由此也会带来收入的增加，所以普惠金融对收入水平的贡献率较高。

ICT 与普惠金融的交互作用（数字普惠金融）在各分位点处，均对农户人均纯收入水平有正向促进作用，其中在 QR_10、QR_25 分位点处系数显著，且均大于其他分位点处的系数，表明 ICT 与普惠金融的最重要高级交互形式——数字普惠金融，对低收入组和中低收入组农户的增收作用大于中等及以上收入水平组的农户，从而验证了理论部分提出的数字普惠金融益贫性假说的正确性（即假设 H₄ 得以验证）。在传统金融服务模式下，低收入组农户受到的金融抑制远高于较高收入水平组的农户，随着 ICT 在农村普惠金融服务中的使用，特别是新一代信息技术（互联网、云计算、大数据和区块链等）和移动通信技术与普惠金融的高度融合，降低了低收入组农户获取正规金融服务的门槛，使其以较低的成本获得金融服务支持，显著提升了低收入农户的风险抵抗能力，与较高收入水平组农户相比，低收入水平组农户的金融普惠程度提升幅度更大，由此带来的增收效果也更加明显。对于较高收入组农户而言，在传统金融服务模式下，凭借自身的社会资本与物质资本积累，相较于低收入农户而言更容易获得金融服务，伴随着数字普惠金融服务的出现，虽然进一步提升了较高收入组农户的普惠金融水平，但是与低收入组农户相比，提升幅度较小，由此带来的增收效果并不十分明显。

5.4.5.2 不同农户类型视角下农民收入水平的影响因素分析

ICT 与普惠金融在影响不同类型农户人均纯收入水平的过程中也呈现出差异性。表5.10 展现了传统农户与新型经营主体中，ICT、普惠金融及交互作用对收入水平的影响差异。通过两类型农户之间的比较，可以得到以下三点结论。

表5.10　　　　　不同农户类型农民收入水平影响因素分析回归结果

解释变量	变量代码	lnincome（被解释变量）			
		传统农户		新型经营主体	
		系数	稳健标准误	系数	稳健标准误
ICT	lnict	0.219 ***	0.082	0.827 ***	0.209
普惠金融	lnif	0.219 ***	0.076	0.281 **	0.102
ICT 与普惠金融交互项	lnictif	0.456 ***	0.169	0.493 **	0.163
常数项	_cons	7.393 ***	0.584	8.934 ***	0.722
其他控制变量	已控制	已控制	已控制	已控制	已控制
地区控制变量	已控制	已控制	已控制	已控制	已控制
拟合优度	R^2	0.470		0.667	
样本量	N	567		236	

注：括号内数值为标准误。** 、*** 分别表示在5% 、1% 的显著性水平上显著。

（1）ICT 均在1% 的水平上对传统农户和新型经营主体的人均纯收入水平产生正向影响，但新型农业经营主体的弹性系数要远大于传统农户。这表明 ICT 在新型经营主体中的增收效果更好。这主要是因为参与新型农业经营主体人员精英化特质明显，他们对新事物的接受程度较高，许多新型经营主体更倾向于借助互联网等现代化 ICT 拓宽其销售渠道，便是很好的证明，与此同时，新型经营主体的 ICT 终端设备也多于传统农户，也表明新型农业经营主体对 ICT 的依赖性更强（宜信研究院，2016；中国经济趋势研究院新型农业经营主体调研组，2017）。

（2）普惠金融对传统农户收入水平的促进作用要略高于新型农业经营主体。传统农户中普惠金融对农民收入水平影响的弹性系数为0.219，而此值在新型农业经营主体中为 0.281。这一结果表明，普惠金融的发展给新型农业经营主体带来的增收效果优于传统农户。表明在普惠金融支持下，相较于传统小农户而言，新型农业经营主体通过规模化和集约化生产，更容易形成规模经济，形成"高投入—高产出—高收入—高投入"的良性循环。此研究结果进一步验证了兰勇等（2015）、王蔷和郭晓鸣（2017）提出的金融支持新型农业经营主体发展的观点。

（3）通过比较传统农户与新型农业经营主体的 ICT 与普惠金融交互项（数字普惠金融）弹性系数，发现前者的弹性系数为 0.456，后者为 0.493，前者小于后者，表明新型农业经营主体中，数字普惠金融带来的增收效果要好于传统农户。如前所述，新型农业经营主体对 ICT 的掌握和使用程度要好于传统农户，数字普惠金融服务创新是借助 ICT 开展的，从而使得新型经营主体对数字普惠金融服务的使用更加频繁，由此带来的增收效果也会更加明显。如现实中涌现出的互联网金融、金融大数据等服务方式更多地被新型经营主体率先接受（江维国和李立清，2015；李国英，2015）。

5.4.6 内生性及样本选择偏差讨论

5.4.6.1 内生性问题讨论

变量的内生性问题会影响结论的准确性。遗漏变量偏差、变量测量误差，以及反向因果关系的存在是导致内生性问题产生的主要原因。就本书而言，影响农户人均纯收入水平的因素有很多，有些因素如农户家庭成员的能力等，无法通过计算得到，造成遗漏变量偏差；同时，对农户 ICT 水平与普惠金融水平的测度难免会存在一定误差；此外，ICT、普惠金融及两者交互作用对农户人均纯收入水平产生影响的同时，收入也会反过来影响农户 ICT 和普惠金融的发展水平，如随着农户人均纯收入水平的提高，会引致出对 ICT 的需求，同理，收入越高的农户，在寻求金融服务时会更容易获得（王定祥等，2011；王小华和王定祥等，2014）。即 ICT、普惠金融与农户人均纯收入水平之间存在一定的反向因果关系（Munyegera & Matsumoto，2016）。借鉴已有研究的方法，本书选取工具变量消除内生性问题带来的困扰。

在工具变量选取方面，按照选取原则（即工具变量能够很好地解释内生变量，同时工具变量要严格外生），选取了农户到移动营业厅距离与同村其他农户的 ICT 平均发展水平两个变量作为农户 ICT 的工具变量，选取农户到最近金融机构物理网点的距离与农户基本金融知识水平两个变量，作为普惠金融发展水平的工具变量。到移动营业厅的距离越近，农户接触和使用先进 ICT 的可能性越高，但这一距离因素不会对农户人均纯收入水平产生直接影响（Munyegera & Matsumoto，2016）；受 ICT 外部效应的影响，农户对 ICT 的选择和使用会受到同村其他农户的影响，但其他农户 ICT 的使用行为不会对自身收入水平产生直接影响（Kikulwe et al.，2014；周洋和华语音，2017）。金融机构物理网点的设置可直接提升当地农户的普惠金融发展水平，且网点设置与农户的收入水平没有直接影响，特别是农村金融机构网点设置更多与人口规模相关（董晓林和徐虹，2012）；农民金融知识水平的提升可以通过增加金融产品或服务的了解，改变其金融行为（Sayinzoga et al.，2016），提升农户的金融普惠水平，例如农户金融知识水平可显著降低有正规信贷需求但未申请贷款的概率，也可显著提升农户正规信贷倾向（吴雨等，2016）。同时，金融知识的增加不会直接对收入产生影响。由此可见，本书选取的工具变量满足选取的原则。

在加入工具变量后，发现 ICT、普惠金融及两者交互作用对农民收入水平仍然有促进作用，但弹性系数与之前发生了变化。表 5.11 展现了加入工具变量之后的回归结果①。通过模型的两两比较可以发现，在加入考虑内生性问题以后，无论是农户 ICT 与普惠金融发展水平综合变量，还是其单指标变量仍然对农民收入水平产生正向影响。就其弹性系数大小与显著性来看，与模型 1 相比，模型 15 中 ICT 显著性和弹性系数大小均有所降低，而普惠金融、ICT 与普惠金融交互项显著性水平未发生变化，但系数大小均比模型 1大，说明先前的模型高估了 ICT 对农民人均纯收入水平的促进作用，而普惠金融以及 ICT 与普惠金融交互作用对农民收入水平的影响却被低估了。此外，ICT 与普惠金融交互项的系数依然大于 ICT 和普惠金融的系数，表明在考虑内生性之后，ICT 与普惠金融交互作用增收效果仍然是最优的。模型 16 显示在同样未获得贷款的情况下，接入互联网农户的人均纯收入要比未接入互联网的农户高 23.8%，在同样未接入互联网的情况下，获得贷款农户比未获得

---

① 通过外生性检验后发现，所有模型均接受"所有工具变量均外生"的原假设，其中模型 15 ~ 模型 21 分别与前面的模型 1、模型 9 ~ 模型 14 对应。

贷款农户的收入高 32.8%；模型 17 中是否入网以及入网与保费额交互项系数与模型 10 差异较小，但人均保费额的弹性系数远高于模型 10，这一状况在模型 19 和模型 21 中也是如此；模型 18 中人均智能手机拥有量的弹性系数、贷款获得额的系数分别比模型 11 中高 0.488 和 2.258，但贷款获得额由显著变为不显著，两者交互作用系数变化不大，表明交互作用对收入的影响更为稳健；模型 19 中智能手机拥有量同人均保费额交互项系数比模型 12 略微降低，由 0.220 降为 0.157；从模型 13 变为模型 20，会上网人数的系数由 0.081 变为 0.261，变化较大，而上网人数与贷款交互项系数由 0.001 变为 0.004，变化较小；通过模型 21 和模型 14 的比较发现，考虑内生性后，会上网人数与人均保费的交互项系数由 0.067 变为 0.150，显著性由显著变为不显著，表明农户会上网人数与保险之间的交互作用对农户收入的贡献并不明显。

表 5.11　　　　农民收入水平影响因素的回归结果：工具变量回归

解释变量	lnincome（被解释变量）						
	模型 15	模型 16	模型 17	模型 18	模型 19	模型 20	模型 21
ICT	0.121 * (0.071)						
普惠金融	0.341 *** (0.188)						
ICT 与普惠金融交互	0.615 ** (0.133)						
入网未贷款		0.238 ** (0.098)					
未入网贷款		0.328 (0.222)					
入网贷款		0.609 ** (0.261)					
是否入网			0.200 *** (0.068)				
人均保费额			0.759 *** (0.191)		0.715 *** (0.185)		0.706 *** (0.180)

续表

解释变量	lnincome（被解释变量）						
	模型 15	模型 16	模型 17	模型 18	模型 19	模型 20	模型 21
入网与保费额交互			0.076 (0.062)				
人均智能手机拥有量				0.855 *** (0.248)	0.723 *** (0.227)		
贷款获得额				2.292 (3.982)		2.182 (3.882)	
智能手机与贷款				0.126 * (0.069)			
智能手机与保费					0.157 (0.290)		
会上网人数						0.261 *** (0.083)	0.238 *** (0.074)
上网人数与贷款额						0.004 (0.022)	
上网人数与保费额							0.150 (0.091)
其他控制变量	已控制	已控制	已控制	已控制	已控制	已控制	已控制
地区控制变量	已控制	已控制	已控制	已控制	已控制	已控制	已控制
常数项	7.962 *** (0.539)	6.972 *** (0.487)	2.926 *** (1.130)	10.411 (6.678)	2.563 ** (1.092)	10.844 * (6.458)	3.136 *** (1.077)
工具变量外生性检验	0.694	0.089	0.113	1.033	1.236	0.014	0.558
样本量	308						

注：1. 通过 Hausman 和 DWH 检验发现，内生问题确实存在①。由于本书中不同内生变量对应不同的工具变量，为解决这一问题，使用了 Stata 15 中的 eregress 命令。

2. *** 表示在1%的显著性水平上显著。

---

① 通过工具变量外生性检验发现，无法拒绝"选取的工具变量与扰动项不相关"的原假设，即认为选取的工具变量具有外生性。与此同时，在工具变量与内生变量的回归方程中，各工具变量的系数显著不为0，即证明本书选取的工具变量均与内生性解释变量有较强相关性。由此可见，本书选取的工具变量较为合理。

5.4.6.2 样本选择偏差的考虑

在考察 ICT、普惠金融及交互作用对农民收入水平的影响时，会面临样本选择偏差（selection bias）问题。农户对 ICT 的使用或普惠金融服务（产品）的使用是其自我选择（self selection）的结果，收入高的农户对 ICT 的需求更加强烈，而低收入农户考虑到 ICT 的使用成本会放弃使用或使用次优的 ICT 终端，由此会导致过高地估计了 ICT 对收入的促进作用；同理，收入较高农户因其资产禀赋雄厚，通过内源性融资即可满足资金需求，而不需要向金融机构寻求资金，而相对低收入农户即使获取了金融支持，可能在短期内也不会出现收入的大幅提升，由此就会产生普惠金融水平的提升不利于收入增加的假象，从而造成前面计量分析中对普惠金融的增收效果的低估。为了解决上述问题，参照鲁宾（Rubin，1974）提出的"反事实框架"，借助曼德拉（Maddala，1983）的"处理效应模型"（treatment effects model）对 ICT、普惠金融的增收效果进行再考察。

在运用处理模型处理时，进行了以下的预处理：按照第 4 章计算的农户 ICT 利用水平综合测评值与普惠金融综合测评值，以各自的均值为标准，将高于 ICT 发展水平均值的农户归为高 ICT 水平组，低于均值的为低 ICT 水平组，并将低 ICT 水平农户组作为参照组，高 ICT 水平农户组作为实验组；同理，按照普惠金融综合测度值，将农户分为低普惠金融发展水平组（低 IF 水平）与高普惠金融发展水平组（高 IF 水平）；此外，为了考察 ICT 与普惠金融交互作用对收入水平的影响，将同时具备高 ICT 水平和高普惠金融水平的农户划分为高 ICT 高 IF 农户组，并将其他农户归为其他组。考虑到 ICT 和普惠金融的内生性，选取了 Stata 中内生性处理模型 etregress 命令进行运算，同样以农户到移动营业厅距离、同村其他农户的 ICT 平均发展水平、农户到最近金融机构物理网点的距离与农户基本金融知识水平作为工具变量。

表 5.12 展现了处理模型效应的分析结果。平均处理效应（average treatment effect，ATE）表示随机指派某个农户进入实验组后，其人均纯收入水平的平均变化情况；处理组平均处理效应（average treatment effect on the treated，ATET）指的是处理组农户从控制组成为实验组后收入水平的平均变化情况；控制组平均处理效应（average treatment effect on the untreated，ATEU）表示控制组农户倘若成为实验组农户后收入的变化情况。从模型回归结果可以看出，通过将样本农户随机化后，高 ICT 水平组农户比低 ICT 水平组农户

的人均纯收入要高 17.816%，无论是高 ICT 水平组还是低 ICT 水平组农户，当其从低 ICT 水平组变为高 ICT 水平组后，人均纯收入水平均有所提升，其中前者提升 18.816%，且较为显著，后者提升 16.675%，但不显著。高 IF 水平组农户比低 IF 水平组农户的收入平均要高 48.494%，且在 1% 的水平上显著，其中，高 IF 水平组农户倘若从低 IF 水平组农户变为高 IF 水平组农户后，收入提升 49.799%，而低 IF 水平组农户倘若成为高 IF 水平组农户后，收入会提升 47.191%，且两者均在 1% 的水平上显著，由此可见，普惠金融对农户收入的增加具有显著效果；随机指派一个农户从其他组成为高 ICT 高 IF 水平组后，其收入会提升 39.155%，其中，这一改变在高 IF 高 ICT 水平组农户中为 40.945%，在其他组农户中的变化为 38.368%，进一步表明 ICT 与普惠金融的交互作用能够有效促进农民收入增加。综上所述，在考虑样本选择偏差后，ICT、普惠金融及两者交互作用仍对农户人均纯收入水平产生积极影响。

表 5.12 处理效应模型分析结果

变量	ATE	p>z	ATET	p>z	ATEU	p>z	χ^2
高 ICT 水平 vs 低 ICT 水平	17.816% *	0.058	18.816% *	0.089	16.675%	0.159	7.74 ***
高 IF 水平 vs 低 IF 水平	48.494% ***	0.000	49.799% ***	0.000	47.191% ***	0.000	13.45 ***
高 ICT 高 IF vs 其他组	39.155% ***	0.009	40.945% ***	0.001	38.368% **	0.030	8.08 ***

注：ATE 为平均处理效应，ATET 为处理组平均处理效应，ATEU 为控制组平均处理效应。*、**、*** 分别表示在 10%、5%、1% 的显著性水平上显著。χ^2 值检验处理变量的内生性，回归结果显示均拒绝原假设，从而证明选用内生处理模型是正确的选择。

5.4.6.3 交互作用益贫性分析的再检验

在 5.4.5.1 中，我们对 ICT 与普惠金融交互作用的益贫性假设（即假设 H_4）进行了实证检验，并得出了此交互作用对低收入农户的增收效果更加明显的结论。但该检验并未考虑内生性与样本选择偏差问题。正如 5.4.6.1 和 5.4.6.2 分析的那样，一方面，收入较高的农户可能在信息通信技术综合利用水平，以及农户普惠金融发展水平方面，均高于其他农户，即产生所谓的反向因果问题；另一方面，农户在选择信息通信技术使用和普惠金融服务获取时，往往会考虑两者的预期收入效果，当他们认为信息通信技术的使用和普惠金融服务的获取，对其增收有促进作用时，他们才会使用信息通信技术、主动申请普惠金融服务，这样一来便导致了样本选择偏差问题。内生性问题和样本选择偏差问题的存在，会使得我们对 ICT 与普惠金融交互作用的益贫性效果检验存在偏差。此外，5.4.5.1 中是借助了有条件的分位数回归模型，考察了在 ICT 与普惠金融交互作用发生微小改变时，引起所有具备类相同特征农户（即控制变量类似的农户）的收入 τ - 条件分位数的变化量。而我们更关心的是，当 ICT 与普惠金融交互作用发生细微变化时，整个农户收入分布的 τ - 分位数变化情况。弗勒利希和梅利（Frolich & Melly, 2013）提出的无条件内生分位数处理效应模型（unconditional quantile treatment effects under endogeneity），能够有效地缓解上述提出的问题。据此，此节将借助该模型，对 ICT 与普惠金融交互作用的益贫性效果展开进一步验证（详细的模型估算步骤已在 5.1.2.7 中阐述）。

在变量的选取方面，需要强调的是，为了使变量符合无条件内生分位数处理效应模型的要求，以及出于稳健性的考虑，我们将核心解释变量替换为"是否属于移动手机拥有量与获得贷款数均较高的农户"，作为 ICT 与普惠金融交互作用的具体体现。若农户人均智能手机拥有量和人均贷款获得额均高于样本均值，则赋值为 1，否则赋值为 0。同样地，为了缓解内生性和样本选择偏差对估计结果带来的不利影响，在选取工具变量的基础上，进行分位数处理效应估计。其中，选取"村周围是否有移动通信基站"作为"农户人均智能手机拥有量"的工具变量，选取"除农户自身外其他同县农户人均贷款获得额是否高于样本均值"作为"农户人均贷款获得额"的工具变量，在分位数处理效应模型中，将上述两个工具变量做交互处理，形成工具变量的交互项 Z，最终作为 ICT 与普惠金融交互作用的工具变量。若农户所在村周围有移动通信基站，且除其本身外所在同一个县的其他农户人均贷款获得额均值高于样本均值，则 Z 赋值为 1，否则，Z 赋值为 0。除此之外，因变量和其他控制变量与前面的模型一致。

通过无条件内生分位数处理效应模型的估计，最终得到如表 5.13 所示的分位数回归结果，其中系数反映的是不同分位点下，"是否属于移动手机拥有量与获得贷款数均较高的农户"对农户纯收入对数的影响。从估计结果不难看出，在考虑了内生性、样本选择偏差问题后，ICT 与普惠金融交互作用仍然对农户的收入有促进作用，且对低收入农户收入的促进作用越发明显。

具体而言，在最低收入农户组中，拥有较多智能手机拥有量并获得较多贷款的农户，其人均纯收入水平要比拥有较少智能手机和获得较少贷款的农户高 5.697%，而此指标在最高收入农户组中为 2.142%，比前者少 3.555 个百分点。通过对系数显著性的观察，可发现在低收入农户、中低收入农户和中等收入农户组中，反映 ICT 与普惠金融交互作用的系数均在 1% 的水平上显著，而中高收入农户组中，交互作用的系数则不显著。据此，ICT 与普惠金融交互作用的益贫性得到进一步的验证。

表 5.13　　　　　交互作用的无条件内生分位数处理模型回归结果

收入分位数	系数	标准误	其他控制变量
QR_10（最低收入）	5.697 ***	0.690	已控制
QR_25（中低收入）	5.771 ***	0.472	已控制
QR_50（中等收入）	5.388 ***	0.900	已控制
QR_75（中高收入）	2.506	1.667	已控制
QR_90（最高收入）	2.142 **	1.075	已控制

注：***、** 表示显著性水平为 0.001、0.05。

5.5　小　　结

本章运用普通最小二乘法、工具变量法、内生性处理效应等计量方法，主要考察了农户 ICT、普惠金融以及两者交互作用（数字普惠金融）对农户人均纯收入水平的影响。通过分析可以得出以下结论。

（1）农户 ICT 利用水平会对人均纯收入水平产生促进作用。ICT 对农户人均纯收入的促进作用在低收入农户中明显大于其他收入组的农户，在新型农业经营主体中的促进作用大于传统农户。在考虑内生性和样本自选择问题后，上述结论依然成立，且通过其他反映 ICT 的单指标进行回归分析后，仍然能得到 ICT 利用水平对农民收入有促进作用的结论。

（2）普惠金融的发展会对农户收入水平提高产生正向影响。这一影响对低、高收入农户的作用渠道存在差异，对前者的促进作用更多的是通过金融资金支持来实现，而对后者则主要通过资产金融化实现。与此同时，普惠金融的增收效果在新型农业经营主体中的表现要好于传统农户。此外，在考虑内生性和样本自选择问题后，普惠金融仍然对农户人均纯收入水平产生正向影响。

（3）ICT 与普惠金融的交互作用（数字普惠金融）为提升农户收入水平带来了加强效果，且此效果要大于 ICT 和普惠金融的单独作用效果。ICT 以较低的成本方便农民及时准确地获取生产经营信息，普惠金融发展则为农民接触并使用金融服务带来便利，当 ICT 与普惠金融产生高级交互形式——数字普惠金融后，为农民收入水平的提升带来事半功倍的效果。值得一提的是，数字普惠金融对低收入组农户的增收效果优于高收入组农户，即数字普惠金融存在益贫性。与此同时，由于新型农业经营主体对 ICT 的掌握程度好于传统农户，从而使得其对数字普惠金融服务的接受程度高于传统农户，由此带来的增收效果也更加明显。在考虑内生性和样本自选择问题后，交互作用（数字普惠金融）依然对农户收入水平产生正向影响，表明结论较为稳健。

第6章 信息通信技术、普惠金融对农民收入结构的影响分析

本章主要从农民收入结构维度，探讨 ICT、普惠金融及两者交互作用对农民收入绝对结构和相对结构的影响。其中绝对结构主要通过经营性收入、工资性收入和财产性收入这三类收入绝对水平表示；相对结构则通过这三类收入在农民收入中的占比表示。前面章节已证实上述因素会对农民收入整体水平产生促进作用，但它们对农户的三类收入各自会产生何种影响，是否具有不同的结构效应，有待从实证角度进行检验。这对进一步认清 ICT、普惠金融对农民收入影响的作用机理有一定的理论和实践意义。

6.1 数据来源与研究方法

6.1.1 数据来源

本章分析所需数据主要来自对西南地区农户的实地调查，其详细的问卷设计、调查过程如 4.1.1 节所述，在此不再展开详细阐述。除了微观层面的调查数据外，还从官方公布的二手数据中，选取了反映调查地经济发展水平的变量，这部分数据主要来自各省的《统计年鉴》。

6.1.2 研究方法

本章主要用到的研究方法有：独立样本 T 检验方法、方差分析（analysis of variance，ANOVA）、Tobit 回归分析法、IV-Tobit 回归分析法、似不相关回归分析法。其中，独立样本 T 检验方法与方差分析法已在第 5 章进行了阐述，

在此不再赘述。以下主要对 Tobit 回归分析法、IV-Tobit 回归分析法与似不相关回归分析法进行说明。

6.1.2.1　Tobit 回归分析方法

本章在计量分析 ICT、普惠金融对农民收入结构的影响时，选用了 Tobit 模型和似不相关回归（seemingly unrelated regression，SUR）模型。其中在分析对农户三类收入水平影响时，由于农户的经营性收入、工资性收入和财产性收入均为非负的连续变量，是受限因变量的一种，应当选用比 OLS 回归模型更加稳健的 Tobit 模型，对解释变量系数进行估计（陈强，2014）。

Tobit 模型由两部分组成，如式（6.1）和式（6.2）所示，其中 y_i^* 是潜变量，当其大于 0 时即为显示观测到的 y_i 值，当其小于 0 时统一归并为 0，Tobit 模型需要对影响潜变量的系数 $\boldsymbol{\beta}$ 进行估计，用到的方法为极大似然估计方法（MLE）。具体来讲，是通过式（6.3）所示的随机样本的对数似然函数进行系数估计，即：

$$y_i^* = \mathbf{x}_i' \boldsymbol{\beta} + \varepsilon_i \tag{6.1}$$

$$y_i = \begin{cases} y_i^*, & 若\ y_0^* > 0 \\ 0, & 若\ y_i^* \leqslant 0 \end{cases} \tag{6.2}$$

$$l = \sum_{y_i=0} \ln\left(1 - \Phi\left(\frac{\mathbf{x}_i\,\boldsymbol{\beta}}{\sigma}\right)\right) + \sum_{y_i>0}\left(\ln\frac{1}{\sqrt{2\pi\sigma^2}} - \frac{1}{2}\frac{(y_i - \mathbf{x}_i\,\boldsymbol{\beta})^2}{\sigma^2}\right) \tag{6.3}$$

Tobit 模型的估计系数并不能直接反映解释变量与被解释变量的关系，需要进行转换得到边际效应，根据伍德里奇（2008）的观点，需要分情况进行以下转换：当 x_i 为连续变量时，其边际效应表达式为式（6.4），当 x_i 为分类变量时，其表达式为式（6.5），即：

$$\frac{\partial E(y \mid x)}{\partial x_i} = \phi\left(\frac{\mathbf{x}\boldsymbol{\beta}}{\sigma}\right)\beta \tag{6.4}$$

$$\frac{\partial E(y \mid x)}{\partial x_i} = \left[\phi\left(\frac{\mathbf{x}\boldsymbol{\beta}}{\sigma}\right)\mathbf{x}\,\Big|_{x_i=1} - \phi\left(\frac{\mathbf{x}\boldsymbol{\beta}}{\sigma}\right)\mathbf{x}\,\Big|_{x_i=0}\right]\beta + \left[\varphi\left(\frac{\mathbf{x}\boldsymbol{\beta}}{\sigma}\right)\Big|_{x_i} - \varphi\left(\frac{\mathbf{x}\boldsymbol{\beta}}{\sigma}\Big|_{x_i=0}\right)\right]\sigma \tag{6.5}$$

6.1.2.2　IV-Tobit 回归分析方法

考虑到农户三类收入水平与 ICT 和普惠金融之间存在内生性，在 Tobit 模

型的基础上，将借助 IV-Tobit 模型解决内生性问题。其表达式可通过式
（6.6）～式（6.8）表述，即：

$$y_{1i}^* = \mathbf{x}_i'\boldsymbol{\delta} + \beta y_{2i} + u_i \tag{6.6}$$

$$y_{2i}^* = \mathbf{x}_i'\boldsymbol{\gamma}_2 + \mathbf{z}_i'\boldsymbol{\gamma}_2 + \boldsymbol{v}_i \tag{6.7}$$

$$y_{1i} = \begin{pmatrix} y_1^* & 若\ y_1^* > 0 \\ 0 & 若\ y_1^* \leq 0 \end{pmatrix} \tag{6.8}$$

其中，y_{1i} 表示可观测到的被解释变量；y_{1i}^* 则为潜变量；y_{2i} 为内生变量，在 $\mathbf{x}_i$
与 $\mathbf{z}_i$ 既定的情况下，通过将联合概率密度 $f(y_{1i}, y_{2i} \mid \mathbf{x}_i, \mathbf{z}_i)$ 分解为 $f(y_{1i} \mid$
$y_{2i}, \mathbf{x}_i, \mathbf{z}_i) f(y_{2i} \mid \mathbf{x}_i, \mathbf{z}_i)$，进而求出其似然函数，对系数进行最大似然估计，
以消除 y_{2i} 与 u_i 相关带来的内生性问题。

6.1.2.3　似不相关回归分析方法

似不相关回归（seemingly unrelated regression estimation，SUR）模型属于
多方程系统模型的一种。当多个方程被解释变量之间存在系统性特点，使用
SUR 回归要比 OLS 回归更有效率（陈强，2014）。本章在对农户三类收入占
比的影响因素进行分析时，采用了 SUR 回归方法，原因是农户三类收入占比
之间存在一种"此消彼长"的系统性关系，这与 SUR 回归方法的适用特点非
常吻合。

SUR 回归研究的是一个多系统的方程，其表现形式如下：

$$y = \begin{Bmatrix} y_1 \\ y_2 \\ \vdots \\ y_n \end{Bmatrix} = \begin{Bmatrix} X_1 & 0 & \cdots & 0 \\ 0 & X_1 & \cdots & 0 \\ \vdots & \vdots & & \vdots \\ 0 & 0 & \cdots & X_1 \end{Bmatrix} \begin{Bmatrix} \beta_1 \\ \beta_2 \\ \vdots \\ \beta_n \end{Bmatrix} + \begin{Bmatrix} \varepsilon_1 \\ \varepsilon_2 \\ \vdots \\ \varepsilon_n \end{Bmatrix} = \mathbf{X}\boldsymbol{\beta} + \varepsilon \tag{6.9}$$

其中，扰动项 ε 的协方差矩阵为：

$$\Omega = \mathrm{Var} \begin{Bmatrix} \varepsilon_1 \\ \varepsilon_2 \\ \vdots \\ \varepsilon_3 \end{Bmatrix} = \mathrm{E} \begin{Bmatrix} \varepsilon_1 \\ \varepsilon_2 \\ \vdots \\ \varepsilon_3 \end{Bmatrix} (\varepsilon_1' \varepsilon_2' \cdots \varepsilon_n') = \mathrm{E} \begin{Bmatrix} \varepsilon_1\varepsilon_1' & \varepsilon_1\varepsilon_2' & \cdots & \varepsilon_1\varepsilon_n' \\ \varepsilon_2\varepsilon_1' & \varepsilon_2\varepsilon_2' & \cdots & \varepsilon_2\varepsilon_n' \\ \vdots & \vdots & & \vdots \\ \varepsilon_n\varepsilon_1' & \varepsilon_n\varepsilon_2' & \cdots & \varepsilon_n\varepsilon_n' \end{Bmatrix}_{n \times n}$$

$$\tag{6.10}$$

同一个个体在第 i 个方程与第 j 个方程对应扰动项之间存在相关性，即：

$$E(\varepsilon_i \varepsilon_j) = \sigma_{ij} \tag{6.11}$$

基于式（6.11）可将扰动项 ε 的协方差 $\boldsymbol{\Omega}$ 进一步简化为式（6.12），即：

$$\boldsymbol{\Omega} = \begin{pmatrix} \sigma_{11} & \sigma_{12} & \cdots & \sigma_{1n} \\ \sigma_{21} & \sigma_{22} & \cdots & \sigma_{2n} \\ \vdots & \vdots & \vdots & \vdots \\ \sigma_{n1} & \sigma_{n2} & \cdots & \sigma_{nn} \end{pmatrix} \tag{6.12}$$

由于 $\boldsymbol{\Omega}$ 不是单位矩阵，因此用 OLS 估计这个多方程系统 $y = \mathbf{X}\boldsymbol{\beta} + \varepsilon$ 不是最有效率的。假设 $\boldsymbol{\Omega}$ 已知，则 GLS 是最优效率的估计方法：

$$\hat{\boldsymbol{\beta}}_{GLS} = (\mathbf{X}'\boldsymbol{\Omega}\mathbf{X})^{-1}\mathbf{X}'\boldsymbol{\Omega}^{-1}\mathbf{y} \tag{6.13}$$

由于 $\boldsymbol{\Omega}$ 未知，故首先需要估计 $\hat{\boldsymbol{\Omega}}$，然后再进行 FGLS 估计。由于对每个方程分别进行 OLS 回归也是一致的，故可以使用单一方程 OLS 的残差来一致地估计 σ_{ij}。假设第 i 个方程的 OLS 残差向量为 $\mathbf{e}_i$，则 σ_{ij} 的一致估计量为：

$$\hat{\sigma}_{ij} = \mathbf{e}_i'\mathbf{e}_j \tag{6.14}$$

从而得到 $\hat{\boldsymbol{\Omega}}$ 的表达式，即：

$$\hat{\boldsymbol{\Omega}} = \begin{pmatrix} \sigma_{11} & \sigma_{12} & \cdots & \sigma_{1n} \\ \sigma_{21} & \sigma_{22} & \cdots & \sigma_{2n} \\ \vdots & \vdots & \vdots & \vdots \\ \sigma_{n1} & \sigma_{n2} & \cdots & \sigma_{nn} \end{pmatrix} \tag{6.15}$$

将式（6.15）代入式（6.13）即可得到 SUR 回归的参数估计值：

$$\hat{\boldsymbol{\beta}}_{SUR} = (\mathbf{X}'\hat{\boldsymbol{\Omega}}\mathbf{X})^{-1}\mathbf{X}'\hat{\boldsymbol{\Omega}}^{-1}\mathbf{y} \tag{6.16}$$

6.2　研究假设与基本计量模型构建

6.2.1　研究假设的提出

根据第 2 章的理论分析，可对 ICT、普惠金融及两者交互作用对农户经营性、工资性和财产性三类收入水平的影响作出如下假设。

假设 H_I：农户 ICT 利用水平越高，其经营性收入越高。

假设 H_{II}：农户 ICT 利用水平越高，其工资性收入越高。

假设 H_{III}：农户 ICT 利用水平越高，其财产性收入越高。

假设 H_{IV}：农户普惠金融发展水平越高，其经营性收入越高。

假设 H_V：农户普惠金融发展水平越高，其财产性收入越高。

假设 H_{VI}：ICT 与普惠金融交互作用（数字普惠金融）会促进农户经营性收入的增加。

假设 H_{VII}：ICT 与普惠金融交互作用（数字普惠金融）会促进农户财产性收入的增加。

对于 ICT、普惠金融及两者交互作用对农民收入相对结构的影响方面，通过第 2 章的理论分析得知，普惠金融及其与 ICT 的交互作用（数字普惠金融），均对经营性收入和财产性收入有正向影响，而对工资性收入无显著影响，据此作出如下假设。

假设 H_{VIII}：农户普惠金融发展水平越高，其经营性收入占比越高。

假设 H_{IX}：农户普惠金融发展水平越高，其财产性收入占比越高。

假设 H_X：ICT 与普惠金融交互作用（数字普惠金融）会提高农户经营性收入占比。

假设 H_{XI}：ICT 与普惠金融交互作用（数字普惠金融）会提高农户财产性收入占比。

此外，理论分析得知，ICT 对经营性收入、工资性收入和财产性收入均有正向影响，因而无法判断出 ICT 对上述三类收入占比的影响，即 ICT 对上述三类收入占比的作用方向不确定。

6.2.2 计量模型构建

在探讨 ICT、普惠金融及交互作用对三类农户收入水平的影响时，采用 Tobit 模型分别构建了相应的模型，如式（6.17）~式（6.19）所示。其中，lnoperainc*、lnwageinc* 与 lnproperinc* 分别表示农户人均经营性、工资性与财产性收入水平的潜变量，并对应取了对数，对于收入为 0 的农户，按照科林·卡梅伦和特里维迪（2015）的处理方式，在取对数后出现的缺失值，用取对数前的最小值减去一个最小的数来代替。ICT 与 IF 分别代表 ICT 和普惠金融的综合值或单指标值，$\ln ICT \times \ln IF$ 代表 ICT 与普惠金融的交互项，为降低多重共线性的影响，对其进行了中心化处理，$\mathbf{x}_{\text{other}}$、$\mathbf{x}'_{\text{other}}$ 与 $\mathbf{x}''_{\text{other}}$ 分别表示影响经营收入、工资收入与财产收入的其他控制变量，即：

$$\text{lnoperainc}^* = \beta'_0 + \beta_1 \ln ICT + \beta_2 \ln IF + \beta_3 \ln ICT \times \ln IF + \boldsymbol{\beta}_{\text{other}} \mathbf{x}_{\text{other}} + \varepsilon$$

$$(6.17)$$

$$\text{lnwageinc}^* = \beta'_0 + \beta'_1 \ln ICT + \beta'_2 \ln IF + \beta'_3 \ln ICT \times \ln IF + \boldsymbol{\beta}'_{\text{other}} \mathbf{x}'_{\text{other}} + \varepsilon'$$

$$(6.18)$$

$$\text{lnproperinc}^* = \beta''_0 + \beta''_1 \ln ICT + \beta''_2 \ln IF + \beta''_3 \ln ICT \times \ln IF + \boldsymbol{\beta}''_{\text{other}} \mathbf{x}''_{\text{other}} + \varepsilon''$$

$$(6.19)$$

在探讨 ICT、普惠金融及交互作用对农户三类收入占比的影响时，采用了 SUR 模型，其具体表达式如式（6.20）所示，其中，y_1、y_2、y_3 分别表示农户经营收入、工资收入和财产收入占总收入的比重，即：

$$\begin{cases} y_1 = \alpha_0 + \alpha_1 \ln ICT + \alpha_2 \ln IF + \alpha_3 \ln ICT \times \ln IF + \boldsymbol{\alpha}_{\text{other}} \mathbf{x}_{\text{other}} + \varepsilon \\ y_2 = \alpha'_0 + \alpha'_1 \ln ICT + \alpha'_2 \ln IF + \alpha'_3 \ln ICT \times \ln IF + \boldsymbol{\alpha}'_{\text{other}} \mathbf{x}_{\text{other}} + \varepsilon \\ y_3 = \alpha''_0 + \alpha''_1 \ln ICT + \alpha''_2 \ln IF + \alpha''_3 \ln ICT \times \ln IF + \boldsymbol{\alpha}''_{\text{other}} \mathbf{x}_{\text{other}} + \varepsilon \end{cases} \quad (6.20)$$

6.3 信息通信技术、普惠金融与收入结构关系的 T 检验及方差分析

6.3.1 信息通信技术与三类收入关系分析

6.3.1.1 ICT 与经营性收入关系的 T 检验分析

根据独立样本 T 检验的计算公式和调查所得的数据，运用 SPSS 18.0 软件，对不同 ICT 水平下农户的经营性收入进行了比较，其中，ICT 的分类和智能手机渗透水平的分类与第 5 章的分类方法一致（下同），在此不再赘述。T 检验结果如表 6.1 所示。

通过 T 检验结果可以发现，高 ICT 发展水平组农户人均经营性收入要高于低 ICT 发展水平组农户。前者的人均经营性收入均值为 0.825 万元，

后者则为 0.561 万元,且两者所代表的总体样本差异在 1% 的水平上显著;在家庭是否接入互联网方面,606 户有经营性收入的农户家庭中,有 332 户未接入互联网,其人均经营收入均值为 0.583 万元,在 274 户接入互联网的农户中,人均经营性收入均值达到 0.791 万元,比前者高 0.208 万元,且在 1% 的水平上差异显著;处于人均智能手机拥有量均值水平之上的农户,其人均经营性收入比处于人均智能手机拥有量均值水平之下的农户高 0.225 万元,此差异在 1% 的水平上显著,表明两者差距较为明显。

表 6.1 ICT 水平与农户经营性收入关系的 T 检验

观察项	测度含义	样本量	均值（万元）	标准差	T 检验
低 ICT 组	≤0.195	340	0.561	0.549	−4.223 ***
高 ICT 组	>0.195	266	0.825	0.898	
未入网	=0	332	0.583	0.563	−3.356 ***
入网	=1	274	0.791	0.887	
低智能手机渗透	≤0.650	334	0.576	0.574	−3.638 ***
高智能手机渗透	>0.650	272	0.801	0.879	
样本合计			606		

注: *** 表示在 1% 的显著性水平上显著。ICT 发展水平分类依据 ICT 的综合评价值,智能手机渗透率分类依据人均智能手机拥有量。

资料来源:根据实地调查数据整理。

6.3.1.2 ICT 与工资性收入关系的 T 检验分析

表 6.2 比较了不同 ICT 发展水平下农户工资性收入的差异。通过 T 检验结果可以发现,高 ICT 水平组农户的工资性收入水平要明显高于低水平组农户,其中,高 ICT 组农户的人均工资性收入为 1.162 万元,低 ICT 水平组农户的人均工资性收入为 0.984 万元,两者相差 0.178 万元,此差距在 5% 的水平上显著;需要指出的是,尽管接入互联网农户的人均工资性收入比未接入互联网农户的人均工资性收入高 0.038 万元,但是未通过 T 检验的显著性检验,表明两者的差异并不显著。这主要是因为,出于成本考虑,主事者主要是借助智能手机上网获取招聘等信息,而且外出务工的农民由于长时间在外,家中很少接入互联网,在外出务工的 611 户农

户中有 245 户接入互联网，占比为 40.098%，所以家中是否入网对工资性收入的影响较小；在智能手机渗透率较高的农户中，人均工资性收入为 1.329 万元，渗透率较低的农户组中此值为 0.752 万元，两者相差 0.577 万元，且此差异在 1% 的水平上显著。表明智能手机对工资性收入促进作用明显。

表 6.2　　　　　　　农户 ICT 水平与农户工资性收入关系的 T 检验

观察项	测度含义	样本量	均值（万元）	标准差	T 检验
低 ICT 组	≤0.195	351	0.984	1.000	−2.156 **
高 ICT 组	>0.195	260	1.162	1.017	
未入网	=0	366	1.045	1.046	−0.458
入网	=1	245	1.083	9.579	
低智能手机渗透	≤0.650	285	0.752	7.447	−7.538 ***
高智能手机渗透	>0.650	326	1.329	1.130	
样本合计			611		

注：** 、*** 分别表示在 5%、1% 的显著性水平上显著。ICT 发展水平分类依据 ICT 的综合评价值，智能手机渗透率分类依据人均智能手机拥有量。

资料来源：根据对农户实地调查数据整理得到。

6.3.1.3　ICT 与财产性收入关系的 T 检验分析

在不同 ICT 发展水平的农户财产性收入差异方面，通过表 6.3 的 T 检验可以发现，无论是从综合指标考量还是从单指标考量，具有较高 ICT 发展水平组农户的人均财产性收入要高于较低 ICT 发展水平组的农户。详细来看，高 ICT 综合水平组农户的人均财产性收入为 925.366 元，低 ICT 综合水平组农户的人均财产性收入仅为 427.379 元，通过 T 检验后发现两者在 1% 的水平上存在显著差异；从家中是否接入互联网来看，接入互联网的农户中，人均财产性收入的平均水平为 915.757 元，而未接入互联网的农户中，家庭人均财产性收入水平为 447.774 元，比接入互联网的农户低467.983 元，这一差距在 1% 的水平上显著；低智能手机渗透率农户的家庭人均财产性收入为 401.805 元，高智能手机渗透率农户为 900.486 元，比前者高 498.681 元，且此差异在 1% 的水平上显著。初步表明拥有高 ICT 发展水平的农户，家中财产性收入水平也较高。

表 6.3 农户 ICT 水平与农户财产性收入关系的 T 检验

观察项	测度含义	样本量	均值（元）	标准差	T 检验
低 ICT 组	≤0.195	340	427.379	908.783	-4.343 ***
高 ICT 组	>0.195	332	925.366	1886.370	
未入网	=0	348	447.774	990.331	-4.021 ***
入网	=1	324	915.757	1864.108	
低智能手机渗透	≤0.650	306	401.805	1090.857	-4.536 ***
高智能手机渗透	>0.650	366	900.486	1732.109	
样本合计			672		

注：*** 表示在 1% 的显著性水平上显著。ICT 发展水平分类依据 ICT 的综合评价值，智能手机渗透率分类依据人均智能手机拥有量。

资料来源：根据对农户实地调查数据整理得到。

6.3.2　普惠金融与三类收入关系分析

6.3.2.1　普惠金融水平差异与经营性收入的关系

表 6.4 展示了拥有不同普惠金融服务水平（IF）农户，在经营性收入方面的差异。通过 T 检验后发现，无论是从综合水平考察，还是从单指标水平考察，较高普惠金融发展水平农户的人均经营收入高于较低水平组，且这一差异在 1% 的水平上显著。具体来看，高 IF 组、高金融服务可及性水平组和高金融服务可得性水平组农户中人均农业经营收入水平依次为 0.798 万元、0.758 万元和 0.804 万元，分别比对应的低水平组农户高 0.235 万元、0.148 万元和 0.243 万元，且均在 1% 的显著性水平上显著，差异较为明显。

表 6.4 农户普惠金融与农户经营性收入关系的 T 检验

观察项	测度含义	样本量	均值（万元）	标准差	T 检验
低 IF 组	≤0.177	311	0.563	0.488	-3.923 ***
高 IF 组	>0.177	295	0.798	0.911	
低金融服务可及性	≤0.117	332	0.610	0.595	-2.399 **
高金融服务可及性	>0.117	274	0.758	0.868	

续表

观察项	测度含义	样本量	均值（万元）	标准差	T 检验
低金融服务可得性	≤0.199	317	0.561	0.566	−4.038 ***
高金融服务可得性	>0.199	289	0.804	0.866	
样本合计		606			

注：** 、*** 分别表示在5% 、1% 的显著性水平上显著。ICT 发展水平分类依据 ICT 的综合评价值，智能手机渗透率分类依据人均智能手机拥有量。

资料来源：根据对农户实地调查数据整理得到。

6.3.2.2 普惠金融水平差异与工资性收入的关系

不同普惠金融水平组农户之间，工资性收入水平同样存在差异。通过表6.5 的 T 检验可以发现，高 IF 组农户的人均工资性收入平均水平为1.213万元，与低 IF 组农户的人均工资性收入0.913 万元相比，高0.3 万元；在金融服务可及性方面，低金融服务可及性水平组农户的人均工资性收入比高金融服务可及性水平组高，这是因为低金融服务可及性水平组的农户，所在地的经济发展水平较低，多数人选择了外出务工，进而使得工资性收入水平提升，但是这一差异并不显著；与此相反，高金融服务可得性水平组的人均工资性收入要显著高于低水平组的农户，其中，高金融服务可得性水平组农户的人均工资性收入水平为1.261 万元，低金融服务可得性水平组中此值仅为0.875 万元，且两者差异在1% 的水平上显著。

表6.5   **农户普惠金融发展水平与工资性收入关系的 T 检验**

观察项	测度含义	样本量	均值（万元）	标准差	T 检验
低 IF 组	≤0.177	312	0.913	0.919	−3.694 ***
高 IF 组	>0.177	299	1.213	1.079	
低金融服务可及性	≤0.117	350	1.064	1.039	0.105
高金融服务可及性	>0.117	261	1.055	0.974	
低金融服务可得性	≤0.199	318	0.875	0.789	−4.727 ***
高金融服务可得性	>0.199	293	1.261	0.118	
样本合计		611			

注：*** 表示在1% 的显著性水平上显著。ICT 发展水平分类依据 ICT 的综合评价值，智能手机渗透率分类依据人均智能手机拥有量。

资料来源：根据对农户实地调查数据整理得到。

6.3.2.3　普惠金融水平差异与财产性收入的关系

不同普惠金融服务水平的农户之间，人均财产性收入存在一定差异。表 6.6 展示了普惠金融发展水平与农户财产性收入关系的 T 检验结果。从结果中可发现，在 1% 的显著水平上，高综合水平组农户的人均财产性收入要比低综合水平组的农户高 502.64 元；就金融服务可及性而言，面临较低金融服务可及性农户的人均财产性收入要高于较高金融服务可及性的农户，但这一差异并不显著；就金融服务可得性而言，在 1% 的显著水平上，高金融服务可得性水平组农户的人均财产性收入要比低金融服务可得性水平组的农户高 1065.792 元，差异较为显著，初步表明金融服务可得性高的农户财产性收入也较高。

表 6.6　　　　农户普惠金融发展水平与财产性收入关系的 T 检验

观察项	测度含义	样本量	均值（元）	标准差	T 检验
低 IF 组	≤0.177	322	411.615	855.764	−4.536**
高 IF 组	>0.177	350	914.258	1871.219	
低金融服务可及性	≤0.117	361	736.500	1760.649	1.218
高金融服务可及性	>0.117	311	600.173	1107.739	
低金融服务可得性	≤0.199	318	369.975	806.640	−5.269***
高金融服务可得性	>0.199	354	945.984	1872.432	
样本合计			672		

注：**、***分别表示在 5%、1% 的显著性水平上显著。ICT 发展水平分类依据 ICT 的综合评价值，智能手机渗透率分类依据人均智能手机拥有量。

资料来源：根据对农户实地调查数据整理得到。

6.3.3　交互作用与三类收入关系分析

为了初步判断 ICT 与普惠金融是否会对农户三类收入水平产生交互影响，根据多因素方差分析的原理，运用 SPSS 18 软件绘制出了 ICT 与普惠金融对三类收入水平交互影响的折线图，根据判断标准，若两条直线存在交点则说明交互作用存在，否则不存在交互作用（周玉敏和邓维斌，2009）。其中，ICT 利用水平和普惠金融发展水平分组与前面的分组标准一致，即以综合评价值的均值为分界点，将样本农户分为高水平组与低水平组，然后以三类收入水平为观测变量，展开多因素方差分析，最终得到如图 6.1 所示的交互作用图。

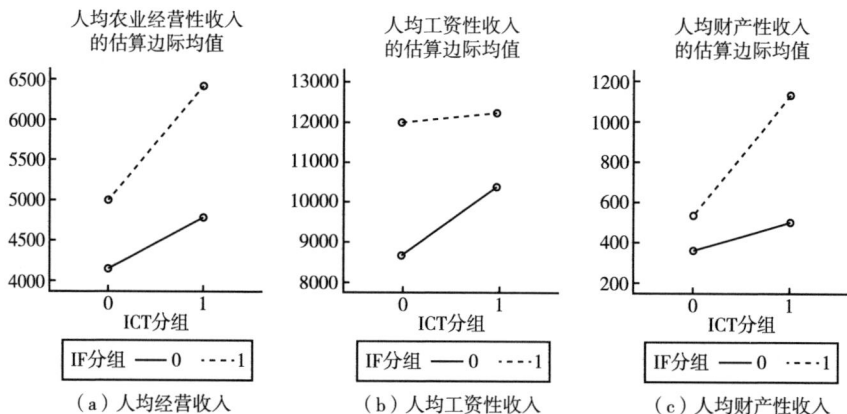

图 6.1　ICT 与普惠金融对收入结构的交互作用

　　通过图 6.1 不难发现，两条直线在（a）图和（c）图中相交的趋势更加明显，而（b）图尽管有相交趋势，但并无前两者明显。表明 ICT 与普惠金融主要对农户经营性收入和财产性收入有交互影响。进一步观察发现，所有直线的斜率为正、虚线在实线之上，表明高 ICT 农户，三类收入水平也较高，高普惠金融水平农户也比低普惠金融水平农户的高，与前面的 T 检验结果一致。（a）图（c）图中虚线的斜率均比实线高，表明经营性收入和财产性收入在高 ICT 水平与低 ICT 水平中的差距，随着普惠金融水平的提升在进一步拉大。

　　与其他图不同的是，图 6.1（b）中显示虚线的斜率要低于实线斜率，即在高普惠金融水平组中，高 ICT 水平组与低 ICT 水平组农户的工资性收入差异要小于低普惠金融水平组中的农户。这是因为在高普惠金融发展水平农户中，农户从事经营活动时更容易获得金融支持，在这种情况下，农户会更多地从事经营活动，而放弃外出务工机会，从而减少了高 ICT 水平组与低 ICT 水平组农户的工资性收入差异。同理，在低普惠金融发展水平组农户中，农户从事经营活动获得金融服务支持的难度相对较大，当 ICT 水平提升后，他们会获取高薪招聘信息，从而选择外出务工，进而使得在低普惠金融水平组农户中，具有高 ICT 发展水平农户的工资性收入远高于低 ICT 水平的农户，反映到图中表现为斜率较高。

6.4　信息通信技术、普惠金融对农户收入结构影响的回归分析

6.4.1　变量的选取

在被解释变量选取方面，根据已有对农民收入结构的研究，有的学者从收入水平层面，选取了农户经营性、工资性和财产性三类收入的收入水平指标反映结构（Davis et al.，2017；程名望等，2014；温涛等，2013）；有的学者则从收入占比层面，选取了三类收入在总收入中的各自占比进行反映（Furness，2010；姜长云，2008；张车伟和王德文，2004）。为了使本书研究更加完善，结合已有研究，本书从经营性收入、工资性收入和财产性收入三类收入水平与占比两个层面选取了相应指标作为被解释变量①。

在核心解释变量选取方面，根据前面的理论分析与研究假设，选取了与第 5 章类似的核心解释变量，包括农户 ICT 利用水平综合评价值（TOPSIS 值）、普惠金融发展综合水平评价值（TOPSIS 值）、互联网入网与贷款获得情况、人均智能手机数量，此外，还选取了能直接反映数字普惠金融的变量：农户是否有人使用支付宝、是否有人使用手机银行。

在控制变量选取方面，根据因变量的不同，选取了不同的控制变量。在分析经营性收入时，根据经典的 Cobb-Douglas（C-D）函数，从资本与劳动力角度选取了与经营活动相关的投入变量，包括人均承包地面积、人均非农经营资本投入、人均农业生产投入、劳动力数量、主事者文化程度等变量。此外，还根据已有研究（Vanwey et al.，2012；鲁钊阳，2016；许恒周和郭玉燕，2011；朱建军和胡继连，2015）选取了外出务工人数、是否加入新型农业经营主体、土地流转决策等变量。

在农户工资性收入影响的变量选取方面，根据明瑟（Mincer，1996）构建的工资方程，选取了外出务工人员平均受教育程度作为主要控制变量，反映人力资本水平，并结合已有研究（Corral & Reardon，2001；Escobal，2001；Joll-

---

①　其中，三类收入水平包括农户的经营收入水平、工资收入水平和财产收入水平；三类收入占比变量则包括农户经营收入占比、工资收入占比和财产收入占比。

iffe，2004），选取外出务工人数从人力资本数量角度进行控制，此外，土地的转出可以释放出更多的劳动力（骆永民和樊丽明，2015；钱龙和洪名勇，2016），据此，选取土地流转决策作为另一变量。

在财产性收入方面，其来源除金融资产外，随着农村土地制度的改革，农民的土地逐渐成为主要来源，通过土地经营权流转，农民会从中获得一定的财产收入（何绍周等，2012；刘俊杰等，2015），此外，若农户从事非农经营会将土地流转出去，进而增加财产性收入。为此本书选取人均承包地面积、土地流转决策、是否从事非农经营活动作为农民财产性收入的主要控制变量。

除了上述有差异的控制变量选取外，为尽可能降低遗漏变量带来的不利影响，本书还从家庭特征、村庄特征、县域经济状况以及省级特征方面，选取了家庭规模、是否干部户、主事者年龄、主事者性别、村庄地形、是否少数民族聚居区、距最近乡镇距离、县域人均 GDP、省份虚拟变量，作为所有模型的控制变量。

6.4.2 变量的描述性统计

鉴于本章部分变量已在第 5 章出现，且已经做了描述性统计，所以本章仅对新出现的变量做描述性统计分析。最终得到如表 6.7 所示的结果。

表 6.7　　　　　　　　　　变量说明与描述性统计

变量名称	变量说明	样本数	均值（万元）	标准差	最小值（万元）	最大值（万元）
农户人均经营性收入	农户从事农业活动获得的经营收入	803	0.386	0.523	0	5.471
农户人均工资性收入	务工获得的收入	803	0.472	0.580	0	5.471
农户人均财产性收入	通过土地、房屋、金融资产获得的收入	803	0.033	0.139	0	1.009
农户经营收入占比	农户经营收入占纯收入的比重	803	0.405	0.341	0	1.000
农户工资收入占比	农户工资收入占纯收入的比重	803	0.380	0.293	0	1.000
农户财产收入占比	农户财产收入占纯收入的比重	803	0.031	0.066	0	0.784
入网与贷款获得情况	0 = 未入网未贷款；1 = 入网未贷款；2 = 未入网贷款；3 = 入网贷款	803	1	1.036	0	3.000

变量名称	变量说明	样本数	均值（万元）	标准差	最小值（万元）	最大值（万元）
是否有人使用支付宝	0 = 农户中无人使用支付宝；1 = 农户中有人使用支付宝	803	0.497	0.500	0	1.000
是否有人使用手机银行	0 = 无人用手机银行；1 = 有人使用手机银行	803	0.245	0.431	0	1.000
务工人员平均受教育程度	外出务工人员受教育程度的平均数*	803	3.618	1.151	1	7.000

注：* 先统计出每个外出务工人员的受教育程度，然后求均值。

从表 6.7 中的描述性统计结果可以发现，在调查的 803 户农户中，人均经营性收入均值为 0.386 万元，最小值为 0，最大值为 5.471 万元；在农户人均工资性收入方面，样本农户的均值水平为 0.472 万元，标准差为 0.580，最小值为 0，最大值为 5.471 万元，两者差距之所以如此大，是因为在调查的样本中，农民当地务工多数是受雇于家庭农场或专业大户，从中获得的工资收入一般要低于外出打工的收入；在人均财产性收入方面，农户的人均财产性收入均值为 0.033 万元，远小于经营性收入与工资性收入，其最小值为 0，而最大值高达 1.009 万元，有的农户受征地补偿的影响，往往会获得较高的财产性收入，当然也有农民是因为原先的金融资产积累较多，在投资后会获得较高的财产性收入；在经营性收入占比方面，均值水平为 0.405，表明西南地区农户收入来源中，经营性收入占比依然较大；在工资性收入占比方面，其平均水平为 0.380；农户的财产性收入占比最小，其均值水平为 0.031，其中，最小值为 0，最大值为 0.784，标准差为 0.066，与其他两种收入相比，农户之间的人均财产性收入差异较小；在对数字普惠金融服务的使用上，有人使用过支付宝的农户占比为 49.7%，而家中有人使用过手机银行的农户占比仅为 24.5%，比支付宝要低 25.2 个百分点，表明支付宝在农户中的普及度要高于手机银行；在外出务工人员受教育方面，平均的受教育程度处于初中和高中文化程度之间。

为了初步判断 ICT、普惠金融及两者交互作用对农户人均经营性收入、工资性收入与财产性收入的作用方向，绘制了图 6.2、图 6.3 和图 6.4 表述两者关系的散点图。通过图 6.2 可以发现，ICT、普惠金融及交互项与农户人均经营收入关系的趋势线均呈现出向上倾斜的态势，可初步判断出 ICT、普惠金融及两者交互作用均对人均经营收入产生正向影响。图 6.3 中的三条曲线同样呈现向上倾斜的态势，初步表明 ICT、普惠金融及两者的交互作用与人均工资性收入同样存在正向关系；对于三者同财产性收入的关系而言，图6.4中的三条曲线展现出了与经营收入和工资收入相同的样式，即初步推断出 ICT、普惠金融及两者交互作用也会给农民的财产性收入带来正向影响。

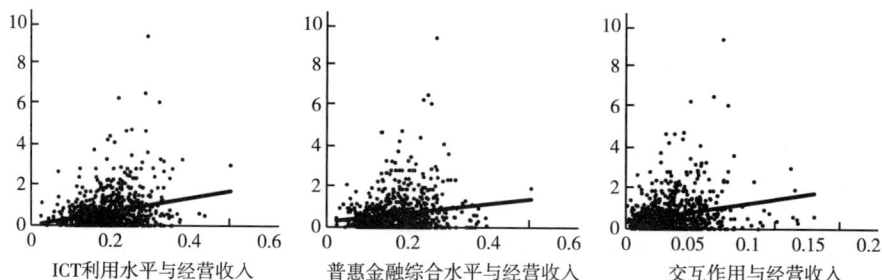

图6.2　ICT、普惠金融及交互作用与农户人均经营收入关系的散点

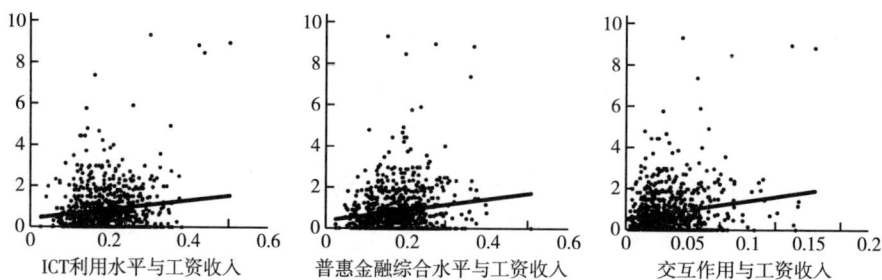

图6.3　ICT、普惠金融及交互作用与农户人均工资收入关系的散点

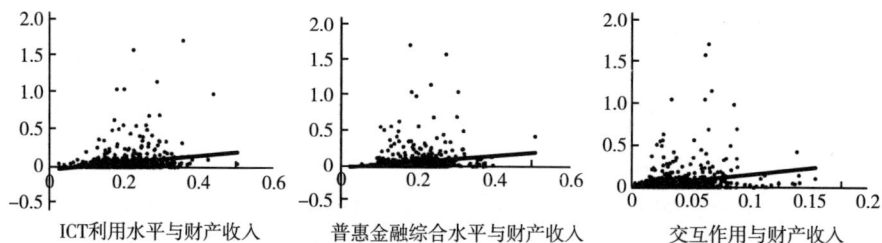

图6.4　ICT、普惠金融及交互作用与农户人均财产收入关系的散点

在 ICT、普惠金融及两者交互作用与农民三类收入占比方面，图6.5至图6.7的散点图显示出，三者对农户的不同收入结构带来差异影响。图6.5

显示 ICT 会对农户经营收入占比的提高带来负向影响，而普惠金融及 ICT 与普惠金融的交互项，则与农户经营收入占比有正相关关系；与此相反，在三者与工资性收入占比的散点关系图中（见图 6.6），可发现 ICT 与工资性收入占比存在正相关关系，而普惠金融及 ICT 与普惠金融的交互项则与其有负相关关系；图 6.7 则显示无论是 ICT、普惠金融还是两者的交互作用均与农户的财产性收入占比有正相关关系。

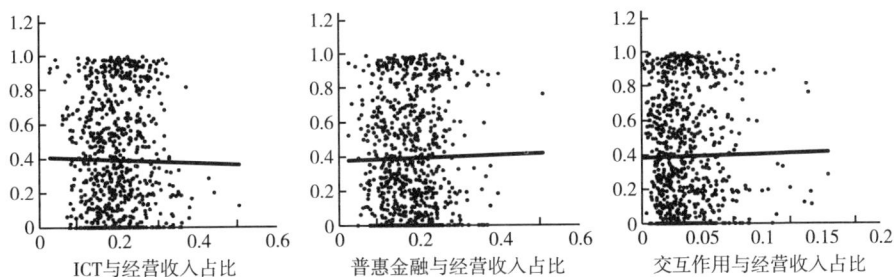

图6.5 ICT、普惠金融及交互作用与农户经营收入占比关系的散点

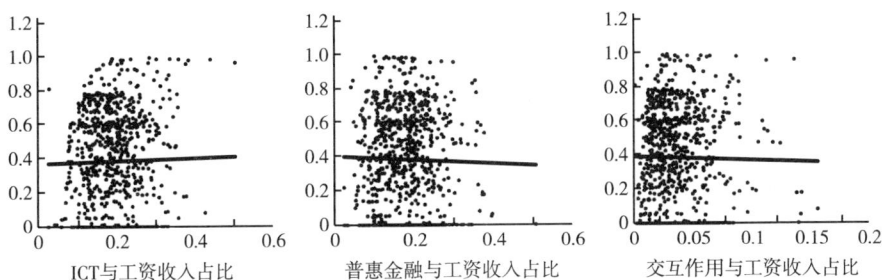

图6.6 ICT、普惠金融及交互作用与农户工资收入占比关系的散点

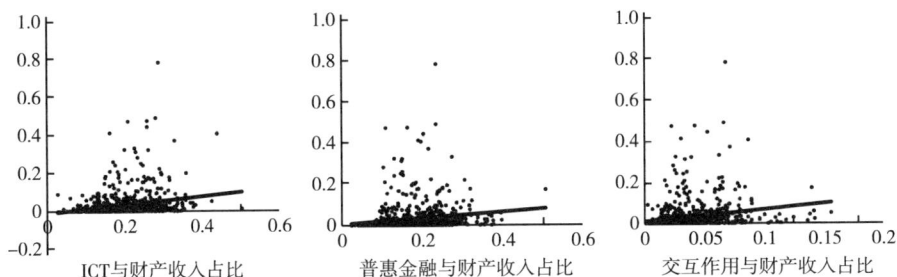

图6.7 ICT、普惠金融及交互作用与农户财产收入占比关系的散点

6.4.3 模型检验与回归结果

Tobit 模型对正态性和同方差性依赖性较强，在进行回归以前需要对数据进行预处理，以满足正态性和消除异方差。为使数据满足正态性分布，本书采用了对数正态分布建模。通过对人均经营性收入、人均工资性收入和人均财产性收入取对数后，其数据分布的偏度由 3.364、2.545 和 6.701，分别变为 -0.622、-0.228 和 -0.391。其数据分布的峰度值分别由 21.724、14.559 和 62.212，分别降低为 2.274、2.060 和 2.246，取对数后的数据基本符合正态数据的标准（即偏度值为 0，峰度值为 3）；为消除异方差性的困扰，本书在进行 Tobit 回归时，采用了稳健标准误进行处理。

在考虑正态性和异方差问题后，运用 Stata 14 软件，对 Tobit 模型进行运算，最终得到表 6.8 与表 6.9 的回归结果，通过对数似然值与 F 检验值，得知模型整体拟合效果较好，所有变量的联合显著性较为显著。

表 6.8　农户三类收入水平影响因素的回归结果（一）

项目	Tobit1（人均经营收入）		Tobit2（人均工资收入）		Tobit3（人均财产收入）	
	系数	边际效应	系数	边际效应	系数	边际效应
ICT 综合水平	0.169*** (0.012)	0.166*** (0.012)	0.515* (0.286)	0.501* (0.279)	0.142 (0.343)	0.119 (0.290)
普惠金融综合水平	0.112 (0.012)	0.101 (0.011)	0.385 (0.244)	0.374 (0.237)	1.918*** (0.293)	1.617*** (0.250)
ICT 与普惠金融交互项	0.117*** (0.020)	0.114*** (0.020)	0.400 (0.560)	0.389 (0.544)	1.435* (0.829)	1.210* (0.701)
人均承包地面积	0.017 (0.017)	0.017 (0.016)			0.180 (0.360)	0.152 (0.304)
人均非农经营资本投入	0.048*** (0.003)	0.047*** (0.003)				
人均农业生产投入	0.767*** (0.027)	0.750*** (0.028)				
劳动力数量	0.004 (0.005)	0.004 (0.004)				

续表

项目	Tobit1 （人均经营收入）		Tobit2 （人均工资收入）		Tobit3 （人均财产收入）	
	系数	边际效应	系数	边际效应	系数	边际效应
主事者文化程度	0.0001 (0.002)	0.0001 (0.002)				
外出务工人员数量	− 0.011 *** (0.004)	− 0.011 *** (0.004)	1.845 *** (0.101)	1.795 *** (0.093)	0.198 ** (0.080)	0.167 ** (0.068)
是否新型经营主体	0.051 *** (0.009)	0.050 *** (0.009)				
是否租入土地	0.034 *** (0.009)	0.034 *** (0.009)	0.160 (0.211)	0.154 (0.202)	0.496 * (0.258)	0.417 * (0.220)
是否租出土地	0.014 (0.011)	0.014 (0.011)	1.516 *** (0.223)	1.483 *** (0.221)	0.556 ** (0.232)	0.469 ** (0.197)
是否从事非农经营					0.643 *** (0.185)	0.542 *** (0.156)
外出务工人员文化程度			0.098 * (0.088)	0.096 * (0.086)		
家庭规模	− 0.003 (0.004)	− 0.003 (0.004)	− 0.508 *** (0.077)	− 0.494 *** (0.0754)	− 0.166 ** (0.075)	− 0.140 ** (0.064)
是否干部户	− 0.000 (0.013)	− 0.000 (0.012)	− 0.229 (0.330)	− 0.222 (0.319)	0.356 (0.281)	0.305 (0.243)
主事者年龄	0.001 * (0.000)	0.001 * (0.000)	0.003 (0.010)	0.003 (0.010)	0.026 ** (0.011)	0.022 ** (0.009)
主事者年龄平方	− 0.0001 * (0.000)	− 0.0001 * (0.000)	− 0.001 (0.001)	− 0.001 (0.001)	0.001 (0.001)	0.001 (0.001)
主事者性别	− 0.013 (0.010)	− 0.013 (0.010)	− 0.013 (0.255)	− 0.013 (0.248)	0.573 ** (0.281)	0.483 ** (0.237)
是否少数民族聚居区	− 0.001 (0.016)	− 0.001 (0.015)	− 0.538 * (0.306)	− 0.521 * (0.296)	− 0.877 ** (0.360)	− 0.727 ** (0.293)
县域人均 GDP	0.009 * (0.009)	0.009 * (0.009)	0.325 ** (0.214)	0.316 ** (0.209)	0.096 (0.249)	0.081 * (0.209)
距最近乡镇距离	− 0.008 ** (0.004)	− 0.008 ** (0.004)	0.104 (0.081)	0.101 (0.079)	− 0.026 (0.083)	− 0.022 (0.070)
村庄地形	已控制	已控制	已控制	已控制	已控制	已控制

续表

项目	Tobit1（人均经营收入）		Tobit2（人均工资收入）		Tobit3（人均财产收入）	
	系数	边际效应	系数	边际效应	系数	边际效应
省份	已控制	已控制	已控制	已控制	已控制	已控制
常数项	4.235**（1.478）	—	3.129（2.030）	—	6.863**（2.962）	—
Log Likelihood	−1189.316	—	−1541.997	—	−1713.517	—
F 值	112.04***	—	30.79***	–	29.39***	—
样本量	803		803		803	

注：*、**、*** 分别表示在10%、5%、1%的显著性水平上显著。括号内数值为 Tobit 模型的稳健标准误。人均经营收入、人均工资收入与人均财产收入均取对数。

表6.9　　　　农户三类收入水平影响因素的回归结果（二）

项目	Tobit4（人均经营收入）		Tobit5（人均工资收入）		Tobit6（人均财产收入）			
	系数	边际效应	系数	边际效应	系数	边际效应	系数	边际效应
入网未贷款	0.333***（0.127）	0.309***（0.118）						
未入网贷款	0.212*（0.123）	0.196*（0.114）						
入网贷款	0.440**（0.174）	0.410**（0.163）						
lnmobile			0.318*（0.182）	0.310*（0.177）				
Alipay					1.458***（0.195）	1.223***（0.161）		
mobilebank							1.482***（0.180）	1.286***（0.154）
其他变量	已控制	已控制	已控制	已控制	已控制	已控制	已控制	已控制
似然对数	−1193.8	—	−1541.9	—	−1716.6	—	−1722.4	—
F 值	45.99***	—	32.46***	—	9.56***	—	10.46***	—
样本量	803	—	803	—	803	—		

注：1. lnmobile 为农户人均智能手机拥有量的对数；Alipay 表示农户中是否有人使用支付宝；mobilebank 表示农户中是否有人使用手机银行；考虑到共线性问题，将 Alipay 与 mobilebank 分别放入两个模型中计算；农户人均经营收入、人均工资收入与人均财产收入均取对数。

2. *、**、*** 分别表示在10%、5%、1%的显著性水平上显著。

　　SUR 回归模型需要具备两个条才能让估计更有效率：一是任意两个方程的解释变量不能完全相同；二是各方程的扰动项要具有相关性。表 6.10 展示了 SUR 回归结果，可以看出各方程的自变量存在一定的差异。同时，通过"无同期相关"的卡方检验得知，在 1% 的显著性水平上拒绝各方程扰动项之间相互独立的原假设，即表明使用 SUR 回归是合适的且估计是有效率的。

表 6.10　　　　　　　　　　农户收入占比影响因素的 SUR 回归结果

项目	SURI	SURII	SURIII
	经营收入占比	工资收入占比	财产收入占比
ICT 综合水平	−0.011 (0.025)	0.047 * (0.027)	0.028 *** (0.008)
普惠金融综合水平	−0.018 (0.022)	−0.007 (0.023)	0.019 *** (0.007)
ICT 与普惠金融交互项	0.071 * (0.044)	−0.145 *** (0.046)	0.042 *** (0.014)
人均承包地面积	0.002 * (0.025)		0.005 * (0.009)
人均农业生产投入	0.440 *** (0.032)		
劳动力数量	−0.001 (0.008)		
主事者文化程度	0.002 (0.005)		
务工人员数量	−0.111 *** (0.007)	0.172 *** (0.007)	−0.003 (0.002)
是否租入土地	0.097 *** (0.021)	−0.082 *** (0.020)	−0.018 *** (0.007)
是否租出土地	−0.086 *** (0.019)	0.074 *** (0.019)	0.011 * (0.006)
是否从事非农经营	−0.085 *** (0.014)		0.004 (0.005)
务工人员平均文化程度		0.012 * (0.007)	

续表

项目	SURI	SURII	SURIII
	经营收入占比	工资收入占比	财产收入占比
其他控制变量	已控制	已控制	已控制
常数项	− 0. 234 (0. 235)	0. 266 (0. 181)	0. 069 (0. 076)
R^2	0. 580	0. 456	0. 105
chi2	247. 470 ***		
N	803		

注： * 、 *** 分别表示在10% 、1% 的显著性水平上显著。括号内数值为 SUR 模型的稳健标准误。

6.4.4 信息通信技术、普惠金融对农户三类收入的影响

6.4.4.1 信息通信技术对农户三类收入水平影响的分析与讨论

从农户三类收入水平来看，ICT 主要对人均经营性收入和人均工资性收入产生显著正向影响，对人均财产性收入的影响为正，但效果不显著。通过对 Tobit 系数的转换，求出各变量的边际效应系数，由此得知，在控制普惠金融与 ICT 交互作用的前提下，当农户 ICT 综合水平提升10%时，其人均经营性收入、人均工资性收入和人均财产性收入将分别提升 4.93%、5.01% 和1.19%，可见对工资性收入的贡献最大，经营性收入次之，而工资性收入最小，从而验证了前面提出的假设 $H_{I} \sim H_{III}$。ICT 对农户绝对收入结构影响的预期与实际作用方向如表 6.11 所示。

表 6.11　　ICT 对农户绝对收入结构影响的预期与实际作用方向

研究内容	预期作用方向	实际作用方向
ICT 对农户人均经营性收入影响	+	+
ICT 对农户人均工资性收入影响	+	+
ICT 对农户人均财产性收入影响	+	+

ICT 会对整个生产经营活动产生影响，农民在产前可以通过 ICT 获取生产资料和各农产品的市场行情，以优化资源配置。在生产中农民可借助 ICT 掌握生产相关的信息（如天气、生产技术等），以提高生产效率，同时根据

信息通信技术搭建的电子商务平台，购买到价格低廉的生产投入品（化肥、农药等），降低生产成本。在产后则是通过对市场信息的掌握，获取套利机会，以卖出更高的价格。从而使得经营性收入增加。本书研究结果进一步证实了已有研究的正确性，例如许竹青等（2013）在研究 ICT 技术对农民农产品销售收入的影响时，发现 ICT 技术对耐储农产品销售收入的回报为 6.180%，尽管由于统计口径的差异，带来的 ICT 对经营性收入的贡献程度有所差别，但是 ICT 促进农民经营性收入提升的结论是一致的。进一步地通过调查发现，在经常使用互联网获取生产销售信息的农户中，人均经营性收入为 9503.488 元，而不使用互联网或不经常使用互联网获取生产销售信息的农户，其人均经营性收入为 5021.574 元，前者比后者高 4481.914 元。通过表6.9 中互联网与贷款对经营性收入的回归结果可以发现，在同样未获得过贷款的农户中，接入互联网的农户要比未接入互联网的农户人均经营性收入高30.9%，在同样获得过贷款的农户中，接入互联网的农户要比未接入互联网的农户人均经营收入高 21.4%。由此可见，ICT 在促进经营性收入方面效果较为显著。

借助 ICT 搭建的工作招聘信息平台，让务工农民能够以较低的时间成本，找到高工资率的工作。与此同时，当农民工失业后，也可以凭借此类平台，在短时间内找到合适的工作，缩短了失业时间，从而增加就业时间。在上述两方面作用下，ICT 可以有效提高农民的工资性收入。通过表 6.9 中关于人均智能手机拥有量对工资性收入的回归结果可以看出，当农户人均智能手机拥有量提升 10% 时，农户的人均工资性收入将提升 3.1%。与传统的依靠社会网络找工作获得的效果相比，凭借 ICT 找到工作并提高工资性收入的效果，仍然有很大提升空间。根据卓玛草和孔祥利（2016）的研究，利用社会关系找到工作的农民工要比未使用关系的农民工的工资性收入高 2.996%，远高于本书研究得出的 ICT 对工资性收入的贡献。这主要由两个方面的原因造成：一方面农民对利用 ICT 获取招聘信息的意识还不强；另一方面通过 ICT 发布农民工招聘信息的平台还不够完善。

ICT 对财产性收入的影响虽有促进作用但不显著。这是因为一方面农民的土地流转意愿不强，愿意转出土地的农民仍占少数（乐章，2010；李昊等，2017）；另一方面，借助 ICT 搭建的农村产权交易平台，正处于初步建设期，农民对其认知度不高，导致农民通过此平台进行土地流转的意愿不强。

6.4.4.2 普惠金融对农户收入绝对结构影响的分析与讨论

从 Tobit 回归结果来看，普惠金融对农民人均经营性收入和人均财产性收入均有促进作用，其中，对人均财产性收入的促进作用较为显著。即表明普惠金融发展水平越高的农户，其人均经营性收入和人均财产性收入也较高。从而验证了假设 H_{IV} 与假设 H_V（见表6.12）。由计算的边际效应得知，在控制 ICT 与普惠金融的交互影响后，当农户的普惠金融发展水平提升 10%，农户的人均经营性收入和财产性收入将分别提高 1.01% 和 16.17%。由此可见，普惠金融发展水平的提升，对农民财产性收入的促进作用大于经营性收入。此外，通过回归结果可以发现，普惠金融对农民工资性收入也存在不显著的正向影响。

表6.12　　普惠金融对农户绝对收入结构影响的预期与实际作用方向

研究内容	预期作用方向	实际作用方向
普惠金融对农户人均经营性收入影响	+	+
普惠金融对农户人均财产性收入影响	+	+

普惠金融对经营性收入的影响主要通过资金支持和风险管理实现，但通过研究结果发现，此两者对经营性收入的促进作用并不显著。在资金支持上，普惠金融可以为农户从事经营活动提供信贷支持，缓解其从事经营时的资金约束，进而增加经营性收入，表6.9 的 Tobit4 模型显示，在同样未入网的情况下，获得贷款农户的人均经营收入要比未获得过贷款的农户高 19.6%。然而西部农村地区经济发展滞后，在很大程度上制约了金融服务效率的提升，这也是已有研究中发现经济落后地区金融服务效率不高的主要原因（贾立和王红明，2010；李明贤和叶慧敏，2014）。在风险管理方面，普惠金融为农户提供了保险服务或产品，一方面为农民结余出更多的风险准备金用于生产；另一方面农民购买保险后，保险机构也会向其传授抗击风险的生产技术与管理技术，提高了农民风险防范意识和抵御风险的能力，从而带来经营收入的增加。此外，当风险真正发生时，保险公司的及时补偿，也可以让农民迅速恢复生产经营活动。需要指出的是上述作用渠道的实现离不开完善的农保体系。例如董婉璐等（2014）发现美国在 2012 年遭受严重旱灾后，在其完善的农保体系支持下，没有对农民增收带来太大的消极影响。然而这一作用在欠发达的农保体系国家非常微弱。周稳海等（2014）通过对利用动态面板数

据对中国农业保险和农民收入的关系进行研究发现，农业保险的总效应对农民收入的促进作用相当微小，当人均保费与人均赔付和增加 1% 时，农民的收入仅增长 0.039%。由此可见，普惠金融会给农民经营性收入带来促进作用，但该作用当前还不显著。

普惠金融对农户财产性收入产生了显著的正向影响。这一研究结果与任碧云和姚博（2013）、杨海宁和李小丽（2016）等的研究结果有很大相似之处。农户的财产性收入来源主要包括土地、房屋和金融资产三类，受制于产权制度和区位环境的制约，前两者很难发挥较大作用（谭银清等，2014），唯独金融资产可给农民财产性收入带来较大影响。而普惠金融水平的提高，为农户带来了丰富多彩的金融产品或服务，尤其是各种定期存款和理财产品的出现，让农民的闲余资金有了增值的去处。农业生产有很强的周期性，当处于农闲季节时，农民可以将储蓄转为定期存款或理财产品，赚取相应的利息和投资收益，实现"钱生钱"的目的。

普惠金融对工资性收入有不显著的正向影响。表明当前普惠金融并未对农民工资性收入带来显著的促进作用。当前针对农民工的贷款更多的是支持其返乡创业（冯海红，2016），而对于支持其外出务工的特色信贷产品种类较少（如农民工消费信贷等），从而使得普惠金融对农民的工资性收入并未产生直接的促进作用。

6.4.4.3 交互作用（数字普惠金融）对农户绝对收入结构影响的分析与讨论

表 6.8 的回归结果显示，ICT 与普惠金融交互作用会对人均经营性收入和人均财产性收入产生显著正向影响，而对人均工资性收入则产生不显著的正向影响，从而假设 H_{VI} 和假设 H_{VII} 得到验证（见表 6.13）。进一步地，通过边际效应系数得知，ICT 和普惠金融的交互作用对增加财产性收入的贡献大于经营性收入。

表 6.13 交互作用（数字普惠金融）对农户绝对收入结构影响的预期与实际作用方向

研究内容	预期作用方向	实际作用方向
ICT 与普惠金融交互作用对农户人均经营性收入影响	+	+
ICT 与普惠金融交互作用对农户人均财产性收入影响	+	+

为更加形象地展示 ICT 与普惠金融交互作用（数字普惠金融）对经营性收入和财产性收入的影响，根据边际效应做了如图 6.8 所示的交互影响图。通过图 6.8 中的 a 图可以发现，随着 ICT 水平的提升，普惠金融对农户人均经营性收入的促进作用逐渐提高。如第 2 章的理论分析所述，信息通信技术在农村金融中的运用，缓解了农村金融交易过程中的信息不对称程度，降低了逆向选择程度，减少了道德风险问题的发生，利于普惠金融在农村的发展，为提高农民金融服务的可及性与可得性奠定基础，进而利于农村金融增收功能的实现，进一步放大农村普惠金融在促进经营性收入提升中的作用。以信贷为例，在放贷以前，银行等金融机构借助云计算、大数据和搜索引擎等 ICT，对农民信息进行最大程度的掌握，降低逆向选择程度。在放贷以后，利用 ICT 信息传输快的特点，形成以"信誉资产"为担保的惩戒机制，一旦农户违约便会"世人皆知"，在上述作用下，破解了高风险低回报农户对低风险高回报农户的"挤出效应"。这一作用在已有研究中已从理论上得到了证实。刘征驰等（2016）在对团体联保贷款模式与网络 P2P 贷款模式比较的基础上，运用巴兰达等（Baland et al.，2013）提出的模型进行了理论分析，结果发现，与团体联保贷款模式相比，参与资金借贷的低收入群体更能获得较高的收益。这与本书得到的实证结果基本一致。

ICT 与普惠金融的交互作用（数字普惠金融）对农户财产性收入产生显著的正向影响，通过图 6.8 中的 b 图可以看出，随着 ICT 水平的提升，普惠金融对农户人均财产性收入增加的促进作用越来越大。在数字普惠金融服务模式下，首先，对于金融服务提供者而言，可以借助 ICT 低成本、易操作的优势，为农民设计出低门槛的数字化投资理财产品，从而有助于其财产性收入的增加。以较为常见的支付宝和手机银行为例，表 6.9 中 Tobit 6 和 Tobit 7分别展示了农户中是否使用支付宝与是否使用手机银行对财产性收入的影响，结果发现，使用支付宝和手机银行的用户，其财产性收入要比未使用的农户分别高 122.3% 和 128.6%，可见支付宝和手机银行对增加财产性收入效果非常明显。其次，利用 ICT 信息传输效率高和操作界面可视化的优势，向农民推广相应的投资理财产品及相关知识，使农民的投资理财意识不断提高。已有调查研究发现，以蚂蚁金服的余额宝为例，截至 2016 年第一季度，余额宝用户达到 3 亿人，而农村用户突破了 6000 万，相当于每 5 个余额宝用户中就有 1 个农村人（王刚贞和江光辉，2017）。最后，随着数字化金融理财产品的兴起，加剧了金融市场的理财产品竞争程度，带动了整体投资理财产品收益率的增加，进而对农民增加财产性收入带来直接影响。已有研究显示，余额宝的出现在一定程度上提高了银行理财产品的收益率（赵红和姬健飞，2017），互联网货币基金收益率同样给银行理财产品收益率带来正的脉冲效应，其值高达65.09%（柴用栋和曹剑飞，2014）。

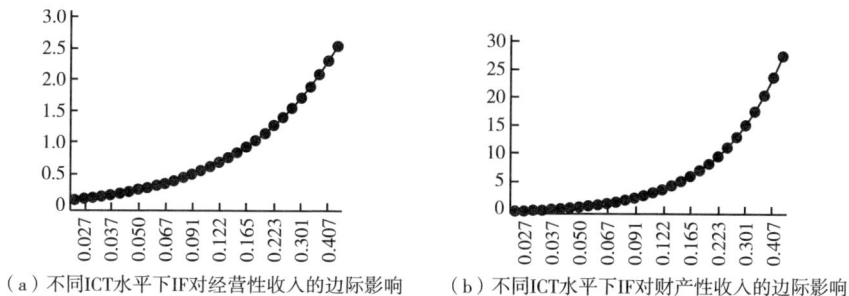

（a）不同ICT水平下IF对经营性收入的边际影响　　（b）不同ICT水平下IF对财产性收入的边际影响

图6.8　ICT与IF对三类收入水平影响的交互作用

6.4.5　信息通信技术、普惠金融对农户三类收入占比的影响

6.4.5.1　信息通信技术对农户三类收入占比的影响

由表6.14可知，ICT对农户工资性收入占比和财产性收入占比有显著的正向影响，即表明ICT利用水平越高的农户，其工资性收入占比和财产性收入占比越高。此外，ICT对农户经营性收入占比有负向影响，但并不显著。

表6.14　　ICT对农户相对收入结构影响的预期与实际作用方向

研究内容	预期作用方向	实际作用方向
ICT对农户经营性收入占比的影响	不确定	－
ICT对农户工资性收入占比的影响	不确定	＋
ICT对农户财产性收入占比的影响	不确定	＋

ICT提高了农户资源的配置效率。模型SURI—模型SURIII中，ICT水平变量对因变量的影响方向并不一致，充分反映出农户资源的配置过程。ICT的发展能够帮助农户快速地获取就业、市场以及金融等相关信息，相对性地减弱了农户在市场经济中长期处于信息不对称方的弱势地位，从而更好地发挥了市场经济对农户资源的配置作用。目前家庭经营的小农经济收益率明显

低于其他部门，农村劳动力在市场的调节作用下自然地向非农等高收益的生产部门大量转移，从而增加了农户的工资性收入；与此同时，农村剩余的土地等生产性要素及闲余资金在 ICT 的帮助下，寻找到了投资的路径，进而显著地提升了农户的财产性收入。

6.4.5.2　普惠金融对农户三类收入占比的影响

通过回归发现，普惠金融对农户经营性收入占比带来负向影响，得到了与假设 H_{VIII} 相反的结果。与此同时，普惠金融的发展能显著提升农户的财产性收入占比，从而假设 H_{IX} 得到验证（见表 6.15）。此外，普惠金融对农户工资性收入占比也有不显著的负向影响。以上结果说明，在普惠金融的影响下，农户财产性收入的增长幅度普遍大于经营性收入和工资性收入的增长幅度。

表 6.15　　　普惠金融对农户相对收入结构影响的预期与实际作用方向

研究内容	预期作用方向	实际作用方向
普惠金融对农户经营性收入占比的影响	+	−
普惠金融对农户财产性收入占比的影响	+	+

普惠金融的发展为农民提供了多元化的金融资产投资理财渠道，这一方面会提高农户金融资产的投资比例，让闲置资金有安全的投资去向；另一方面可以提高农户对风险金融资产的投资比例，优化金融资产的投资组合，让农户在风险承受范围内，获得高收益回报。通过上述两个方面作用，农户的财产性收入将大幅增加。由于增幅大于其他来源收入，从而使财产性收入占比有所提升。

普惠金融对农户经营性收入占比有负向影响，表明尽管普惠金融发展水平的提高，能够增加农户经营性收入，但是对经营性收入的提升幅度较小。这是因为当前农村普惠金融正处于发展初期，其服务于农业的效果现在还不太理想，存在产品和服务缺失的状况，特别是信贷资金的缺失。这种缺失状况的产生是由于金融服务存在较高的门槛，而农业属于弱质产业，在成本收益的框架下以及金融追逐利润的驱动下，农村金融资金普遍由农业向农村第二、第三产业流出，并且农村信贷资金也在不断地向发达地区流出，农民信贷资金的可得性依然较低（乔桂明，2002）。虽然当前农村普惠金融对农业经营性收入有一定的促进作用，但此作用还未充分发挥出来。

6.4.5.3　交互作用（数字普惠金融）对农户三类收入占比的影响

ICT 与普惠金融交互项正向影响农户财产性收入占比和经营性收入占比，从而假设 H_X 和假设 H_{XI} 得到验证（见表 6.16）。此外，两者交互作用对农户工资性收入占比有负向影响。表明 ICT 与普惠金融交互形成的数字普惠金融，显著提升了农户经营性收入和财产性收入的增长速度，同时降低了农户工资性收入的增长速度，从而出现农户经营性和财产性收入占比上升，而工资性收入占比下降的局面。

表 6.16　　　　交互作用（数字普惠金融）对农户相对收入结构
影响的预期与实际作用方向

研究内容	预期作用方向	实际作用方向
ICT 与普惠金融交互作用对农户经营性收入占比的影响	+	+
ICT 与普惠金融交互作用对农户财产性收入占比的影响	+	+

信息通信技术在农村金融中的运用，可以进一步发挥出金融对农业生产经营的支持作用。ICT 能利用自身低成本运行、万物互联、大数据分析等优势，构建一个智慧金融体系，连接起金融服务提供者和需求者，创建一个资源有效流通、信息有效传递的金融市场，缓解了农村金融面临的较为严重的信息不对称问题。对从事农业经营的农户而言，可以方便地获取相应的金融服务，例如贷款和保险等，为扩大经营规模提供了有力支撑，对经营性收入占比的增加产生正向影响。与此同时，信息通信技术在农村金融中的运用，降低了金融交易面临的过高的交易成本，由此降低了农民获得金融服务时面临的门槛。这一点在投资理财产品方面体现得尤为明显。传统的理财产品起购数额较大，农民无法承担。数字金融理财产品的出现，不仅起购额较低，而且还可以做到随存随取，例如余额宝等。由于这类理财农民之前无法获得，在数字普惠金融服务模式下获取后，会给其财产性收入带来大幅增加，从而提高了财产性收入占比。

6.4.5.4　农户类型差异视角下农户三类收入占比的影响因素分析

为了比较不同农户类型中 ICT、普惠金融对三类收入占比影响的差异，进一步将样本分为新型农业经营主体和传统农户两类样本，运用 SUR 模型分别对两类样本进行回归。表 6.17 展示了此次回归结果。

表 6.17 　　　　　　　　不同农户类型收入结构影响分析的 SUR 回归结果

项目	传统农户			新型经营主体		
	经营性收入占比	工资性收入占比	财产性收入占比	经营性收入占比	工资性收入占比	财产性收入占比
ICT	-0.079***	0.118***	0.020**	0.080*	-0.076**	0.049***
	(0.027)	(0.033)	(0.009)	(0.049)	(0.038)	(0.017)
IF	-0.047**	0.002	0.014*	0.018	-0.002	0.019*
	(0.023)	(0.028)	(0.008)	(0.042)	(0.033)	(0.015)
ICT × IF	-0.076	-0.136**	0.042**	0.178***	-0.100**	0.046**
	(0.055)	(0.067)	(0.019)	(0.062)	(0.049)	(0.022)
常数项	-0.409	0.623***	0.082	0.891**	-0.083	0.121
	(0.252)	(0.224)	(0.085)	(0.447)	(0.250)	(0.155)
其他变量	已控制	已控制	已控制	已控制	已控制	已控制
R^2	0.589	0.420	0.495	0.499	0.464	0.250
Chi2	152.278***			83.900***		
N	567			236		

注：1. Chi2 检验显示在 1% 的显著性水平上，拒绝原假设①，即表明使用 SUR 可提高估计效率。2. *、**、*** 分别表示在 10%、5%、1% 的显著性水平上显著。3. 括号内数值为稳健标准误。4. 其他变量与表 6.10 中各因变量对应的解释变量相同。

　　ICT 对传统农户和新型经营主体收入占比影响的差异主要体现在经营性收入和工资性收入方面。ICT 会对传统农户的农业经营收入占比产生负向影响，对工资收入占比存在正向影响，对新型经营主体的影响则完全相反。传统农户在农业经营方面规模较小，与新型经营主体相比农业经营效益低下，他们更多地从事兼业经营，当 ICT 发展水平提升后，根据比较优势，他们主要运用 ICT 搜集工作招聘信息，以寻求较高的工资性收入，从而使得传统农户在工资性收入方面的增长幅度大于农业经营收入。与此相反，新型经营主体主要以农业经营为主，他们主要利用 ICT 获取和农业生产、销售等相关的信息，使得农业经营收入的增长速度快于务工收入的增长速度，从而导致农业经营性收入占比提升。

　　普惠金融发展水平对传统农户与新型经营主体收入占比的影响差异，同样体现在经营性收入和工资性收入方面。具体表现是降低了传统农户的农业

---

　　① 原假设为"各方程扰动项之间无同期相关"。

经营收入占比，提高了其在工资性收入方面的占比；对于新型经营主体而言，普惠金融水平的提高则是提高了经营收入占比，降低了工资性收入占比。表明随着普惠金融发展水平的提高，新型经营主体更多的是将金融资源用于农业生产经营。总的来看，普惠金融的发展带来了资源的有效配置，既支持了新型经营主体发展现代农业，也让农村剩余劳动力实现了向非农领域的转移，从而有助于达到整个农村社会的帕累托最优。

ICT 与普惠金融的交互作用对传统农户与新型经营主体收入占比的影响差异主要体现在经营收入占比方面。其中，交互作用对传统农户农业经营收入占比会产生负向影响，而对新型经营主体的经营性收入占比则产生正向影响。在显著性方面，交互作用对新型经营主体经营性收入占比的影响较为显著。表明新型经营主体在利用 ICT 从事农业生产经营时，获得的经营性收入增加幅度大于传统农户。这与新型经营主体的 ICT 利用水平较高有密切关系（阮荣平等，2017）。

除了以上描述的关于 ICT、普惠金融及交互作用对不同类型农户收入占比影响的差异外，三者也对两类型农户收入占比影响有相似之处。这主要体现在两个方面：一是三者均对农户的财产性收入有显著正向影响；二是 ICT 与普惠金融的交互作用对工资性收入占比均有负向影响。ICT 为农户掌握投资理财信息提供帮助，普惠金融的发展则会为农户接触理财产品提供了机会，而 ICT 与普惠金融的交互作用会对财产性收入的增加产生相互的正向调节，尤其是互联网理财等数字普惠金融产品的大量出现，加剧了金融理财产品市场的竞争，收益率出现了一定上浮，为农民通过金融资产获取财产性收入带来了机遇，与此同时，ICT、普惠金融及交互作用有利于农户收入水平的提升，较大程度上增加了金融资产的积累，同样利于财产性收入的增加，在上述作用下，无论是传统农户还是新型经营主体，财产性收入占比均有所增加。ICT 与普惠金融交互作用（数字普惠金融）为农户经营活动提供了支撑，特别是互联网金融的发展，让农民更容易获得经营活动所需要的金融支持。在此基础上，降低了新型经营主体或传统农户家庭成员外出务工的可能性，使得工资性收入占比降低。通过上述研究结果，可以看出 ICT、普惠金融及两者交互作用会对不同农户类型合理安排生产经营活动提供支撑。

6.4.6 控制变量对农户收入结构的影响

在主要控制变量方面，通过表6.8可以发现，人均承包地面积会对农户经营收入水平和财产收入水平产生正向影响。人均非农经营资本投入、农业生产资本投入和劳动力数量均对经营性收入产生显著正向影响。主事者文化程度则会对经营收入产生不显著的正向影响。外出务工人员数量会对经营性收入产生显著负向影响，而对工资性收入和财产性收入则产生显著的正向影响。新型农业经营主体的经营性收入明显高于传统农户。土地的流转显著提升了农户经营收入和财产性收入，同时土地的转出有利于工资性收入的显著增加。从事非农经营活动的农户会对财产收入带来显著的正向影响。外出务工人员的教育水平越高，其工资性收入也会越高。

在收入占比的影响方面，人均承包地面积会提高经营性收入占比和财产性收入占比。人均农业生产投入对经营性收入占比提升有正向影响。务工人员数量会降低经营收入占比，同时会提高工资性收入占比和财产性收入占比。租入土地会提高农业经营收入占比，而对其他收入占比则有负向影响，租出土地则表现出了相反的结果。从事非农经营活动会在降低农业经营收入占比的同时，提高财产性收入占比。务工人员平均文化程度会显著提升工资收入占比。

在其他控制变量方面，对于家庭特征变量而言，家庭规模对农户人均经营收入、财产收入和工资收入均产生负向影响。与非干部户相比，干部户在人均经营收入、人均工资收入方面较少，但在财产性收入上要多于前者，且效果并不显著。主事者年龄对农户人均经营收入产生倒"U"形影响，即随着年龄增长，农户的人均经营收入呈现出先上升后下降的变化趋势，类似的情况还体现在人均工资性收入方面，但并不十分显著，而年龄对财产性收入的影响则表现出随着年龄增加一直增长的态势。与女主事者相比，以男性为主事者的农户，在人均经营性收入方面显著低于前者，而在财产性收入方面则相反；对于村庄特征变量而言，少数民族聚居区的农户在人均工资性收入和人均财产性收入方面明显低于非少数民族聚居区。位于距离最近乡镇越远农村地区的农户，其人均经营性收入和人均财产性收入更低，而人均工资性收入水平则高于离最近乡镇较近的农户。在县域经济方面，县域人均GDP均对农户的三类收入产生正向影响。

6.4.7 内生性与稳健性问题考察

6.4.7.1 内生性问题考察

ICT、普惠金融发展水平可能与农户的三类收入之间存在内生性问题。ICT 和普惠金融既可以促进农户三类收入的增加，同时，农户的三类收入水平的提高也会引致出对现代化 ICT 或金融服务的需求，从而会反过来提升农户的 ICT 水平和普惠金融水平，即存在反向因果关系。为了解决内生性对估计结果带来的不利影响，我们考虑使用工具变量法来识别 ICT、普惠金融与农户三类收入之间的因果关系走向。鉴于前面关于 ICT、普惠金融与三类收入水平之间关系的分析使用了 Tobit 模型，在此基础上，我们使用 IV-Tobit 模型来对内生性问题进行考察。

在工具变量的选取方面，我们分别选取同村其他农户的 ICT 平均发展水平与农户到最近金融机构物理网点的距离，作为 ICT 和普惠金融的工具变量。此两个变量在理论上满足了工具变量选取的外生性与有效性原则，即同村其他农户的 ICT 水平可以影响自身对 ICT 的使用，但是却不会对自身的收入产生直接影响；与此同时，农户到最近金融机构的距离会直接影响农户的金融服务可及性与可得性，但是对农户的收入并不能产生最直接的影响。

运用 Stata14 软件对 IV-Tobit 进行回归分析，最终得到表 6.18 所示的回归结果。考虑到本书中有两种代表不同内容的内生性变量（ICT 与 IF），在进行 IV-Tobit 回归分析时，采用了分类处理的方式。其中，ivtobit1 与 ivtobit2 模型分别展示了 ICT 作为内生性变量与 IF 作为内生性变量对农户人均经营性收入的影响。回归结果显示 ICT 与普惠金融均是内生的[1]，同时选取的工具变量从计量上讲是合适的[2]。通过与 Tobit1 模型比较后发现，考虑内生性问题后，ICT、普惠金融及交互项系数仍然为正，但是 ICT 的系数变小，而普惠金融及两者交互项系数均变大，表明 Tobit 模型因存在内生性问题，高估了 ICT 对农户人均经营收入促进作用的同时，也低估了普惠金融及两者交互作用对提升人均经营收入的贡献；ivtobit3 与 ivtobit4 模型分别展示了 ICT 作为内生性

---

[1] Wald 外生性排除检验拒绝了外生性原假设。

[2] AR 弱工具变量检验在1%和5%的显著性水平上拒绝了原假设，表明不存在"弱工具变量"问题。

变量与 IF 作为内生性变量对农户人均工资性收入的影响。Wald 外生性排除检验显示，只有 ICT 在对工资性收入影响时存在内生性问题。从 ivtobit3 模型回归结果看出，在考虑内生性后，ICT 依然对工资性收入产生显著正向影响，与 Tobit2 结果相比，其系数变大了，表明原先的回归低估了 ICT 对工资性收入的影响，同时，ICT 与普惠金融的交互项由原先的不显著变为显著，且系数由 0.4 变为 1.325，表明在考虑 ICT 的内生性后，ICT 与普惠金融对工资性收入的交互促进作用变强；ivtobit5 与 ivtobit6 模型分别展示了 ICT 与 IF 作为内生性变量对农户人均财产性收入的影响。Wald 外生性排除检验显示，无论是 ICT 还是普惠金融水平对财产性收入的影响，均存在内生性问题。通过与 Tobit3 模型回归结果的比较，不难发现，在考虑 ICT 内生的情况下，ICT 对人均财产性收入的影响由不显著变为显著，其系数却由 0.142 变为 0.402，表明原先的模型低估了 ICT 对人均财产性收入的促进作用。在考虑普惠金融水平内生的情况下，普惠金融对人均财产性收入的影响依然表现出正向显著，但是系数值变小了，说明高收入农户本身财产性收入要高于其他农户，且普惠金融发展水平也较高，进而过高地估计了普惠金融对财产性收入的促进作用，不过在考虑内生性之后，系数仍然为正。

表 6.18　　ICT、普惠金融对农民收入结构影响的 IV-Tobit 回归结果

变量	人均经营收入		人均工资收入		人均财产收入	
	ivtobit1	ivtobit2	ivtobit3	ivtobit4	ivtobit5	ivtobit6
lnict	0.366	0.377	1.071 **	1.650 *	0.402 ***	0.922 ***
	(0.278)	(0.535)	(0.472)	(0.898)	(0.055)	(0.192)
lnif	0.065	0.356	0.691 ***	1.152	1.796 ***	0.896 **
	(0.135)	(1.110)	(0.231)	(1.740)	(0.028)	(0.384)
lnictlnif	1.110 ***	1.158	1.325 **	0.106	1.118 ***	1.607 ***
	(0.359)	(0.831)	(0.611)	(1.283)	(0.071)	(0.292)
其他控制变量	已控制	已控制	已控制	已控制	已控制	已控制
AR	9.68 ***	7.98 **	7.58 **	1.21	155.4 ***	54.24 ***
Wald test	10.18 ***	7.10 **	8.14 **	1.18	270.47 ***	153.90 ***
样本量	803	803	803	803	803	803

注：*、**、*** 分别表示在10%、5%、1%的显著性水平上显著。括号内为稳健标准误。

6.4.7.2　稳健性检验

为保证 6.4.4 节所述研究结果的稳健性，从两个方面考虑进行了稳健性检验：(1) 更换了回归方程模型，运用 OLS 估计方法和工具变量的最大似然估计方法 (IVMLE) 重新进行系数估计；(2) 将样本进行分解，分别选取农户人均经营收入、人均工资收入和人均财产收入大于 0 的农户进行回归分析。最终得到如表 6.19 所示的结果。

表 6.19　　　　　　　　农户三类收入水平影响分析的稳健性检验

变量	人均经营收入		人均工资收入		人均财产收入	
	ols1	IVMLE1	ols2	IVMLE2	ols3	IVMLE3
lnict	0.401 ***	0.137	1.428 ***	0.971 ***	0.459 ***	0.388 ***
	(0.109)	(0.228)	(0.141)	(0.257)	(0.025)	(0.045)
lnif	0.151	0.479	0.369 ***	0.441	1.720 ***	1.638 ***
	(0.093)	(0.352)	(0.122)	(0.534)	(0.021)	(0.089)
lnictlnif	0.663 ***	0.809 ***	0.476	0.340	1.254 ***	1.247 ***
	(0.158)	(0.204)	(0.311)	(0.399)	(0.059)	(0.061)
其他变量	已控制	已控制	已控制	已控制	已控制	已控制
R^2	0.403		0.934 ***		0.961 ***	
F 检验	20.86 ***		69.48 ***		741.11 ***	
Wald chi2		489.43 ***		1538.49 ***		5697.42 ***
Wald test		2.90		25.94 ***		1457.65 ***
AR		4.17		20.63 ***		70.63 ***
样本量	654	654	611	611	672	672

注：*** 表示在 1% 的显著性水平上显著。括号内为稳健标准误。

通过稳健性检验结果看出，ICT 对工资收入和财产收入影响显著、普惠金融对财产收入影响显著、ICT 与普惠金融的交互项则是对经营性收入和财产性收入影响最为显著，虽然显著性有所差异，但无论是采用 OLS 回归还是加入工具变量之后的回归，ICT、普惠金融及两者交互作用依然会对农户人均经营收入、人均工资收入和人均财产收入产生正向影响。由此可见，本书的研究结果具有较强的稳健性。

为检验 6.4.5 节所述研究结果的稳健性，我们换用了 Tobit 回归方法，对各收入占比分别进行回归分析，最终得到如表 6.20 所示的计量结果。通过与

表 6.10 的比较可以发现，各自变量的系数符号一致，且数值大小并未出现较大变化，表明前面关于 ICT、普惠金融及两者交互作用对农户收入占比影响的结果较为稳健。

表 6.20　　　　　　　　农户收入占比影响分析的稳健性检验

变量	Tobit7	Tobit8	Tobit9
	经营性收入占比	工资性收入占比	财产性收入占比
lnict	− 0.016	0.038 **	0.032 ***
	(0.041)	(0.036)	(0.010)
lnif	− 0.034	− 0.007	0.030 ***
	(0.026)	(0.029)	(0.008)
lnictlnif	0.073 *	− 0.143 ***	0.041 *
	(0.045)	(0.051)	(0.025)
常数项	− 1.024 ***	0.177	0.043
	(0.281)	(0.248)	(0.104)
其他控制变量	已控制	已控制	已控制
F 值	48.69 ***	24.84 ***	33.2 ***
样本量	803	803	803

注：*、**、*** 分别表示在 10%、5%、1% 的显著性水平上显著。括号内为稳健标准误。其他变量与表 6.10 中相同。

6.5　小　结

本章运用 Tobit、IV-Tobit、SUR 模型等计量方法，从收入水平和收入占比两个维度，考察 ICT、普惠金融及两者交互作用对农户收入结构的影响。经分析可得出以下结论。

（1）ICT、普惠金融及两者交互作用对农户经营性、工资性和财产性三类收入水平的提高均有正向影响。其中，在控制其他变量的前提下，ICT 对人均经营收入和人均工资性收入的促进作用较为显著；普惠金融水平的提升则会对农户的财产性收入水平增加带来显著效果；ICT 与普惠金融的交互作用则显著提升了农户的经营性收入水平与财产性收入水平。

（2）ICT、普惠金融及两者交互作用对农户三类收入占比的影响存在差异。总体来看，ICT 显著提升了农户的工资性收入占比和财产性收入占比；普惠金融水平的提高则是降低了经营性收入占比、工资性收入占比，显著提升了财产性收入占比；ICT 与普惠金融的交互作用则是提升了农户经营收入占比和财产性收入占比，而对工资性收入占比有负向影响。

（3）就不同类型农户而言，ICT、普惠金融及交互作用提升了传统农户的财产性收入占比，其中，ICT 还对传统农户的工资性收入占比提升有促进作用；ICT、普惠金融及交互作用提升了新型经营主体的经营性收入的占比，降低了工资性收入占比。需指出的是，对于不同类型农户，在财产性收入占比的影响方面，ICT、普惠金融及两者交互作用（数字普惠金融）均起到了提升作用。

第7章　研究结论与政策建议

本书主要探讨了 ICT、普惠金融及两者交互作用对农民收入的影响，本章将对书中涉及的主要内容进行回顾和总结，并在此基础上提出政策建议，指出本书可能存在的不足及今后有待进一步研究的方向。

7.1　研究结论

本书以分析 ICT、普惠金融与农民收入之间的关系为目的，以信息不对称理论、交易成本理论、普惠金融理论或金融排斥理论、创新扩散理论与农村金融发展理论为基础，搭建了 ICT、普惠金融与农民收入之间关系的理论分析框架，然后基于西南地区农村的调查数据，完成了西南地区农户 ICT 利用水平测度与普惠金融发展水平测度，并运用合适的计量分析方法，先实证考察 ICT、普惠金融对农民收入水平的影响，并从不同收入水平及不同农户类型角度探究了差异性，然后从收入结构维度，分析了 ICT、普惠金融对经营性、工资性和财产性三类收入水平与收入占比的影响。经分析，得出以下结论。

（1）通过理论分析发现，信息通信技术通过降低交易成本和缓解信息不对称促进农村普惠金融的发展。数字普惠金融通过降低正规金融市场的准入门槛、降低金融服务的成本和提高风险管理水平等渠道实现益贫效果。与此同时，借助信息通信技术，数字普惠金融解决了农村普惠金融发展面临的交易成本高和信息不对称问题，让农村金融的增收效应得以实现。

（2）西南地区农户 ICT 整体发展水平落后于全国平均水平，且不同省份之间和不同农户类型之间均存在一定差异。尽管西南地区农村的智能手机户均拥有量高于全国水平，但是多数反映 ICT 水平的指标低于全国平均水平；

在西南不同省份之间，重庆、四川和贵州之间 ICT 发展水平差异不明显，且处于较高水平，而云南农户的 ICT 发展水平要远低于其他三省市；在不同农户类型之间 ICT 发展水平的差异也较为明显，具体体现是新型农业经营主体的 ICT 发展水平要高于传统农户。

（3）西南地区普惠金融的发展水平处于中等水平，但在内部省份之间差异明显，且新型农业经营主体发展水平要高于传统农户。按照国际通行的 Sarma 指数计算，西南地区普惠金融发展指数为 0.463，介于 0.3～0.5 的中等水平；在内部省份差异方面，表现出一定的梯度性，重庆与四川发展水平相当，属于高普惠金融发展水平梯队，而贵州和云南则属于低水平梯队；就不同类型的农户而言，无论是金融服务可及性还是可得性，新型农业经营主体均高于传统农户。

（4）ICT、普惠金融及两者的交互作用（数字普惠金融）均对农户人均纯收入水平有显著正向影响，且 ICT 与普惠金融交互作用的增收效果最好，此外作用大小在不同收入水平农户之间和不同类型农户之间也存在差异。其中，ICT 对农户人均纯收入的促进作用在低收入农户中明显大于其他收入组的农户，在新型农业经营主体中的促进作用大于传统小农户；普惠金融对低收入农户和高收入农户的作用渠道有所差异，对低收入农户的促进作用更多的是通过金融资金支持来实现，而对高收入农户则主要通过对其资产金融化实现。普惠金融的增收效果在新型农业经营主体中的表现要好于传统农户；由 ICT 与普惠金融产生的高级交互形式——数字普惠金融，在低收入组农户中的增收作用大于高收入组农户，表明数字普惠金融存在益贫性。新型农业经营主体对数字普惠金融的接受程度高于传统农户，由此带来的增收效果也更加明显。

（5）ICT、普惠金融及两者交互作用对农户的三类收入均有促进作用，但是显著性及作用大小存在差异。其中，ICT 对农户经营收入和工资性收入影响显著，且对工资性收入的提升作用更大；普惠金融仅对财产性收入的提升效果最为显著，同时对财产收入的提升作用最大，而对经营性收入和工资性收入的提升效果不显著；ICT 与普惠金融的交互作用对经营收入和财产性收入的提升效果较为明显，且对财产性收入的提升作用最大，同时对工资性收入产生不显著的促进作用。

（6）ICT、普惠金融及两者交互作用对农户三类收入占比的作用方向及显著性上存在差异，其中，对于整体样本农户而言，ICT 会降低农业经营收入占比，而对工资性收入占比和财产性收入占比则有提升作用；普惠金融对财产性收入占比有显著提升作用，但对经营性收入占比和工资性收入占比存在负向影响；ICT 与普惠金融的交互作用会显著提升经营收入占比和财产性收入占比，同时显著降低了工资性收入占比。通过对新型经营主体和传统小农户的比较发现，ICT、普惠金融及交互作用降低了传统农户的经营性收入占比，提升了其财产性收入占比，其中，ICT 还对其工资性收入占比提升有促进作用；ICT、普惠金融及交互作用提升了新型经营主体的经营性收入占比和财产性收入占比，降低了工资性收入占比。

7.2 政 策 建 议

为了更好地发挥 ICT、普惠金融及两者交互作用对农民增收的支持功能，结合前面的分析，提出以下政策建议。

7.2.1 引导金融机构开展适合农村特点的非现金支付服务

与现金支付相比，非现金支付具备实时、安全、低成本的优点，在农业生产资料购买、农产品销售等环节扮演重要角色。针对当前农村仍以现金支付为主的状况，政府应出台相应措施，合理引导涉农金融机构研发并开展适合农村特点的非现金支付服务。一是深化助农取款服务。采取降低税费等优惠措施，鼓励开设助农取款服务的金融机构，以助农取款服务点为依托，向农民提供取款、汇款、代理缴费、贷款归还等综合性服务。二是通过财政补贴方式，引导银行机构向偏远的乡镇以下区域布放 Epos 机，开展自助银行服务。三是运用以奖代补的方式，鼓励银行向农民推广手机银行、网上银行服务，并将推广效果作为奖励机制的考核指标。四是在农村批发市场、农村超市等交易密集的地方，建立"刷卡无障碍示范区"，增加农民非现金支付的体验。

7.2.2 运用信息技术进行农村金融信用信息基础数据库建设

借助大数据等信息技术，构建传统农户和新型经营主体的信用信息数据库，为其获得信用贷款提供支撑。由人民银行牵头，组织专业人员开发出针对农户和新型经营主体的信用信息管理系统。督促各涉农金融机构通过该系统，定期上传农业经营主体的金融交易记录。运用大数据技术对搜集的信息进行汇总和专业化处理，建立起信用信息数据库。涉农金融机构可以通过此数据库，对农户和新型经营主体的信用状况进行评级。根据他们不同的信用水平，从额度、利率和期限等方面，提供差异化的信贷服务，使有信用的经营主体获得信贷支持。

7.2.3 运用货币政策和监管政策增加新型经营主体的金融支持力度

研究发现普惠金融对新型农业经营主体增收具有积极影响，为鼓励金融机构增加对新型经营主体的支持力度，可从货币政策和监管政策入手，引导金融机构开展相应的普惠金融服务。在货币政策方面，对于支持新型农业经营主体的贷款项目，采取定向降准和再贷款利率优惠政策，提高金融机构向新型经营主体提供金融服务的积极性；在监管政策方面，针对新型经营主体的贷款，适当上浮不良贷款率，激活金融机构开展金融创新的活力。此外，鉴于新型农业经营主体的 ICT 利用水平高于传统农户的特点，政府可通过货币政策和监管政策，鼓励金融机构向新型经营主体提供数字普惠金融服务。

7.2.4 采取科技监管手段预防和处理数字普惠金融发展面临的风险

科技是把"双刃剑"，带来便利的同时也伴随一定的风险，数字普惠金融也是如此，它在拓宽金融服务空间、降低农村金融服务成本方面发挥出优势外，也给金融市场带来了许多个别的和系统性新风险，对这些风险进行及时的防范和有效的处理显得格外重要。首先，要预防数字技术带来的风险。数字金融服务终端界面要确保简单和安全，通过设计出简单的操作界面，降低因过分复杂导致的操作风险；通过与生物识别技术相结合，以及降低因系统过分脆弱导致的病毒攻击、被别人冒用等风险。其次，要确立与时俱进的监管体系。面临数字普惠金融的创新层出不穷，传统金融发展模式下的监管政策与法规需要加以修订，争取在维护农村金融市场稳定、保护消费者利益与鼓励数字普惠金融创新之间找到均衡点。最后，监管部门在监管过程中要注重科技手段的运用，用监管科技及时发现风险和处理风险，例如将监管法规或政策文件的内容输入金融机构的业务系统，能够自动识别风险，促使金融科技和金融机构达到合法合规的要求。当出现风险后，通过科技对以往案例的模拟，迅速整理出应对类似风险的经验，并通过对处理效果的模拟给出最佳决策。

7.2.5　引导数字普惠金融业务向贫困地区推广

数字普惠金融具有益贫性，可从税收、财政、监管等方面出台相应激励政策，鼓励金融机构向贫困农村地区推广数字普惠金融服务，以充分发挥出数字普惠金融的益贫效果。对金融机构向贫困地区开展的数字普惠金融业务或商业模式，可以给予相应的税收优惠，对于金融机构因开展数字普惠金融进行的技术研发投入和数字普惠金融知识宣传投入等，政府可从财政方面给予相应的补贴，针对金融机构开展的数字普惠金融创新产品或服务，提供一定的监管容忍度，激发出金融机构向贫困农民提供数字普惠金融服务的活力。此外，针对不同的服务对象，金融机构应当因地制宜，开发出适合贫困农村地区服务对象特点的数字普惠金融业务或商业模式。例如对传统农户应当开展促进其非农经营收入增加的数字普惠金融服务；对新型经营主体则要发展与农业经营收入增加相关的金融业务或商业模式。

7.3　研究展望

本书借鉴农村金融发展理论及信息经济学的理论分析工具，对 ICT、普惠金融与农民收入之间的关系进行了较为全面的理论与实证分析，但本书仍有许多有待进一步探索或深入研究的方向：一是跟踪调查样本地区农户的 ICT、普惠金融及农民收入状况。本书是基于截面数据做出的分析，是一种静态的研究结果，鉴于农民收入影响因素的动态化，以及普惠金融和信息通信技术对农民收入存在滞后影响，最好对样本农户进行跟踪调查，形成一套面板数据或混合截面数据进行相关分析，对不同区域、不同阶段 ICT、普惠金融与农民收入的关系进行对比，进一步深入探讨它们之间的关系。二是进一步丰富农户 ICT 与普惠金融发展水平的评价体系。对现有的评价指标进行进一步的优化，使其更能准确反映出指标所代表的内容。与此同时，在深入挖掘农户 ICT 内涵及普惠金融内涵的基础上，通过增加相应的指标，进一步丰富现有的指标体系，以求更加精确地测度出农户 ICT 和普惠金融发展水平。三是进一步对农户类型进行细分。为深入考察不同农户之间收入影响因素的差异性，使研究结果更具有代表性，可以从不同维度对农户进行详细划分，进一步探讨 ICT、普惠金融及两者交互作用对农民收入的影响。四是扩大调查区域与样本数量。本书仅对西南地区农户进行了调查，为了使研究结论更具有对比性、说服力与代表性，可从全国层面考虑选取不同地区的农户进行调查，使其具有全国层面的代表性，使研究成果真正成为制定全国政策时的重要参考。

主要参考文献

[1] 贝多广. 好金融与好社会: 问题的提出和答案 [J]. 金融研究, 2015 (7): 24 - 36.

[2] 蔡洋萍. 湘鄂豫中部三省农村普惠金融发展评价分析 [J]. 农业技术经济, 2015 (2): 42 - 49.

[3] 程名望, 史清华, JinYanhong. 农户收入水平、结构及其影响因素——基于全国农村固定观察点微观数据的实证分析 [J]. 数量经济技术经济研究, 2014 (5): 3 - 19.

[4] 丁志国, 张洋, 高启然. 基于区域经济差异的影响农村经济发展的农村金融因素识别 [J]. 中国农村经济, 2014 (3): 4 - 13.

[5] 董晓林, 于文平, 朱敏杰. 不同信息渠道下城乡家庭金融市场参与及资产选择行为研究 [J]. 财贸研究, 2017 (4): 33 - 42.

[6] 傅秋子, 黄益平. 数字金融对农村金融需求的异质性影响——来自中国家庭金融调查与北京大学数字普惠金融指数的证据 [J]. 金融研究, 2018 (11): 68 - 84.

[7] 何德旭, 苗文龙. 金融排斥、金融包容与中国普惠金融制度的构建 [J]. 财贸经济, 2015 (3): 5 - 16.

[8] 何婧, 李庆海. 数字金融使用与农户创业行为 [J]. 中国农村经济, 2019 (1): 112 - 126.

[9] 黄益平, 黄卓. 中国的数字金融发展: 现在与未来 [J]. 经济学(季刊), 2018, 17 (4): 1489 - 1502.

[10] 蒋远胜, 徐光顺. 乡村振兴战略下的中国农村金融改革——制度变迁、现实需求与未来方向 [J]. 西南民族大学学报 (人文社科版), 2019, 40 (8): 47 - 56.

[11] 蒋远胜. 中国农村金融创新的贫困瞄准机制评述 [J]. 西南民族大

学学报（人文社科版），2017（2）：11 – 17.

［12］李明贤，叶慧敏. 普惠金融与小额信贷的比较研究［J］. 农业经济问题，2012（9）：44 – 49.

［13］李实，罗楚亮. 中国收入差距究竟有多大？——对修正样本结构偏差的尝试［J］. 经济研究，2011（4）：68 – 79.

［14］李涛，徐翔，孙硕. 普惠金融与经济增长［J］. 金融研究，2016（4）：1 – 16.

［15］林毅夫. "三农"问题与我国农村的未来发展［J］. 农业经济问题，2003（1）：19 – 24.

［16］刘长庚，田龙鹏，陈彬，戴克明. 农村金融排斥与城乡收入差距——基于我国省级面板数据模型的实证研究［J］. 经济理论与经济管理，2013（10）：17 – 27.

［17］刘海二. 信息通讯技术、金融包容与经济增长［J］. 金融论坛，2014（8）：65 – 74.

［18］刘俊杰，张龙耀，王梦珺，许玉韫. 农村土地产权制度改革对农民收入的影响——来自山东枣庄的初步证据［J］. 农业经济问题，2015（6）：51 – 58.

［19］陆凤芝，黄永兴，徐鹏. 中国普惠金融的省域差异及影响因素［J］. 金融经济学研究，2017（1）：111 – 120.

［20］马九杰，沈杰. 中国农村金融排斥态势与金融普惠策略分析［J］. 农村金融研究，2010（5）：5 – 10.

［21］马彧菲，杜朝运. 普惠金融指数测度及减贫效应研究［J］. 经济与管理研究，2017，38（5）：45 – 53.

［22］冉光和，温涛，李敬. 中国农村经济发展的金融约束效应研究［J］. 中国软科学，2008（7）：27 – 37.

［23］阮荣平，周佩，郑风田. "互联网＋"背景下的新型农业经营主体信息化发展状况及对策建议——基于全国1394个新型农业经营主体调查数据［J］. 管理世界，2017（7）：50 – 64.

［24］宋晓玲，侯金辰. 互联网使用状况能否提升普惠金融发展水平？——来自25个发达国家和40个发展中国家的经验证据［J］. 管理世界，2017（1）：172 – 173.

［25］粟勤，肖晶. 金融包容视角下中国家庭金融服务分布的不平等性

及中小金融机构作用 [J]. 金融经济学研究，2015 (6)：113 – 128.

[26] 谭燕芝，李维扬. 中国农村金融排斥困境的成因与破解路径 [J]. 系统工程，2016 (5)：15 – 22.

[27] 万宝瑞. 我国农村又将面临一次重大变革——"互联网 + 三农"调研与思考 [J]. 农业经济问题，2015 (8)：4 – 7.

[28] 王曙光，李冰冰. 农村金融负投资与农村经济增长——库兹涅茨效应的经验验证与矫正框架 [J]. 财贸经济，2013 (2)：59 – 67.

[29] 王小华，王定祥，温涛. 中国农贷的减贫增收效应：贫困县与非贫困县的分层比较 [J]. 数量经济技术经济研究，2014 (9)：40 – 55.

[30] 王修华，关键. 中国农村金融包容水平测度与收入分配效应 [J]. 中国软科学，2014 (8)：150 – 161.

[31] 温涛，冉光和，熊德平. 中国金融发展与农民收入增长 [J]. 经济研究，2005 (9)：30 – 43.

[32] 吴晓灵. 发展小额信贷　促进普惠金融 [J]. 中国流通经济，2013 (5)：4 – 11.

[33] 吴雨，宋全云，尹志超. 农户正规信贷获得和信贷渠道偏好分析——基于金融知识水平和受教育水平视角的解释 [J]. 中国农村经济，2016 (5)：43 – 55.

[34] 谢平，邹传伟. 互联网金融模式研究 [J]. 金融研究，2012 (12)：11 – 22.

[35] 徐光顺，蒋远胜. 信息通讯技术与普惠金融的交互作用 [J]. 华南农业大学学报（社会科学版），2017，16 (2)：37 – 46.

[36] 许竹青，郑风田，陈洁. "数字鸿沟"还是"信息红利"？信息的有效供给与农民的销售价格——一个微观角度的实证研究 [J]. 经济学（季刊），2013 (4)：1513 – 1536.

[37] 余新平，熊晶白，熊德平. 中国农村金融发展与农民收入增长 [J]. 中国农村经济，2010 (6)：77 – 86.

[38] 曾亿武，万粒，郭红东. 农业电子商务国内外研究现状与展望 [J]. 中国农村观察，2016 (3)：82 – 93.

[39] 张兵，刘丹，郑斌. 农村金融发展缓解了农村居民内部收入差距吗？——基于中国省级数据的面板门槛回归模型分析 [J]. 中国农村观察，2013 (3)：19 – 29.

［40］朱一鸣, 王伟. 普惠金融如何实现精准扶贫? ［J］. 财经研究, 2017 (10): 43 - 54.

［41］Abate, G. T., Rashid, S., Borzaga, C., Getnet, K. et al. Rural Finance and Agricultural Technology Adoption in Ethiopia: Does the Institutional Design of Lending Organizations Matter? ［J］. World Development, 2016, 84: 235 - 253.

［42］Ali, J., Kumar, S. Information and communication technologies (ICTs) and farmers' decision - making across the agricultural supply chain ［J］. International Journal of Information Management, 2011, 31 (2): 149 - 159.

［43］Ayanso, A., Cho, D. I., Lertwachara, K. et al. Information and Communications Technology Development and the Digital Divide: A Global and Regional Assessment ［J］. Information Technology for Development, 2014, 20 (1): 60 - 77.

［44］Aterido, R., Beck, T., Iacovone, L. et al. Access to Finance in Sub-Saharan Africa: Is There a Gender Gap? ［J］. World Development, 2013, 47 (3): 102 - 120.

［45］Allen, F., Demirgüç - Kunt, A., Klapper, L. F., Martinez Peria, M. S. et al. The Foundations of Financial Inclusion: Understanding Ownership and Use of Formal Accounts ［J］. Policy Research Working Paper, 2012.

［46］Beck, T., Demiruc - Kunt, A., Peria, M. S. M. et al. Reaching out: Access to and use of banking services across countries ［J］. Journal of Financial Economics, 2007, 85 (1): 234 - 266.

［47］Baland, J., Somanathan, R., Wahhaj, Z. et al. Repayment incentives and the distribution of gains from group lending ［J］. Journal of Development Economics, 2013, 105: 131 - 139.

［48］Brown, M., Guin, B., Kirschenmann, K. et al. Microfinance banks and financial inclusion ［J］. Review of Finance, 2015, 20 (3): 907 - 946.

［49］Burgess, R., Pande, R. Do Rural Banks Matter? Evidence from the Indian Social Banking Experiment ［J］. American economic review, 2005, 95 (2): 780 - 795.

［50］Cunguara, B., Darnhofer, I. Assessing the impact of improved agricultural technologies on household income in rural Mozambique ［J］. Food Policy,

2011, 36 (3): 378 – 390.

[51] Cortignani, R. , Severini, S. Modelling farmer participation to a reve-nue insurance scheme by the means of the Positive Mathematical Programming. [J]. Agricultural Economics, 2012, 58 (7): 324 – 331.

[52] Chakravarty, S. R. , Pal, R. Financial inclusion in India: An axiomat-ic approach [J]. Journal of Policy Modeling, 2013, 35 (5): 813 – 837.

[53] Davis, Benjamin, Di, G. , Stefania, Zezza, Alberto et al. Are African households (not) leaving agriculture? Patterns of households' income sources in ru-ral Sub-Saharan Africa [J]. Food Policy, 2017, 67: 153 – 174.

[54] Demirgüçkunt, A. , Klapper, L. Measuring Financial Inclusion: Ex-plaining Variation in Use of Financial Services across and within Countries [J]. Brookings Papers on Economic Activity, 2013, (1): 279 – 340.

[55] Dupas, P. , Robinson, J. Savings Constraints and Microenterprise De-velopment: Evidence from a Field Experiment in Kenya [J]. American economic journal-applied economics, 2013, 5 (1): 163 – 192.

[56] Fungáčová, Z. , Weill, L. Understanding financial inclusion in China [J]. China Economic Review, 2015, 34: 196 – 206.

[57] Greenwood, J. , Jovanovic, B. Financial Development, Growth, and the Distribution of Income [J]. The Journal of Political Economy, 1990, 98 (5): 1076 – 1107.

[58] Helms, B. , Assistpoor, C. G. T. , Bank, W. et al. Access for All : Building Inclusive Financial Systems [J]. World Bank Publications, 2006, 9 (2): 247 – 264.

[59] Hoff, K. , Stiglitz, J. E. Introduction: Imperfect information and rural credit markets: Puzzles and policy perspectives [J]. The world bank economic re-view, 1990, 4 (3): 235 – 250.

[60] Honohan, P. Cross-country variation in household access to financial services [J]. Journal of Banking & Finance, 2008, 32 (11): 2493 – 2500.

[61] Kiiza, B. , Pederson, G. ICT-based market information and adoption of agricultural seed technologies: Insights from Uganda [J]. Telecommunications Poli-cy, 2012, 36 (4): 253 – 259.

[62] Kim, J. A Study on the Effect of Financial Inclusion on the Relationship

Between Income Inequality and Economic Growth [J]. Emerging Markets Finance and Trade, 2016, 52 (2): 498 – 512.

［63］King, R. G., Levine, R. Finance and growth: Schumpeter might be right [J]. The quarterly journal of economics, 1993, 108 (3): 717 – 737.

［64］Lapukeni, A. F. Financial Inclusion and the Impact of ICT: An Overview [J]. American Journal of Economics, 2015, 5 (5): 495 – 500.

［65］Leyshon, A., Thrift, N. The restructuring of the U. K. financial services industry in the 1990s: a reversal of fortune? [J]. Journal of Rural Studies, 1993, 9 (3): 223 – 241.

［66］Lio, M., Liu, M. C. ICT and agricultural productivity: evidence from cross-country data [J]. Agricultural Economics, 2006, 34 (3): 221 – 228.

［67］Munyegera, G. K., Matsumoto, T. ICT for Financial Inclusion access: Mobile Money and the Financial Behavior of Rural Households in Uganda [J]. Review of Development Economics, 2015, 22 (1): 45 – 66.

［68］Munyegera, G. K., Matsumoto, T. Mobile Money, Remittances, and Household Welfare: Panel Evidence from Rural Uganda [J]. World Development, 2016, 79: 127 – 137.

［69］Muto, M., Yamano, T. The impact of mobile phone coverage expansion on market participation: Panel data evidence from Uganda [J]. World development, 2009, 37 (12): 1887 – 1896.

［70］Ogutu, S. O., Okello, J. J., Otieno, D. J. et al. Impact of information and communication technology-based market information services on smallholder farm input use and productivity: The case of Kenya [J]. World Development, 2014, 64: 311 – 321.

［71］Pagano, M. Financial markets and growth: an overview [J]. European economic review, 1993, 37 (2 – 3): 613 – 622.

［72］Patrick, H. T. Financial Development and Economic Growth in Underdeveloped Countries [J]. Economic Development and Cultural Change, 1966, 14 (2): 174 – 189.

［73］Rachdi, H. The causality between financial development and economic growth: A panel data cointegration [J]. International Journal of Economics & Finance, 2011, 3 (1): 143.

［74］ Sarma, M. , Pais, J. Financial inclusion and development ［J］. Journal of International Development, 2011, 23 （5）: 613 – 628.

［75］ Schultz, T. W. Transforming traditional agriculture. ［J］. Science, 1964, 144 （144）: 688 – 689.

［76］ Sekabira, H. , Qaim, M. Mobile money, agricultural marketing, and off-farm income in Uganda ［J］. Agricultural Economics, 2017, 48 （5）: 597 – 611.

［77］ Stiglitz, J. E. , Weiss, A. Credit Rationing in Markets with Imperfect Information ［J］. American Economic Review, 1981, 71 （3）: 393 – 410.

［78］ Vanwey, L. K. , Guedes, G. R. , D'Antona, A. O. et al. Out-migration and land-use change in agricultural frontiers: insights from Altamira settlement project ［J］. Population & Environment, 2012, 34 （1）: 44.

［79］ Vu, K. M. Information and communication technology （ICT） and Singapore's economic growth ［J］. Information Economics and policy, 2013, 25 （4）: 284 – 300.

［80］ Zapata, S. D. , Carpio, C. E. , Isengildina-Massa, O. , Lamie, R. D. et al. The Economic Impact of Services Provided by an Electronic Trade Platform: The Case of MarketMaker ［J］. Journal of Agricultural & Resource Economics, 2013, 38 （3）: 359 – 378.

［81］ Zhao, J. , Barry, P. J. Effects of credit constraints on rural household technical efficiency ［J］. China Agricultural Economic Review, 2015, 6 （4）: 654 – 668.

［82］ Zhao, Y. , Chai, Z. , Delgado, M. S. , Preckel, P. V. et al. An empirical analysis of the effect of crop insurance on farmers' income ［J］. China Agricultural Economic Review, 2016, 8 （2）: 299 – 313.

后　记

本书是在我 2017 年底完成的博士论文《信息通讯技术、普惠金融与农民收入》的基础上，进一步补充和完善形成的研究成果。2017 年 10 月 18 日中国共产党召开了第十九次全国代表大会，习近平总书记作了题为《决胜全面建成小康社会 夺取新时代中国特色社会主义伟大胜利》的报告，提出要在农村实施乡村振兴战略，以解决新时代中国城乡发展不平衡和农村发展不充分的矛盾。围绕如何支持乡村振兴战略实施，国务院于 2018 年出台了《乡村振兴战略规划（2018—2022 年）》，其中明确提出了要"强化乡村振兴投入的普惠金融保障，满足乡村振兴巨额资金需求与多样化金融需求"。与此同时，近年来依靠数字技术开展的数字金融服务在农村地区发展迅速，为解决传统农村金融服务面临的高成本和信息不对称问题提供了可能。上述制度和技术背景不仅为本书提供了思想和理论指导，而且进一步验证了选择和研究该课题方向上的正确性、时间上的及时性和价值上的重要性。借此良好机遇，本人及时、认真地开展了系列研究工作，使本书的研究成果得到了进一步深化。在博士论文的基础上，进一步跟踪最新研究进展，进行充实和完善，最终形成本书的研究成果。

本书的完成离不开作者的努力，同时更得益于良师益友的全力支持。本人在研究计划制定、研究工作组织实施、专著写作的过程中，投入了大量的时间和精力，体会到了做学问的艰辛，领略到学术研究的严谨，整个研究心路经过了"昨夜西风凋碧树，独上高楼，望尽天涯路"到"衣带渐宽终不悔，为伊消得人憔悴"，再到"众里寻他千百度，蓦然回首，那人却在，灯火阑珊处"的历程，幸运的是，"千淘万漉虽辛苦，吹尽狂沙始到金"，本书得以最终完成。更为重要的是，在博士论文写作和本书的完善过程中，多次得到了我的研究生导师——四川农业大学蒋远胜教授的精心指导。蒋老师经常在我研究处于"山重水复疑无路"时，给我指明方向，提供了解决问题的思路，并不断给我精神鼓励，让我的研究"柳暗花明又一村"，逐步得到完善。同时，我还要感谢吕火明、张克俊、杨锦秀、曾维忠、漆雁斌、吴秀敏、冉瑞平、郑循刚、王芳、肖诗顺、李冬梅等老师在我博士论文开题、预答辩和答辩过程中给予的指导；感谢王玉峰和李后建老师在整个研究过程中提出的中肯建议。除了各位老师和专家的指导，还有众多兴趣相投朋友们的鼎力相助。侯凯博士、朱泓宇博士、田文勇博士、于伟咏博士等，在我进行该项研究时，时常与我探讨一些理论和现实问题，青年才俊的他们，才思敏捷、思维活跃，帮助我拓展了研究思路。此外，还要感谢山东财经大学金融学院为本书出版提供的支持，感谢经济科学出版社刘悦编辑对本书的耐心编校。需要感谢的人还有很多，无法一一列出，在此一并表示感谢。

尽管本人在本书中投入了大量心血，但是，金无足赤，人无完人，由于精力有限，学识尚浅，所做研究难免会有缺陷和不足，在此也恳请各位同仁批评指正。

徐光顺
2020 年 7 月 15 日